HANS GERHARD MICHELS

Strafbare Handlung und Zuwiderhandlung

NEUE KÖLNER RECHTSWISSENSCHAFTLICHE ABHANDLUNGEN

HERAUSGEGEBEN VON
DER RECHTSWISSENSCHAFTLICHEN FAKULTÄT
DER UNIVERSITÄT ZU KÖLN

HEFT 24

Berlin 1963

WALTER DE GRUYTER & CO.

vormals G. J. Göschen'sche Verlagshandlung · J. Guttentag, Verlagsbuchhandlung
Georg Reimer · Karl J. Trübner · Veit & Comp.

Strafbare Handlung und Zuwiderhandlung

Versuch einer materiellen Unterscheidung zwischen Kriminal- und Verwaltungsstrafrecht

Von

Dr. Hans Gerhard Michels

Bonn

Berlin 1963

WALTER DE GRUYTER & CO.

vormals G. J. Göschen'sche Verlagshandlung · J. Guttentag, Verlagsbuchhandlung
Georg Reimer · Karl J. Trübner · Veit & Comp.

Archiv-Nr. 2 708 63 1

Satz und Druck: Berliner Buchdruckerei Union GmbH., Berlin 61

INHALTSÜBERSICHT

Seite

Zweiter Teil

Die Stellung der Zuwiderhandlungen im strafrechtlichen System

LITERATURVERZEICHNIS

Das nachfolgende Verzeichnis umfaßt — um einen Gesamtüberblick über das einschlägige Schrifttum zu geben — auch die in Zeitschriften, Festschriften und Sammelwerken veröffentlichten Beiträge. Schriften, die nur gelegentlich in den Fußnoten erscheinen, sowie Urteilsanmerkungen und Literaturbesprechungen sind in das Verzeichnis nicht aufgenommen worden. Bei Zeitschriftenaufsätzen wird in solchen Fällen in den Fußnoten nur die Fundstelle zitiert.

In den Fußnoten wird regelmäßig nur ein abgekürzter Titel aufgeführt oder — bei Autoren, die nur mit einem Titel vertreten sind — lediglich der Name. Soweit nichts anderes angegeben ist, bezeichnen römische Ziffern den Band, arabische Ziffern die Seitenzahl bzw. die Anmerkung. Ist nicht aufgeführt, um welche Auflage es sich handelt, so ist die im nachstehenden Verzeichnis angegebene gemeint.

Allfeld, Philipp — Lehrbuch des Deutschen Strafrechts. 9. Aufl. Allgemeiner Teil. Leipzig 1934.

Arndt, Adolf — Rechtsdenken in unserer Zeit. Tübingen 1955. (Recht und Staat 180.)

Baumann, Juergen — Strafrecht. Allgemeiner Teil. Bielefeld 1960.

Beling, Ernst — Die Lehre vom Verbrechen. Tübingen 1906.

Beling, Ernst — Grundzüge des Strafrechts. 11. Aufl. Tübingen 1930.

Bemmann, Günter — Zur Frage der objektiven Bedingungen der Strafbarkeit. Göttingen 1957. (Göttinger Rechtswissenschaftliche Studien. Heft 20.)

Binding, Karl — Die Normen und ihre Übertretung. Bd. I: Normen und Strafgesetze. 3. Aufl. Leipzig 1916. Bad. II: Schuld, Vorsatz, Irrtum. Leipzig 1918. Bd. IV: Die Fahrlässigkeit. Leipzig 1919.

Bindokat, Heinz — Kritisches vom Verbotsirrtum, in: Juristenzeitung. 1953. S. 71 ff.

Bockelmann, Paul — Über das Verhältnis von Täterschaft und Teilnahme. Göttingen 1949.

Bockelmann, Paul — Zur Reform des Strafsystems, in: Juristenzeitung. 1951. S. 494 ff.

Boldt, Gottfried — Zur Struktur der Fahrlässigkeits-Tat, in: Zeitschrift für die gesamte Strafrechtswissenschaft. Bd. 68 (1956). S. 335 ff.

Busch, Richard — Über die Abgrenzung von Tatbestands- und Verbotsirrtum, in: Festschrift für Edmund Mezger. München/Berlin 1954. S. 165 ff.

Graf zu Dohna, Alexander	Die Rechtswidrigkeit. Halle 1905.
Graf zu Dohna, Alexander	Beziehungen und Begrenzungen von Strafrecht und Verwaltungsrecht, in: Verwaltungsarchiv. Bd. 30 (1925) S. 233 ff.
Dalcke, A. und Fuhrmann, Ernst und Schäfer, Karl	Strafrecht und Strafverfahren. 37. Aufl. Berlin 1961.
Dombois, Hans	Mensch und Strafe. Witten-Ruhr 1957.
Dreher, Eduard und Maassen, Hermann	Strafgesetzbuch. 3. Aufl. München/Berlin 1959.
Drost, Heinrich	Die Hauptgedanken des neuen Wirtschaftsstrafrechts, in: Deutsche Rechts-Zeitschrift. 1949. S. 405 ff.
Ebisch, Hellmuth	Wirtschaftsstrafgesetz, Berlin/Frankfurt-M. 1959.
Engisch, Karl	Die normativen Tatbestandselemente im Strafrecht, in: Festschrift für Edmund Mezger. München/Berlin 1954. S. 127 ff.
Engisch, Karl	Untersuchungen über Vorsatz und Fahrlässigkeit im Strafrecht. Berlin 1930.
Finger, August	Das Strafrecht. Bd. I. 3. Aufl. Berlin 1912.
Forsthoff, Ernst	Verfassungsprobleme des Sozialstaats. Münster 1954.
Frank, Reinhard	Studien zum Polizeistrafrecht. Gießen 1897.
Frank, Reinhard	Sollen für die Bedrohung, Verfolgung und Bestrafung der Polizeiübertretungen besondere Grundsätze gelten?, in: Mitteilungen der Internationalen kriminalistischen Vereinigung. Bd. VII (1899) S. 186 ff.
Frank, Reinhard	Verwaltungsstrafrecht, in: Mitteilungen der Internationalen kriminalistischen Vereinigung. Bd. XII (1905) S. 200 ff.
Frank, Reinhard	Das Strafgesetzbuch für das Deutsche Reich. 18. Aufl. Tübingen 1931.
Gallas, Wilhelm	Zum gegenwärtigen Stand der Lehre vom Verbrechen, in: Zeitschrift für die gesamte Strafrechtswissenschaft. Bd. 67 (1955) S. 1 ff.
Gerner, Erich	Das Gesetz über Ordnungswidrigkeiten, in: Neue Juristische Wochenschrift. 1952. S. 521 ff.
Gerner, Erich und Winckhler, Hugo	Wirtschaftsstrafgesetz 1954. München 1954.
Goldschmidt, James	Das Verwaltungsstrafrecht. Eine Untersuchung der Grenzgebiete zwischen Strafrecht und Verwaltungsrecht auf rechtsgeschichtlicher und rechtsvergleichender Grundlage. Berlin 1902.
Goldschmidt, James	Begriff und Aufgabe eines Verwaltungsstrafrechts, in: Goltdammers Archiv. Jahrgang 49 (1903) S. 71 ff.
Goldschmidt, James	Das Verwaltungsstrafrecht im Verhältnis zur modernen Staats- und Rechtslehre, in: Festgabe der Juristischen Gesellschaft zu Berlin für Richard Koch. Berlin 1903.

Goldschmidt, James	Die Deliktsobligationen des Verwaltungsrechts, in: Mitteilungen der Internationalen kriminalistischen Vereinigung. Bd. XII (1905) S. 217 ff.
Goldschmidt, James	Was ist „Verwaltungsstrafrecht"?, in: Deutsche Strafrechts-Zeitung. 1. Jahrgang (1914) S. 222 ff.
Goldschmidt, James	Die Rechtsgültigkeit des Zwangsgeldes in Polizeiverordnungen nach dem Preußischen Polizeiverwaltungsgesetz, in: Zeitschrift für die gesamte Strafrechtswissenschaft. Bd. 52 (1932) S. 497 ff.
Goßrau, Eberhard	Ist die Strafgewalt und die Bußgeldkompetenz von Verwaltungsbehörden mit Art. 92 GG vereinbar?, in: Neue Juristische Wochenschrift. 1958. S. 929 ff.
Guderian	Kriminelles und polizeiliches Unrecht, in: Zeitschrift für die gesamte Strafrechtswissenschaft. Bd. 21 (1901) S. 828 ff.
Hafter, Ernst	Lehrbuch des Schweizerischen Strafrechts. Allgemeiner Teil. Berlin 1926.
Haertel, Kurt und Joel, Günther und Schmidt, Eberhard	Wirtschaftsstrafgesetz. Heidelberg 1949.
Hartung, Fritz	Das Steuerstrafrecht. 2. Aufl. Berlin/Frankfurt 1956.
Hardwig, Werner	Sachverhaltsirrtum und Pflichtirrtum, in: Goltdammers Archiv. 1956. S. 375 ff.
Heinitz, Ernst	Das Problem der materiellen Rechtswidrigkeit. Breslau 1926. (Strafrechtliche Abhandlungen. Heft 211.)
von Hippel, Robert	Deutsches Strafrecht. Bd. I und II. Berlin 1925/30.
Jäger, Herbert	Strafgesetzgebung und Rechtsgüterschutz bei Sittlichkeitsdelikten. Stuttgart 1957. (Beiträge zur Sexualforschung. Heft 12.)
Jescheck, Hans-Heinrich	Das Menschenbild unserer Zeit und die Strafrechtsreform. Tübingen 1957. (Recht und Staat 192.)
Jescheck, Hans-Heinrich	Das deutsche Wirtschaftsstrafrecht, in: Juristenzeitung. 1959. S. 547 ff.
Kadêcka, Ferdinand	Ist das Unrechtsbewußtsein ein allgemeines Schuldmerkmal?, in: Schweizerische Zeitschrift für Strafrecht. 53. Jhg. (1939) S. 50 ff.
Karstedt, Peter	Rechtswert und positives Recht. Meisenheim 1957.
Kaufmann, Armin	Lebendiges und Totes in Bindings Normentheorie. Göttingen 1954. (Göttinger Rechtswissenschaftliche Studien. Bd. 14.)
Kaufmann, Arthur	Das Unrechtsbewußtsein in der Schuldlehre des Strafrechts. Mainz 1950.
Kern, Eduard	Das künftige Schicksal der Übertretungen, in: Der Deutsche Rechtspfleger. 1960. S. 266 ff.
Klee, Karl	Zur Frage eines besonderen Verwaltungsstrafrechts, in: Goltdammers Archiv. Bd. 71 S. 2 ff.

Kohlhaas, Max	Zweifelsfragen im Ordnungswidrigkeitenrecht, in: Juristische Rundschau. 1959. S. 441 ff.
Kohlrausch, Eduard und Lange, Richard	Strafgesetzbuch. 43. Aufl. Berlin 1961.
Kohlrausch, Eduard	Irrtum und Schuldbegriff im Strafrecht. I. Teil, Berlin 1903.
Lange, Richard	Der Rechtsstaat als Zentralbegriff der neuesten Strafrechtsentwicklung. Tübingen 1952.
Lange, Richard	Ordnungswidrigkeiten als Vergehen, in: Goltdammers Archiv. 1953. S. 3 ff.
Lange, Richard	Grundfragen der Deutschen Strafrechtsreform, in: Schweizerische Zeitschrift für Strafrecht. 70. Jahrgang (1955) S. 373 ff.
Lange, Richard	Die Systematik der Strafdrohungen, in: Materialien zur Strafrechtsreform. Bd. I: Gutachten der Strafrechtslehrer. Bonn 1954. S. 69 ff.
Lange, Richard	Der Strafgesetzgeber und die Schuldlehre, in: Juristenzeitung. 1956. S. 73 ff.
Lange, Richard	Die Magna Charta der anständigen Leute, in: Juristenzeitung. 1956. S. 519 ff.
Lange, Richard	Nur eine Ordnungswidrigkeit?, in: Juristenzeitung. 1957. S. 233 ff.
Lange, Richard	Die Sanktionen im Wirtschaftsstrafrecht, in: Deutsche Landesreferate zum V. Internationalen Kongreß für Rechtsvergleichung in Brüssel 1958. S. 217 ff.
Lang-Hinrichsen, Dietrich	Zur Problematik der Lehre von Tatbestands- und Verbotsirrtum, in: Juristische Rundschau. 1952. S. 184 ff.
Lang-Hinrichsen, Dietrich	Tatbestandslehre und Verbotsirrtum, in: Juristische Rundschau. 1952. S. 302 ff.
Lang-Hinrichsen, Dietrich	Zur Frage der Schuld bei Straftaten und Ordnungswidrigkeiten, in: Goltdammers Archiv. 1957. S. 225 ff.
Lang-Hinrichsen, Dietrich	Zur Krise des Schuldgedankens im Strafrecht, in: Zeitschrift für die gesamte Strafrechtswissenschaft. Bd. 73 (1961) S. 210 ff.
Leipziger Kommentar	Leipziger Kommentar zum Strafgesetzbuch. 8. Aufl., herausgegeben von Jagusch, Mezger, Schaefer und Werner. Band I. Berlin 1957.
von Liszt, Franz und Schmidt, Eberhard	Lehrbuch des Deutschen Strafrechts. Band I. Allgemeiner Teil. 26. Aufl. Berlin/Leipzig 1932.
Maihofer, Werner	Zur Systematik der Fahrlässigkeit, in: Zeitschrift für die gesamte Strafrechtswissenschaft. Bd. 70 (1958) S. 159 ff.
Mattern, Gerhard	Bemerkungen zur Steuerstrafe und zum Steuerstrafverfahren, in: Juristenzeitung. 1954. S. 282 f.
Mattern, Gerhard	Das Verwaltungs- und Steuerstrafverfahren, in: Deutsche Steuer-Zeitung. 1957. S. 97 ff.

Mattern, Gerhard	Ordnungswidrigkeiten und Steuerstrafrecht, in: Aktuelle Fragen des materiellen Steuerstrafrechts, herausgegeben vom Bundesminister der Finanzen. Bonn. 1959. S. 129 ff.
Materialien	Materialien zur Strafrechtsreform. Bd. I: Gutachten der Strafrechtslehrer. Bd. II: Rechtsvergleichende Arbeiten. Bonn 1954/55.
Maurach, Reinhart	Deutsches Strafrecht. Allgemeiner Teil. 2. Aufl. Karlsruhe 1958.
Mayer, Hellmuth	Strafrecht. Allgemeiner Teil. Stuttgart/Köln 1953.
Mayer, Max Ernst	Rechtsnormen und Kulturnormen. Breslau 1903. (Strafrechtliche Abhandlungen. Heft 50.)
Mayer, Max Ernst	Der Allgemeine Teil des deutschen Strafrechts. 2. Aufl. Heidelberg 1923.
Menger, Christian-Friedrich	Der Begriff des sozialen Rechtsstaats im Bonner Grundgesetz. Tübingen 1953. (Recht und Staat 173.)
Merkel, Adolf	Die Lehre von Verbrechen und Strafe. Stuttgart 1912.
Mezger, Edmund	Strafrecht — Ein Lehrbuch. 3. Aufl. Berlin/München 1949.
Mezger, Edmund	Strafrecht — Ein Studienbuch. I. Allgemeiner Teil. 9. Auflage München/Berlin 1960.
Mezger, Edmund	Wandlungen der strafrechtlichen Tatbestandslehre, in: Neue juristische Wochenschrift. 1953. S. 2 ff.
Mezger, Edmund	Die Handlung im Strafrecht, in: Festschrift für Theodor Rittler. Aalen 1957. S. 119 ff.
Mittelbach, Hans	Zur Bemessung der Geldbuße bei Ordnungswidrigkeiten, in: Die öffentliche Verwaltung. 1957. S. 251 ff.
Mittelbach, Hans	Die Ahndung von Verkehrsverstößen im Bußgeldverfahren, in: Monatsschrift für Deutsches Recht. 1958. S. 65 ff.
Mittelbach, Hans	Das Ordnungswidrigkeitenverfahren in Gegenwart und Zukunft, in: Monatsschrift für Deutsches Recht. 1959. S. 617 ff.
Niederschriften	Niederschriften über die Sitzungen der Großen Strafrechtskommission. Bd. I: Grundsatzfragen. Bd. II—IV, XII: Allgemeiner Teil. Bonn 1956/59.
Niese, Werner	Das Steuerstrafverfahren, in: Zeitschrift für die gesamte Strafrechtswissenschaft. Bd. 70 (1958) S. 337 ff.
Nowakowski, Friedrich	Zur Lehre von der Rechtswidrigkeit, in: Zeitschrift für die gesamte Strafrechtswissenschaft. Bd. 63 (1951) S. 287 ff.
Nowakowski, Friedrich	Rechtsfeindlichkeit, Schuld, Vorsatz, in: Zeitschrift für die gesamte Strafrechtswissenschaft. Bd. 65 (1953) S. 379 ff.
Patzig	Das Ordnungswidrigkeitenrecht. Versuch einer theoretischen Standortbestimmung, in: Verwaltungsarchiv. Bd. 50 (1959) S. 339 ff.
Peters, Hans	Lehrbuch der Verwaltung. Berlin/Göttingen, Heidelberg 1949.
von Olshausen, Julius	Kommentar zum Strafgesetzbuch. 12. Aufl. Berlin 1942/44.

Radbruch, Gustav	Rechtsphilosophie. 4. Aufl. Stuttgart 1950.
Radbruch, Gustav	Vorschule der Rechtsphilosophie. Heidelberg 1948.
Roeder, Hermann	Schuld und Irrtum im Justiz- und Verwaltungsstrafrecht. Breslau 1938. (Strafrechtliche Abhandlungen. Heft 387.)
Rosenberg, Werner	Beiträge zur Bestrafung der Übertretungen, in: Zeitschrift für die gesamte Strafrechtswissenschaft. Bd. 22 (1902) S. 32 ff.
Rotberg, Hans Eberhard	Gesetz über Ordnungswidrigkeiten. 2. Aufl. Berlin/Frankfurt 1958.
Rotering	Die Gruppenbildung der Polizeiübertretungen, in: Zeitschrift für die gesamte Strafrechtswissenschaft. Bd. 26 (1906) S. 719 ff.
Rotering	Blankettstrafgesetze und Polizeibefehl, in: Goltdammers Archiv. Bd. 58 (1911) S. 147 ff.
Salm, Karl	Zur Rechtsprechung des BGH über den strafbefreienden Irrtum. Entwurf einer objektivistischen Schuld- und Irrtumstheorie, in: Zeitschrift für die gesamte Strafrechtswissenschaft. Bd. 69 (1957) S. 522 ff.
Sauer, Wilhelm	Grundlagen des Strafrechts. Berlin/Leipzig 1921.
Sauer, Wilhelm	Allgemeine Strafrechtslehre. 3. Aufl. Berlin 1955.
Sauer, Wilhelm	Tatbestand, Unrecht, Irrtum und Beweis. Zur Strafrechtsreform, in: Zeitschrift für die gesamte Strafrechtswissenschaft. Bd. 69 (1957) S. 1 ff.
Sax, Walter	Kriminalpolitik und Strafrechtsreform, in: Juristenzeitung. 1957. S. 1 ff.
Schäfer, Karl	Empfiehlt es sich, die Dreiteilung der strafbaren Handlungen beizubehalten? Nach welchen Gesichtspunkten ist das kriminelle Unrecht vom Verwaltungsunrecht abzugrenzen?, in: Niederschriften der Großen Strafrechtsreform. Bd. I: Grundsatzfragen. Bonn 1956. S. 69 ff.
Schlegtendahl, Bernhard	Tatbestand, Vorsatz und Fahrlässigkeit bei den Ordnungswidrigkeiten. Dissertation. Freiburg 1957.
Schmidt, Eberhard	Probleme des Wirtschaftsstrafrechts, in: Süddeutsche Juristenzeitung. 1948. S. 101 ff.
Schmidt, Eberhard	Rechtsnot im Wirtschaftsstrafrecht und ihre Überwindung, in: Süddeutsche Juristenzeitung. 1948. S. 572 ff.
Schmidt, Eberhard	Das Gesetz zur Vereinfachung des Wirtschaftsstrafrechts, in: Süddeutsche Juristenzeitung. 1949. S. 665 ff.
Schmidt, Eberhard	Das neue Westdeutsche Wirtschaftsstrafrecht. Tübingen 1950.
Schmidt, Eberhard	Straftaten und Ordnungswidrigkeiten, in: Juristenzeitung. 1951. S. 101 ff.
Schmidt, Eberhard	Empfiehlt es sich, die Dreiteilung der strafbaren Handlungen beizubehalten? Nach welchen Gesichtspunkten ist das kriminelle Unrecht vom Verwaltungsunrecht abzugrenzen?, in: Niederschriften der Großen Strafrechtsreform. Bd. I: Grundsatzfragen. Bonn 1956. S. 333 ff.

Schmidt, Eberhard	Kriminalpolitische und strafrechtsdogmatische Probleme in der deutschen Strafrechtsreform, in: Zeitschrift für die gesamte Strafrechtswissenschaft. B. 69 (1957) S. 359 ff.
Schmidthäuser, Eberhard	Gesinnungsmerkmale im Strafrecht. Tübingen 1958.
Schneidewin, Karl	Die Systematik des Besonderen Teils eines neuen Strafgesetzbuchs, in: Materialien zur Strafrechtsreform. Bd. I: Gutachten der Strafrechtslehrer. Bonn 1954. S. 173 ff.
Schönke, Adolf und Schröder, Horst	Strafgesetzbuch. 10. Aufl. München/Berlin 1961.
Schröder, Horst	Die Irrtumsrechtsprechung des BGH, in: Zeitschrift für die gesamte Strafrechtswissenschaft. Bd. 65 (1953) S. 178 ff.
Schröder, Horst	Tatbestandsirrtum und Verbotsirrtum, in: Monatsschrift für deutsches Recht. 1951. S. 387 ff.
Schwarz, Otto und Dreher, Eduard	Strafgesetzbuch. 24. Aufl. München/Berlin 1962.
Schweikert, Heinrich	Die Wandlungen der Tatbestandslehre seit Beling. Karlsruhe 1957. (Freiburger rechts- und staatswissenschaftliche Abhandlungen. Bd. 9.)
Spitaler, Armin	Das Anweisungsrecht und seine Grenzen, insbesondere im Steuerstrafverfahren, in: Finanz-Rundschau. 1950. S. 149 ff.
Stoecker, Dieter	Ordnungswidrigkeitengesetz. München/Berlin 1952.
Stoecker, Dieter	Das Gesetz über Ordnungswidrigkeiten, in: Monatsschrift für deutsches Recht. 1952. S. 385 ff.
Trops, Fritz	Begriff und Wert eines Verwaltungsdelikts. Breslau 1926. (Strafrechtliche Abhandlungen. Heft 208).
Umhauer	Ein Beitrag zur Lehre vom Begriff und Wesen des Polizeidelikts. Diss. Freiburg 1904.
Wachenfeld, Friedrich	Lehrbuch des Deutschen Strafrechts. München 1914.
Warda, Heinz-Günter	Die Abgrenzung von Tatbestands- und Verbotsirrtum bei Blankettstrafgesetzen. Berlin 1955. (Neue Kölner Rechtswissenschaftliche Abhandlungen. Heft 5.)
von Weber, Hellmuth	Grundriß des Deutschen Strafrechts. 2. Aufl. Bonn 1948.
Wegner, Arthur	Strafrecht. Allgemeiner Teil. Göttingen 1951.
Wegner, Arthur	Kriminelles Unrecht, Staatsunrecht und Völkerrecht. Hamburg 1925.
Weinberg, Hans	Der Verbotsirrtum. Bonn 1928.
Weischedel, Wilhelm	Recht und Ethik. Karlsruhe 1956. (Schriftenreihe der Juristischen Studiengesellschaft Karlsruhe. Heft 19.)
Welzel, Hans	Aktuelle Strafrechtsprobleme im Rahmen der finalen Handlungslehre. Karlsruhe 1953. (Schriftenreihe der Juristischen Studiengesellschaft Karlsruhe. Heft 4.)

Welzel, Hans	Der Verbotsirrtum im Nebenstrafrecht, in: Juristenzeitung. 1956. S. 238 ff.
Welzel, Hans	Das neue Bild des Strafrechtssystems. 4. Aufl. Göttingen 1961. (Göttingen Rechtswissenschaftliche Studien. Heft 1.)
Welzel, Hans	Das Deutsche Strafrecht. 7. Aufl. Berlin 1960.
Wimmer, August	Straftat und Ordnungswidrigkeit, in: Neue Juristische Wochenschrift. 1957. S. 1169 ff.
Wimmer, August	Kriminelles Unrecht und Ordnungswidrigkeiten im künftigen Straßenverkehrsrecht, in: Deutsches Autorecht. 1957. S. 169 ff.
Wimmer, August	Die Ahndung von Ordnungswidrigkeiten und der Schuldvorwurf, in: Neue Juristische Wochenschrift. 1960. S. 1545 ff.
Wolf, Erik	Die Stellung der Verwaltungsdelikte im Strafrechtssystem, in: Festschrift für Reinhard von Frank. Bd. II. Tübingen 1930. S. 516 ff.
Würtenberger, Thomas	Die geistige Situation der deutschen Strafrechtswissenschaft. Karlsruhe 1957. (Freiburger Rechts- und Staatswissenschaftliche Abhandlungen. Bd. 7.)
Zimmerl, Leopold	Das Österreichische Verwaltungsstrafgesetz, in: Der Gerichtssaal. Bd. 98 (1929) S. 303 ff.

ABKÜRZUNGSVERZEICHNIS

aA	=	anderer Ansicht
aaO	=	am angegebenen Ort
AcP	=	Archiv für civilistische Praxis
aE	=	am Ende
aF	=	alte Fassung
ArchRSoph	=	Archiv für Rechts- und Sozialphilosophie
AT	=	Allgemeiner Teil
BayObLG	=	Bayerisches Oberstes Landesgericht
BayObLGSt	=	Entscheidungen des Bayerischen Obersten Landesgerichts in Strafsachen
BB	=	Der Betriebsberater
BFH	=	Bundesfinanzhof
BGBl	=	Bundesgesetzblatt
BGH	=	Bundesgerichtshof
BGHSt	=	Entscheidungen des Bundesgerichtshofs in Strafsachen
BJM	=	Bundesjustizministerium
BT	=	Besonderer Teil
BTDrucks.	=	Bundestags-Drucksache
BVerfG	=	Bundesverfassungsgericht
BVerfGE	=	Entscheidungen des Bundesverfassungsgerichts
DAR	=	Deutsches Autorrecht
DJT	=	Deutscher Juristentag
DR	=	Deutsches Recht
DRiZ	=	Deutsche Richterzeitung
DRZ	=	Deutsche Rechts-Zeitschrift
DStR	=	Deutsches Strafrecht
DStZ	=	Deutsche Steuerzeitung
DStrZ	=	Deutsche Strafrechts-Zeitung
FR	=	Finanz-Rundschau
GA	=	Goltdammers Archiv für Strafrecht
GG	=	Grundgesetz der Bundesrepublik Deutschland
GS	=	Der Gerichtssaal
GrStrKomm.	=	Große Strafrechtskommission
HandwO	=	Handwerksordnung
hM	=	herrschende Meinung
idF	=	in der Fassung
JMBlNRW	=	Justizministerialblatt für das Land Nordrhein-Westfalen

JR	=	Juristische Rundschau
JW	=	Juristische Wochenschrift
JZ	=	Juristenzeitung
KG	=	Kammergericht
Komm.	=	Kommentar
Lb	=	Lehrbuch
LK	=	Leipziger Kommentar
LZ	=	Leipziger Zeitschrift
MDR	=	Monatsschrift für deutsches Recht
MIKV	=	Mitteilungen der Internationalen kriminalistischen Vereinigung
NJW	=	Neue Juristische Wochenschrift
OLG	=	Oberlandesgericht
ÖV	=	Die Öffentliche Verwaltung
OWiG	=	Gesetz über Ordnungswidrigkeiten
RAO	=	Reichsabgabenordnung
RG	=	Reichsgericht
RGBl	=	Reichsgesetzblatt
RGSt	=	Entscheidungen des Reichsgerichts in Strafsachen
Rpfl	=	Der Deutsche Rechtspfleger
Rspr.	=	Rechtsprechung
RVG	=	Reichsverwaltungsgericht
SchwBGE	=	Entscheidungen des schweizerischen Bundesgerichts
SchwZStr	=	Schweizerische Zeitschrift für Strafrecht
SJZ	=	Süddeutsche Juristenzeitung
StGB	=	Strafgesetzbuch
StPO	=	Strafprozeßordnung
StuB	=	Studienbuch
StVO	=	Straßenverkehrsordnung
StVZO	=	Straßenverkehrs-Zulassungs-Ordnung
VA	=	Verwaltungsarchiv
VO	=	Verordnung
WiGBl	=	Gesetzblatt der Verwaltung des Vereinigten Wirtschaftsgebiets
WiStG	=	Wirtschaftsstrafgesetz
WohnBewG	=	Wohnraumbewirtschaftungsgesetz
ZStW	=	Zeitschrift für die gesamte Strafrechtswissenschaft

EINLEITUNG

Fragestellung und Ziel der Arbeit

Als *Wilhelm Kahl* 1902 in Berlin vor dem 26. Deutschen Juristentag über die Notwendigkeit einer Ausscheidung des Polizeistrafrechts aus dem Kriminalstrafrecht referierte, stellte er an den Anfang seiner Ausführungen die Frage: „Ist es wirklich unvermeidlich, das hundertmal verhandelte Problem, das schon Köstlin als ein ‚die Juristen in Verzweiflung setzendes' bezeichnete, von neuem aufzurollen[1])[2])?“

Wenn man also schon vor nun mehr als einem halben Jahrhundert über die Unvermeidbarkeit einer erneuten Erörterung dieses Problems sich und seinen Zuhörern glaubte Rechenschaft geben zu müssen, so wird man sich heute erst recht zur Beantwortung der Frage verpflichtet fühlen, ob ein nochmaliges Aufgreifen des alten Streits über die Möglichkeiten und Auswirkungen einer Differenzierung zwischen Polizei-, Verwaltungs- oder Ordnungsstrafrecht einerseits und Kriminalstrafrecht andererseits tatsächlich gerechtfertigt ist. In der Tat nämlich ist das Streben nach solcher Abgrenzung eigentlich seit Feuerbachs Zeiten nicht mehr zur Ruhe gekommen, und es gibt wohl keinen namhaften Vertreter der deutschen, ja der Strafrechtswissenschaft überhaupt, der nicht in der einen oder anderen Weise zu der angeschnittenen Frage Stellung bezogen hat. Im deutschen Schrifttum war es vor allem *James Goldschmidt*, der als erster den scharfsinnigen Versuch unternahm, ein vom Kriminalstrafrecht abgesondertes System eines eigenständigen „Verwaltungsstrafrechts“ herauszuarbeiten[3]). Seine Gedanken wurden später gegenüber zahlreichen Kritikern insbesondere von *Erik Wolf* im Wege rechtsphilosophischer Grundlegung, rechtsdogmatischer Analyse und rechtspolitischer Wertung geistvoll verteidigt und vertieft[4]). *Eberhard Schmidts* unermüdlichem Bemühen ist schließlich das Verdienst zuzuschreiben, daß das Gedankengut der „Verwaltungsstrafrechtstheorie“

1) Verhandlungen des 26. DJT, Berlin 1903, III, S. 212 f.

2) Das Zitat, das Kahl Köstlin, Neue Revision der Grundbegriffe des Criminalrechts, 1845, S. 28, zuschreibt, findet sich allerdings schon bei Hepp, Komm. zum Württemberg. StGB, 1839, I, S. 23; vgl. hierzu v. Hippel II, 103, Anm. 6.

3) Insbesondere: Das Verwaltungsstrafrecht, Berlin 1902; eine Auseinandersetzung mit Goldschmidts Schriften erfolgt später bei Behandlung der Verwaltungsstrafrechtstheorie.

4) Die Stellung der Verwaltungsdelikte im Strafrechtssystem, in: Festgabe für R. Frank, 1930, II, S. 516 ff.

im Wirtschaftsstrafgesetz (WiStG) vom 26. Juli 1949 (WiGBl 193) und vor allem im Gesetz über Ordnungswidrigkeiten (OWiG) vom 25. März 1952 (BGBl I 177) legislative Verwirklichung fand.

Was nun ist der Grund, diese schon so oft behandelte Problematik einer Unterscheidung zwischen kriminellem Unrecht einerseits und Verwaltungs- oder Ordnungsunrecht andererseits erneut zum Gegenstand einer Untersuchung zu machen, eine Problematik, über die, wie *Sauer*[5]) sagt, „man sich viel den Kopf zerbrochen" hat, oder wie *Welzel*[6]) sagt, „über die schon Ströme von Schweiß geflossen sind"?

Hier muß zunächst auf den seit dem Erlaß des OWiG gegenüber früher völlig veränderten Sach- und Streitstand hingewiesen werden. Waren früher dem Felde wissenschaftlicher Auseinandersetzung bei der Erörterung des angesprochenen Problemkreises in dogmatischer Hinsicht kaum Grenzen gesetzt, so ist das seit dem Eingreifen des Gesetzgebers mit einem Schlage anders geworden. Die materiell-rechtliche Frage, ob es überhaupt ein vom Kriminalunrecht differenzierbares Verwaltungs- oder Ordnungsunrecht gibt, ist durch das OWiG ein für allemal in positivem Sinne entschieden worden. Das Problem der Abgrenzbarkeit der beiden Unrechtsbereiche ist seit dem bindenden Spruch des Gesetzgebers nicht mehr eine Frage des „Ob", sondern allenfalls eine Frage des „Wie" oder besser des „Inwieweit". Aufgabe der Strafrechtswissenschaft ist es deshalb, aus der im OWiG vom Gesetzgeber unabweisbar anerkannten Differenzierung zwischen kriminellen Delikten einerseits und den sogenannten Zuwiderhandlungen andererseits die notwendigen Folgerungen zu ziehen und die einzelnen Differenzierungs- und Aufbaumerkmale der Zuwiderhandlungen im Verhältnis zum eigentlichen kriminellen Bereich herauszuschälen[7]). Insoweit ist ihr mit der Schaffung des OWiG gegenüber dem früheren Rechtszustande eine neue Aufgabe erwachsen, deren Erfüllung nicht in ihrem Belieben steht, sondern die zu erledigen vom Gesetzgeber selbst positivrechtlich gefordert wird.

Neben dieser neu geschaffenen Gesetzeslage zwingt aber auch ein in seiner Bedeutung nicht hoch genug einzuschätzendes Einzelproblem zur erneuten dogmatischen Durchdringung des gesamten Bereichs: Gemeint ist die Behandlung des Rechtswidrigkeitsirrtums bei Zuwiderhandlungen.

Mit dem grundlegenden Beschluß des Großen Senats für Strafsachen des BGH vom 18. März 1952[8]) ist die Irrtumsrechtsprechung bekanntlich in ein neues Stadium getreten. Ausgehend von der sogenannten Schuldtheorie hat der BGH im Einklang mit der herrschenden Meinung die Potentialität des Unrechtsbewußtseins für die Vorsatzstrafe genügen lassen, ohne allerdings zwischen den in ihrem Unrechtsgehalt qualitativ verschiedenen Rechts-

---

[5]) Grundlagen, 314.

[6]) JZ 56, 240.

[7]) So vor allem auch R. Lange, JZ 56, 79, 519, 521.

[8]) BGH St 2, 194 ff.

gebieten der echten kriminellen Straftaten und der positiv-rechtlichen Zuwiderhandlungen zu differenzieren. Beiden wird vielmehr bedenkenlos ein und derselbe Vorsatzbegriff übergestülpt, um ja ein mühevoll zusammengezimmertes System nicht aus den Fugen geraten zu lassen. Wohl nirgends offenbart sich das Dilemma unserer gegenwärtig herrschenden Irrtumslehre deutlicher als hier. Abstrakt gehaltene Formeln einer vorgefaßten Theorie helfen an dieser Stelle nicht weiter. Was vielmehr vonnöten ist, ist eine den verschiedenen Unrechtsbereichen wesensmäßig angepaßte differenzierende Irrtumslehre. In der Tat hat die unter Führung des BGH auch auf den Bereich der Zuwiderhandlungen uneingeschränkt übernommene Schuldtheorie die Diskussion über das Verhältnis von Straftat und Zuwiderhandlung neu in Gang gebracht. Es war *Richard Lange*, der hier den Hebel der Kritik wegweisend ansetzte[9]) und gleichsam auf induktivem Wege von Schuldproblemen ausgehend auch Licht in den bislang recht ungeklärten Unrechtsbegriff der Zuwiderhandlungen brachte. Die inzwischen wohl abgeschlossene Diskussion ist jedenfalls auch heute noch Anlaß genug, den gesamten Komplex des Verhältnisses von Straftat und Zuwiderhandlung auch über Schuldgesichtspunkte hinaus erneut zu überdenken.

Drittens schließlich fordert die inzwischen ihrem erfolgreichen Ende sich zuneigende Arbeit an der Reform unseres Strafgesetzbuchs eine Besinnung auf das Wesen der Zuwiderhandlungen. Was dem Reformgesetzgeber bisher nie gelang, scheint nunmehr Wirklichkeit zu werden: Übertretungen im Sinne des heutigen Strafrechts wird es im künftigen StGB nicht mehr geben. Ein Teil der Übertretungstatbestände des geltenden Gesetzbuchs soll als Straftaten dem künftigen Recht erhalten bleiben, die übrigen auszuscheidenden Tatbestände sollen im Recht der Ordnungswidrigkeiten untergebracht werden, das auf der bisherigen Grundlage fortzuentwickeln ist[10]). Es gilt also nunmehr an Hand der strukturellen Eigenart der Zuwiderhandlungen die entscheidenden Kriterien herauszuarbeiten, nach denen dieser auch für das Nebenstrafrecht geplante Ausscheidungsprozeß vor sich gehen kann.

Mit der in dieser dreifachen Hinsicht begründeten Aktualität des angesprochenen Problemkreises ist zugleich auch das Anliegen der Arbeit in seinen wesentlichen Zügen aufgezeigt. Sie will versuchen, aus der vom Gesetz über die Ordnungswidrigkeiten geforderten Notwendigkeit grundsätzlicher Abschichtung des Verwaltungs- oder Ordnungsunrechts vom deliktischen Unrecht die Konsequenzen zu ziehen und durch Herausarbeitung der einzelnen Aufbau- und Abgrenzungsmerkmale dem klassischen

---

[9]) JZ 56, 73 ff, 519 ff; 57, 233 ff; kritisch hierzu insbesondere Welzel, JZ 56, 238 ff; 57, 130 ff.

[10]) Vgl. Entschließung der GrStrKomm., Niederschriften I, 341; vgl. auch Begründung zum Entwurf des Allgemeinen Teils eines Strafgesetzbuchs nach den Beschlüssen der Großen Strafrechtskommission in 1. Lesung, Bonn 1958, S. 5; ebenso die Begründung zum Entwurf 1960, S. 94, 114.

System der Straftaten ein dem Wesen nach völlig andersartiges System der Zuwiderhandlungen gegenüberzustellen. Selbst Kritiker an einer derartig differenzierenden Betrachtungsweise haben eingestanden, „daß es fraglos notwendig ist, auch die Bestimmungen des Sonderstrafrechts endlich auf ihre Tatbestandsstruktur und ihr Wertgefüge systematisch zu durchforschen"[11]). Daß man es dabei nicht bei einer formalistischen Betrachtung bewenden lassen kann, ist einleuchtend. Auch hier hilft nur „das, was wohl die Hauptaufgabe der heutigen Dogmatik ist: eine Materialisierung der Verbrechensbegriffe . . ."[12]). Allein das Zurückgehen auf die materialen Wertgehalte beider Unrechtsbereiche vermag den einzuschlagenden Weg einer Lösung aufzuzeigen. Denn „es geht weniger um den Theorienstreit, als um den künftigen Weg der Gesetzgebung und Rechtsprechung in diesem noch weitgehend unerforschten Gebiet"[13]).

In dieser Richtung will die Arbeit wirken.

---

[11]) Boldt, ZStW 68, 369.
[12]) R. Lange, ZStW 68, 606, 613, 630.
[13]) Ders., JZ 56, 519.

Erster Teil

Das Problem eines qualitativen Unterschieds zwischen Kriminalstrafrecht einerseits und Polizei-, Verwaltungs- oder Ordnungsstrafrecht andererseits und der positiv-rechtliche Begriff der Zuwiderhandlung

Erstes Kapitel

Darstellung des Streitstandes

Vorbemerkungen:

Der eigenen dogmatischen Begründung eines wesensmäßigen Unterschiedes zwischen Kriminalstrafrecht einerseits und Polizei-, Ordnungs- oder Verwaltungsstrafrecht andererseits[1]) soll eine skizzenhafte Sichtung der Auffassungen vorausgehen, die in Literatur und Rechtsprechung zu dieser Frage vertreten worden sind. Auch die einschlägigen Entwicklungslinien der Gesetzgebung und der Reformbestrebungen zum geltenden Strafgesetzbuch sollen in kurzen Strichen nachgezeichnet werden[2]). Doch ist es

[1]) Polizei-, Ordnungs- und Verwaltungsstrafrecht werden hier als synonyme Begriffe gebraucht. Auch im Schrifttum wird allen drei Bezeichnungen, soweit sie jedenfalls in begrifflichen Gegensatz zvm Kriminalstrafrecht gesetzt werden, die gleiche Sinnbedeutung beigelegt, obwohl sie sich im einzelnen inhaltlich nicht decken; vgl. Kern, Rpfl 60, 268 f. Das Polizeidelikt ist richtigerweise zum Beispiel nur eine Erscheinungsform des Verwaltungs- oder Ordnungsdelikts; vgl. auch M. E. Mayer, Kulturnormen, 109. Zum Polizei-, Ordnungs- oder Verwaltungsstrafrecht in diesem einheitlichen Sinne zählt auch und heute in erster Linie das Recht der Ordnungswidrigkeiten. Das ist dogmengeschichtlich, wie der Text zeigen wird, gerechtfertigt. Daß das Ordnungswidrigkeitenrecht begrifflich-kategorial zum „Strafrecht" im weiteren Sinne zählt, wird unten im III. Kapitel der Arbeit begründet werden.

[2]) Zur Lage im ausländischen Strafrecht wird verwiesen auf: Schottelius, Die Trennung zwischen kriminellem Unrecht und Verwaltungsunrecht, Materialien II, AT, 11 ff; Mattes, Das Verwaltungsunrecht, ebenda, BT, 499 ff; R. Lange, Die Sanktionen im Wirtschaftsstrafrecht, in: Deutsche Landesreferate zum V. Internationalen Kongreß für Rechtsvergleichung in Brüssel 1958, S. 227 f, 230 f; Jescheck, JZ 59, 459 zu Anm. 22.

unmöglich, überall ausführlich auf die vertretenen Meinungen einzugehen. Das Bild, das sie darbieten, ist so unüberschaubar und vielfältig, daß nur eine stark schematisierende Zusammenstellung geboten werden kann, wenn nicht Gliederung und Übersichtlichkeit der Arbeit beeinträchtigt werden sollen. Auch soll die Darstellung der verschiedenen Auffassungen zunächst unkommentiert erfolgen, da sich bei Entwicklung der eigenen Stellungnahme zeigen wird, daß die meisten von ihnen, soweit sie jedenfalls einen wesensmäßigen Unterschied bejahen, bei aller Vielfalt im einzelnen doch von der gleichen Prämisse ausgehen.

I. Die in der Literatur vertretenen Meinungen zur Auffindung eines begrifflichen Unterschieds zwischen Kriminal- und Verwaltungsstrafrecht

Die in der Literatur zu der angeschnittenen Frage vertretenen Ansichten lassen sich generell in zwei Gruppen scheiden: die einen leugnen jeden begrifflichen Unterschied, die anderen erkennen einen solchen an.

1. Verneinung eines Qualitätsunterschiedes

Unter den Vertretern im Schrifttum, die einen Qualitätsunterschied zwischen den beiden Unrechtsbereichen verneinen, ist wiederum zu unterscheiden zwischen denen, die einer Unterscheidung jede Bedeutung absprechen[3]), und denen, die zwar keinen qualitativen Unterschied im Hinblick auf die Art der Tat, immerhin aber doch einen quantitativen Unterschied im Hinblick auf die Schwere der Tat anerkennen. Es ist dies die Gruppe, die das Verwaltungs- oder Ordnungsstrafrecht mit dem Bagatellstrafrecht identifiziert[4]).

---

[3]) Wachenfeld, 75,

[4]) Vor Erlaß des OWiG:

Beling, L. v. Verbr., 35, insbesondere Anm. 1 aE; anders aber wohl Grundzüge, 26; Gerland, Reichsstrafrecht, 107; v. Hippel I, 36 f, 349 f Anm. 7; II, 101 ff, 118; Hellm. Mayer, Zuchtgewalt und Strafrechtspflege, Würzburger Abh. zum deutschen und ausl. Prozeßrecht, 1922, S. 53 ff, 59 ff, 63 ff; ders., Der amtsrichterliche Strafbefehl, GS 98, 330 ff; Hans Peters, 186 ff, insbesondere 190 Anm. 2; Sauer, Grundlagen, 314; Trops, Begriff und Wert.

Nach Erlaß des OWiG:

Hellm. Mayer, Strafrecht, § 11 V; Sauer, Strafrechtslehre § 9 I 1; Schäfer, Niederschriften I, 71, 74; Bockelmann, ZStW 66, 124; 70, 654; Niederschriften I, 307; anders aber in JZ 51, 497; neuerdings Jescheck, JZ 59, 460 f.; Dalcke-Fuhrmann-Schäfer, 454 ff und vor allem Welzel, JZ 56, 238 ff; 57, 130 ff; Strafrecht § 4 I 1. In der 5. Aufl. seines Lehrbuches dagegen noch an gleicher Stelle hinsichtl. der Ordnungswidrigkeiten: „Der Tatunwert erschöpft sich in der

2. Bejahung eines Qualitätsunterschiedes

Die Vertreter der zweiten Gruppe sind sich einig, daß ein prinzipieller Unterschied zwischen kriminellem Unrecht und Verwaltungsunrecht besteht. Das Verwaltungsdelikt unterscheidet sich nach dieser Ansicht materiell vom kriminellen Delikt. Es ist nicht das nur dem Grade nach geringere Bagatell-, sondern ein der Gattung nach andersartiges Delikt. Zwischen beiden Deliktsarten besteht daher nicht das Verhältnis des minus zum plus, sondern des aliud zum aliud. Worin der entscheidende Wesensunterschied jedoch begründet liegt, darüber gehen die Ansichten weit auseinander. Trotz der Vielfalt und Überschneidungen der einzelnen Meinungen lassen sich bei einer grob schematisierenden Zusammenfassung die folgenden sechs Richtungen unterscheiden.

a) Die Unterscheidung Feuerbachs und Ludens zwischen „Rechts-" und „Gesetzesverletzung"

Nach der vor allem von *Feuerbach*[5]) vertretenen Meinung wird ein Delikt dadurch zum kriminellen, daß es sich gegen ein subjektives Recht entweder des Untertanen oder des Staates selbst richtet. Fehlt dieses Erfordernis, so gehört die strafbare Handlung in das Gebiet des Polizeiunrechts. Da das subjektive Recht dem Strafgesetz aber präexistent ist, hat das kriminelle Unrecht nur die eigentlich rechtswidrigen Handlungen zum Gegenstand, es ist primär „Rechtsverletzung". Das polizeiliche Unrecht dagegen besteht aus den „an sich nicht rechtswidrigen Handlungen", die lediglich auf den Staatszweck mittelbar hinwirken und „die den Untertanen ursprünglich rechtlich möglich waren". Sie sind primär „Gesetzesverletzung"[6]).

b) Die Unterscheidung zwischen Rechtsgutsverletzung und bloßem Ungehorsamsdelikt

Nach dieser Ansicht sollen kriminelles Unrecht diejenigen Delikte sein, welche eine Verletzung oder Gefährdung bestimmter Rechtsgüter enthalten,

---

schlichten Unbotmäßigkeit." In der 6. Aufl. findet sich der Satz nicht mehr. Vor der GrStrKomm. bekannte sich Welzel dagegen zur qualitativen Unterscheidbarkeit, Niederschriften I, 87.

[5]) Lehrbuch des gemeinen in Deutschland gültigen peinlichen Rechts, herausgegeben von Mittermaier, 14. Aufl. 1847 §§ 22, 432. Ebenso Luden, Abhandlungen aus dem gemeinen teutschen Strafrechte, 1840, II, S. 172 ff; Stahl, Die Philosophie des Rechts, 1856, 3. Aufl., II, S. 693 f.

[6]) Verwirklicht wurde diese Ansicht in Art. 2 Abs. 4 des bayer. StGB vom 6. 5. 1813, wo als Polizeiübertretungen bezeichnet werden die „Handlungen oder Unterlassungen, welche zwar an und für sich selbst Rechte des Staats oder eines Untertanen nicht verletzen, jedoch wegen der Gefahr für rechtliche Ordnung und Sicherheit unter Strafe verboten oder geboten sind . . ."

Verwaltungsunrecht dagegen diejenigen Delikte, denen ein derart materielles Element fehlt, Delikte also, die sich im einfachen Ungehorsam gegen staatliche Vorschriften erschöpfen[7]). Diese sehr häufig vertretene Theorie weist eine gewisse Ähnlichkeit mit der Theorie Feuerbachs auf. Beide nämlich stellen die Unterscheidung auf das Schutzobjekt ab, nur mit dem Unterschied, daß die vorstehende Theorie nicht den Angriff auf subjektive Rechte, sondern den Angriff auf Rechtsgüter als für die kriminellen Delikte charakteristisch ansieht. An die Stelle der bloßen Rechtsverletzung ist bei den Kriminaldelikten also die mit materiellem Gehalt ausgefüllte Rechtsgutsverletzung getreten. Die Verwaltungsdelikte erscheinen dagegen nur als formelles Unrecht und erhalten demgemäß die Bezeichnung „Ungehorsamsdelikte", „einfache Normübertretungen" oder „schlichte Unbotmäßigkeiten".

c) Die Unterscheidung nach der Art und Weise der Rechtsgutsbeeinträchtigung

Diese Ansicht sieht das Unterscheidungsmerkmal nicht in der Verschiedenartigkeit des Schutzobjekts beider Rechtsgebiete, sondern in der Verschiedenartigkeit der Einwirkungen auf das einheitliche Schutzobjekt. Ziel des Angriffs einer strafbaren Handlung ist danach in jedem Falle ein Rechtsgut. Unterschiedlich aber kann die Art und Weise des Angriffs sein. Das Rechtsgut kann verletzt, konkret oder auch nur abstrakt gefährdet werden. Kriminelles Unrecht sollen nun diejenigen Delikte sein, welche Rechtsgüter verletzen oder konkret gefährden, polizeiliches Unrecht dagegen diejenigen Delikte, welche Rechtsgüter abstrakt gefährden. Die letzteren seien unter Strafe gestellt nur mit Rücksicht darauf, daß die Handlung vielleicht gefährlich werden könnte. „Die mögliche Gefährlichkeit der Handlung ist lediglich Motiv der Strafdrohung, aber kein Erfordernis des Tatbestandes[8])."

---

[7]) So u. a. Anders, Verwaltungsstrafrecht, Handwörterbuch der Rechtswissenschaft, 1929, VI, S. 627; Finger, Strafrecht, 163; GS 40, 156; Haertel-Joêl-Schmidt, 16; Jagusch, LK vor § 13 B III 1 aE; Arthur Kaufmann, 184 ff; 188; R. Lange, JZ 56, 78; von Liszt, LB 10. Aufl. Berlin 1900 S. 119; Maurach, § 1 III B 2; Merkel, 58 f; Olshausen, Anm. 1 zu § 1; Rotberg, 25 f; Eb. Schmidt, Wirtschaftsstrafrecht, 26 ff; SJZ 48, 227, 230 f; Schönke-Schröder, Vorbem. III vor § 13; vgl. zum Ganzen auch Binding, Normen I, 408 ff; Mezger, LK Bem. 6 c γ vor § 51.

[8]) So Frank, MIKV VII, 190; Studien, 17 ff; Köhler, Deutsches Strafrecht, AT, Leipzig 1917, S. 158 ff; Rotering, ZStW 26, 719 ff; Umhauer, 53 ff; Zimmerl, GS 98, 305 f. — Später hat Frank allerdings danach unterschieden, ob der Handlung eine moralische Bedeutung zukommt oder nicht: Polizeiübertretungen sind diejenigen Delikte, „durch welche im allgemeinen eine moralische Gesinnung nicht betätigt wird", MIKV XII, 201. Ganz anders wiederum in StGB, Vorbem. zum 29. Abschn., 788 ff.

d) Die Unterscheidung nach Goldschmidts Verwaltungsstrafrechtstheorie

Die sogenannte Verwaltungsstrafrechtstheorie gibt dem Abgrenzungsstreit, indem sie von der bislang formalen zu einer das Wesen des verwaltungsstrafrechtlichen Unrechts erfassenden materialen Betrachtung übergeht, eine völlig neue Richtung. Ihr Begründer war *James Goldschmidt*[9]). Seine Lehre fand auf der einen Seite begeisterte Anhänger[10]), auf der anderen erbitterte Gegner[11]). Gerade aber von seiten der Kritiker ist sein Werk oft inhaltlich entstellt wiedergegeben worden[12]). Es soll daher die Grund- und Ausgangsthese *Goldschmidts,* möglichst in Anlehnung an seine eigenen Formulierungen, kurz dargelegt werden[13]).

Goldschmidt geht aus von einem Gegensatz zwischen Verfassung und Verwaltung und demgemäß einem Verfassungs- und Verwaltungsstrafrecht (529)[14])[15]).

Die Verfassung der menschlichen Gesellschaft, das ist die Rechtsordnung im eigentlichen formellen Sinn, ist die Erklärung des allgemeinen Willens über den z. Z. anzuerkennenden Umfang der Machtsphären der verschie-

---

[9]) Hauptwerk: Das Verwaltungsstrafrecht, Berlin 1902. Ergänzungen und z. T. auch Berichtigungen finden sich in zahlreichen weiteren Arbeiten. Auf sie wird später zurückgekommen. Erschöpfender Literaturnachweis bei v. Hippel II, 106 Anm. 3.

[10]) Hofacker, Über die Grenzabscheidung zwischen Strafrechtspflege und Verwaltung, Berlin 1914 S. 103 ff; Hatschek, Julius, Lb des deutschen und preuß. Verwaltungsrechts, 7. und 8. Aufl. Leipzig 1931 S. 171 ff; Klee, GA 71, 2 ff; Erik Wolf, 544; weitere Angaben aus dem älteren Schrifttum bei v. Hippel II, 118 Anm. 5. Aus dem neueren Schrifttum sind vor allem zu nennen: Eb. Schmidt, SJZ 49, 670, JZ 51, 102 f; Niederschriften I, 67 f, 84 f, 335 und R. Lange, GA 53, 3; JZ 56, 78, 519, 521. Diejenigen Autoren, die zwischen Rechtsgutsverletzug und bloßem Ungehorsamsdelikt unterscheiden, stehen der Goldschmidt'schen „Verwaltungsstrafrechtstheorie" meist sehr nahe, vgl. oben Anm. 7. Auf die Bedeutung der „Verwaltungsstrafrechtstheorie" als Grundlage für das WiStG 1949 und das OWiG wird später noch zurückgekommen.

[11]) Beling, Lehre v. Verbr., 36, 131 f; v. Hippel II 112 ff; Trops aaO; kritisch auch M. E. Mayer aaO 109 ff; AT, 56; Hans Peters, ZStW 48, 551 ff; VA 29, 386 f; weitere Angaben aus dem älteren Schrifttum bei v. Hippel II 118 Anm. 5. Neuestens vor allem Welzel, Strafrecht § 4 I 1; Jescheck, JZ 59, 461 und in der Regel alle diejenigen, die einen qualitativen Unterschied verneinen, vgl. oben S. 6 Anm. 4. Gegen die Unterscheidung vom Rechtsgut her auch Gallas, Niederschriften I, 87, und Baumann, 27.

[12]) Vgl. Erik Wolf, 545, insbesondere Anm. 1.

[13]) Auf die staats- und verwaltungsrechtliche Seite und die Konsequenzen seiner Lehre wird später eingegangen.

[14]) Seitenzahlen ohne Titelangabe haben ihre Fundstelle im „Verwaltungsstrafrecht".

[15]) Später hat Goldschmidt den Ausdruck „Verfassungsstrafrecht" fallen gelassen und durch „Justizstrafrecht" ersetzt, vgl. Festgabe Koch, 416 Anm. 2.

denen Willensträger (531). Die Machtverhältnisse der Willensträger sind fortwährendem Wandel unterworfen; sie sind nichts Absolutes, sondern etwas Variables. Ihre Erfassung ist daher nur möglich, sobald sie ein bestimmtes zeitliches und örtliches Kolorit angenommen haben, also in einen Zustand gelangt sind. In einem solchen verdichtet sich der sie abgrenzende allgemeine Wille zur Erklärung, die einen dauernden Zustand voraussetzt und darauf berechnet ist. Lebenselement der Verfassung ist also die Ruhe, das Beharren in einem Zustand (533). Zusammengefaßt: Zweck des Verfassungs-(Justiz-)Strafrechts ist der Schutz menschlicher Willenssphären, der Rechtsgüter. Schutzmittel ist die dauernde Erklärung, die Satzung, der Rechtssatz (GA 49, 83).

Die Verwaltung der menschlichen Gesellschaft ist dagegen die auf Wohlfahrtsförderung gerichtete menschliche Tätigkeit (532). Die Wohlfahrt ist als solche etwas Absolutes; sie kann daher auch nie Zustand werden, sondern ist notwendig stets ein Ziel, eine unerreichte Sehnsucht. Die Verwaltung hat es daher nie mit einem fertigen Ergebnis, einem Zustand zu tun, sie befindet sich vielmehr in steter Arbeit (533). Sie ist völlig selbständig in der Wahl ihrer Mittel, denn sie ist schöpferisch tätig (534). Zusammengefaßt: Zweck der Verwaltung ist die Förderung des öffentlichen und staatlichen Wohls; Förderungsmittel ist das stete Handeln (GA 49, 83).

Die Auflehnung eines Willensträgers gegen den allgemeinen Willen stellt sich als eine Beeinträchtigung des Zwecks und der Natur der Rechtsverfassung, sowie des zwischen beiden bestehenden Verhältnisses dar (539). Einmal des Zwecks: Sie enthält die Beeinträchtigung der Machtsphären eines anderen Willensträgers, eine Rechtsgüterbeeinträchtigung, ein damnum emergens. Sodann eine Beeinträchtigung der Natur der Rechtsverfassung: Die Auflehnung enthält die Verletzung einer Erklärung des allgemeinen Willens, d. h. eines der Verfassung angehörenden Satzes: eine Rechtswidrigkeit, ein Unrecht. Sie enthält somit eine gleichzeitig unmittelbare Beeinträchtigung von Rechtsgut und Rechtssatz, also stets ein materielles und ein formelles Element (540).

Die Durchkreuzung des öffentlichen Wohls enthält als Charakteristikum dagegen nicht die Beeinträchtigung eines Ergebnisses, sondern die Unterlassung der Förderung eines Ziels, nicht einen eingetretenen schädlichen, sondern einen nicht eingetretenen, aber vorgestellten günstigen Erfolg, nicht ein damnum emergens, sondern ein lucrum cessans (545). Wo der verwaltende Staat, dessen Tätigkeit der Förderung des öffentlichen Wohls unwiderleglich als vorteilbringend unterstellt wird, seinen Intentionen über die zu erfordernde Unterstützung durch Befehle — Gebote oder Verbote — Ausdruck verleiht, besteht die Unterstützung lediglich in deren Befolgung, in ihrer Übertretung die Unterlassung der Unterstützung (546). Dies ist die Verwaltungswidrigkeit, welche der Rechtswidrigkeit, dem formellen Unrecht, entgegenzusetzen ist (548).

Damit tritt neben das eigentliche Strafrecht ein Pseudo-Strafrecht: das Verwaltungsstrafrecht. Dieses hat mit jenem nur die Form gemein, bleibt aber seiner Natur nach ein Institut der Verwaltung. Es ist der Inbegriff derjenigen Vorschriften, durch welche die mit Förderung des öffentlichen oder Staats-Wohls betraute Staatsverwaltung im Rahmen staatsrechtlicher Ermächtigung in der Form von Rechtssätzen an die Übertretung einer Verwaltungsvorschrift als Tatbestand eine Strafe als Verwaltungsfolge knüpft (577; GA 49, 89 f.).

Während die früheren Lösungsversuche die Einheitlichkeit des Strafrechts unangetastet lassen, kommt die Verwaltungsstrafrechtstheorie zur Aufstellung zweier gänzlich verschiedener Strafrechte, von denen das eine seine eigentliche Heimat im Verwaltungsrecht haben soll.

e) *Die Unterscheidung nach M. E. Mayers Kulturnormentheorie*

M. E. Mayer erklärt den Unterschied zwischen Kriminal- und Verwaltungs-Delikten mit der von ihm begründeten Kulturnormentheorie[16]). Er geht davon aus, daß die Rechtsnormen in der Regel übereinstimmen mit Kulturnormen, deren Verbindlichkeit das Individuum kennt und anerkennt (16). Unter Kulturnormen versteht er die Gesamtheit derjenigen Gebote und Verbote, die als religiöse, moralische, konventionelle, als Forderungen des Verkehrs und des Berufs an das Individuum herantreten (17). Es gibt grundsätzlich kein Verhalten, welches der Staat verbietet, ohne daß es vor ihm die Kultur verboten hat (20). Dennoch kennt das Recht ausnahmsweise auch Pflichten, die weder im Widerspruch noch in Übereinstimmung mit Kulturnormen stehen, weil die Kultur die betreffende Materie überhaupt nicht ergreift (27, 115). Es sind dies die Normen des Verwaltungsstrafrechts. Sie sind kulturell indifferent und dadurch charakterisiert, daß sie bloß einer Rechtsnorm, nicht aber einer Kulturnorm widersprechen. Während das Kriminaldelikt stets ebensowohl mit einer Kulturnorm als einer Rechtsnorm in Widerspruch steht, erschöpft sich das Verwaltungsdelikt darin, einer Rechtsnorm zu widersprechen. Das kriminelle Unrecht ist kraft Gesetzes und auf Grund seiner kulturellen Schädlichkeit Unrecht, das polizeiliche Unrecht ist Unrecht nur kraft Gesetzes (116).

f) *Die Unterscheidung nach dem sozialethischen Unwertgehalt*

Eine letzte Ansicht schließlich unterscheidet ganz allgemein nach dem sozialethischen Unwertgehalt der Tat. Während es für die klassischen Delikte, wie Mord, Meineid, Diebstahl usw., ohne weiteres klar ist, daß hier der Strafdrohung eine „vorrechtliche", „naturrechtliche", „religiöse", „ethische", „sittliche", „moralische" Verbotsnorm: „Du sollst nicht töten"

---

[16]) Rechtsnormen und Kulturnormen, Breslau 1903.

usw. vorausgeht, kriminelles Unrecht also zugleich meist auch ethisches Unrecht ist, sind die Verwaltungsdelikte sozialethisch „indifferent“ und „wertneutral“, nur Verstöße gegen „Ordnungsvorschriften“, die sich ihrer Natur nach nicht gegen die sozialethischen Grundwerte richten[17]).

---

[17]) Vgl. *Eb. Schmidt,* Strafrecht und Disziplinarrecht, in: Deutsche Landesreferate zum III. Internationalen Kongreß für Rechtsvergleichung, London 1950, S. 873: „Das Verwaltungsunrecht und die Verwaltungsschuld im Bereiche des Verwaltungsstrafrechts sind ethisch völlig indifferent.“

Ders., ZStW 69, 362: „Kriminelles Unrecht und kriminelle Schuld gewinnen aber aus ihrem sozialethischen Gehalt ihre qualitative Eigenart, durch die sie sich vom bloßen Verwaltungsunrecht unterscheiden.“

R. Lange, JZ 56, 79: „Zuwiderhandlungen gegen Verwaltungsanordnungen . . . verletzen nicht den Kernbestand vorgegebener sozialethischer Werte, die nur der Anerkennung durch das Recht bedürfen, um Rechtsgutsqualität zu haben.“

Arthur Kaufmann, 187: „Während beim kriminellen Unrecht der Gesetzgeber direkt von dem im Volke lebenden Rechtsgefühl ausgeht . . . ist es beim Ordnungsstrafrecht nicht das Rechtsgefühl, d. h. das soziale oder ethische Empfinden, das die Strafbarkeit fordert, sondern zur Strafdrohung führen Zwecküberlegungen darüber, wie man den Schutz eines gewissen Guts am besten erreichen kann.“

Roeder, 133: „. . . all das sind Materien, die letzten Endes ‚justizfremd‘ sind, zu deren Regelung den Gesetzgeber zweifellos nicht ethische, sondern reine Zweckmäßigkeitsgründe veranlaßt haben.“

Gallas, Niederschriften I, 87: „Allerdings wäre ich der Meinung, daß diese Unterscheidung sich letztlich nur durch ein sozialethisches Werturteil gewinnen läßt.“

Baldus, ebenda, 85: „Wir haben bei dem kriminellen Unrecht immer das Spiegelbild aus der sozialethischen Sphäre. Wir haben dagegen dieses Spiegelbild niemals bei dem Verwaltungsunrecht. Dieses erschöpft sich, ethisch gesehen, im reinen Ungehorsam gegen eine Verbots- oder Gebotsnorm.“

Staff, ebenda, 88: „Soweit eine Norm in Übereinstimmung steht mit naturrechtlichen Erwägungen, haben wir kriminelles Unrecht. In dem Augenblick, wo das eine hinter dem anderen zurückbleibt, fängt das Gebiet des Verwaltungsunrechts an.“

Kleinknecht-Müller-Reitberger, Komm. zur StPO, 4. Aufl. Einl. 4 a: „Kriminelles Unrecht ist ethisches Unrecht; Verwaltungsunrecht ist ein Verstoß gegen Ordnungsvorschriften, die lediglich die Durchführung von Verwaltungsaufgaben ermöglichen sollen, aber kein ethisches Gebot enthalten.“

Henkel, Strafverfahrensrecht, Stuttgart 1953 § 20 IV 2 c: „Die Ordnungswidrigkeit als Verwaltungsunrecht verletzt lediglich einen ethisch indifferenten Gehorsamsanspruch des verwaltenden Staates.“

Karl Peters, Strafprozeß, Karlsruhe 1952 § 5 V: „Die Unterscheidung ergibt sich aus dem sozialethischen Charakter des Strafrechts . . .“

Ebisch, 11: „. . . ethisch indifferentes Verwaltungsunrecht gegenüber ethisch verwerflichem Kriminalunrecht . . .“

Niese, ZStW 70, 353: „. . . gerade dieser ethische Akzent, der der Strafe eignet, fehlt der Geldbuße ebenso wie der sittlich indifferenten Ordnungswidrigkeit.“

II. Die Entwicklung eines besonderen Verwaltungsstrafrechts in der Gesetzgebung

Die legislative Ausscheidung des Ordnungsstrafrechts aus dem Kriminalstrafrecht, die mit dem WiStG 1949 und dem OWiG 1952 ihren verheißungsvollen Anfang gefunden hat, stellt sich — rückwirkend betrachtet — als ein langwieriger und oftmals mit Fehlentwicklungen durchsetzter Prozeß dar.

Das erste deutsche Gesetzbuch, das die „Trichotomie" des code pénal in Verbrechen, Vergehen und Übertretungen übernahm, war das unter *Feuerbachs* Ägide zustande gekommene Bayr. StGB vom 6. Mai 1813. Über die äußere Scheidung nach dem Strafmaß hinaus versuchte es aber auch eine innere, indem es den Rechtsverletzungen (Verbrechen und Vergehen) die Polizeiübertretungen gegenüberstellte[18]). Dieses Beispiel machte aber unter den Partikularrechten nicht sofort Schule; vielmehr schafften sich Württemberg (1839), Hannover (1845), Hessen (1847/55), Braunschweig

---

Kohlhaas bei Erbs, Strafrechtl. Nebengesetze, O 187 Vorbem. II, 1: Wer den Normen des Ordnungsstrafrechts zuwiderhandelt, „tut dies zwar aus Ungehorsam oder Lässigkeit, nicht aber aus ethisch zu mißbilligender Grundhaltung".

Schönke-Schröder, Anm. III vor § 13: die mit „Ordnungsstrafe" bedrohten Tatbestände „schließen keine sittliche Wertung in sich".

Schwarz-Dreher, vor § 360 Anm. 1 B: „Ordnungswidrigkeiten im engeren Sinne stellen bloßen Verwaltungsungehorsam dar, im weiteren Sinne sind sie Verstöße ohne sozialethischen Unrechtsgehalt."

Rotberg, 26: Verwaltungsunrecht betrifft Handlungen, „die sich ihrer Natur nach nicht gegen die ethischen Grundwerte . . . richten . . ."

Stoecker, MDR 52, 385: „Der Verstoß gegen Ordnungsnormen ist seiner Natur nach nicht ethisch bezogen . . ."

Wimmer, NJW 57, 1171: „Ordnungswidrigkeiten sind positiv-rechtlich verbotene Taten, die an sich vorgesetzlich nicht sozialethisch strikt verboten sind, die also nicht strafwürdig — nichtböse — sind." Allerdings kennt Wimmer daneben noch eine „Nebenform der Ordnungswidrigkeit", bei der der Gesetzgeber eine sozialethisch strikt verbotene, „an sich böse" Tat wegen ihrer „Affinität zum sozialethisch Nichtbösen" aus Zweckerwägungen nur als Ordnungswidrigkeit ahndet.

Das „ethische Argument" verwenden also u. a. auch solche Autoren, die der Goldschmidt'schen „Verwaltungsstrafrechtstheorie" nahestehen und vom Rechtsgut her unterscheiden, vgl. oben Anm. 7 und Anm. 10.

Gegen eine sozialethische Indifferenz der Verwaltungsdelikte: Jescheck, Niederschriften I, 298; JZ 59, 461; Hellm. Mayer, Strafrecht § 11 V 2; Welzel, JZ 57, 132; „Auch in dem Bereich also, in dem das Phänomen eines besonderen Verwaltungsunrechts auftaucht, handelt es sich stets um materiale, sozialethische Probleme hochkomplexer Natur."; Schmidthäuser, 166 Anm. 33; Schlegtendahl, 45 f; wohl auch Hans Peters, 166 Anm. 2.

18) Vgl. oben Anm. 6. Über die geistesgeschichtlichen Grundlagen der Dreiteilung vgl. Kohlrausch-Lange, § 1 III; Maurach, § 13 III.

(1855), Baden (1863) und auch Bayern selbst (1861) besondere Polizeistrafgesetzbücher an. Dies sah zunächst auch der preußische Entwurf von 1833 vor; das Gesetz vom 14. April 1851 bezog dann aber doch in seinen dritten Teil die Übertretungen ein, stattete sie jedoch in Anlehnung an das Bayr. Gesetz von 1813 mit einem eigenen Allgemeinen Teil aus, so daß die allgemeinen Vorschriften für Verbrechen und Vergehen nicht ohne weiteres auch für die Polizeiübertretungen galten. Doch das auf diesem Gesetz aufbauende Reichsstrafgesetzbuch von 1871 verzichtete auch noch auf diese formale Systematik. Es faßte vielmehr die Übertretungen als die leichtesten Delikte ohne jede sonstige Unterscheidung von den Verbrechen und Vergehen in den §§ 360 ff. zusammen und ersetzte den preußischen Ausdruck „polizeiliche Gefängnisstrafe" durch „Haft". Das Gebiet des Kriminalunrechts schloß danach neben den schwersten Rechtsgutsverletzungen auch die ethisch indifferenten Verstöße gegen Polizei- und sonstige Verwaltungsvorschriften in sich ein, und die staatliche Reaktion war auch bei den Übertretungen stets echte Kriminalstrafe.

Der Entwurf zum RStGB bekennt sich denn auch zu der Auffassung, daß er

„einen generischen Unterschied zwischen der Verletzung von kriminalrechtlichen und der von polizeistrafrechtlichen Vorschriften nicht kennt" . . . „Vergeblich ist von den Rechtsschulen des Mittelalters bis herab auf unsere Zeit trotz der Vorliebe, welche man der Erörterung dieser Frage gewidmet hat, der Versuch gemacht worden, eine Grenzlinie zwischen dem kriminellen und dem polizeilichen Strafbaren zu finden. Auch in der neuesten Zeit, in welcher die Erörterung wiederum aufgenommen und nicht ohne Aufwand von Scharfsinn fortgeführt worden, ist es nicht gelungen, jenen, nach Köstlins Ausdrucke, die Juristen in Verzweiflung setzenden Unterschied mit Sicherheit und Gleichmäßigkeit durchzuführen. Wiederholt ist hierbei von angesehenen Rechtslehrern das Anerkenntnis ausgesprochen worden, daß auch die sogenannten Polizeiübertretungen ein wirklich strafbares Unrecht darstellen und daher gleich den Verbrechen und Vergehen zu verfolgen und von den Gerichten zu bestrafen seien."[19])

Und dennoch wird man sagen müssen, daß der Strafgesetzgeber von 1871 die Existenz einer Wesensverschiedenheit zwischen beiden Unrechtsbereichen zumindest „erfühlt" hat, indem er nämlich jene Taten, die von der „Volksüberzeugung" als minder „schwerere" oder als bloße „Ordnungswidrigkeiten" empfunden werden, hinsichtlich der Strafmittel (Zuchthaus, Gefängnis — Haft) und des Strafmaßes glaubte gesondert behandeln zu müssen. Hierauf hat in der Reichstagssitzung vom 22. Februar 1870 schon der Abgeordnete *Windthorst* hingewiesen[20]):

„Es haben in den Motiven die Bundesregierungen ausführen lassen, eine Trennung des eigentlichen Kriminalrechts von dem Polizeistrafrecht wäre nicht mög-

---

[19]) Stenographische Berichte über die Verhandlungen des Reichstages, Sess. 1870, Bd. III Anhang I, S. 87.

[20]) aaO I 50 f.

lich. Und dennoch, meine Herren, hat diese Kommission, die das behauptet, eine solche Trennung machen müssen. Denn es sind die Strafen für die Polizeivergehen in recht vielen Dingen anders gestellt; man hat sogar die Einsperrung bei Polizeivergehen anders genannt, man hat sie Haft genannt. Wie konnte man das, wenn man nicht imstande war, die Kriminalvergehen von den Polizeivergehen zu unterscheiden?"

Den Kern der Sache aber traf der Abgeordnete *v. Zehmen*, als er in der Sitzung vom 8. April 1870 ausführte[21]):

„Während bei Verbrechen und Vergehen in engerem Sinne der Strafgrund auf der Verletzung des allgemeinen Sittengesetzes beruht, . . . so beruht der Strafgrund bei den polizeilichen Übertretungen lediglich auf den positiven Strafgesetzen und Nützlichkeitsrücksichten, und zwar dergestalt, daß ein und dieselbe Handlung in dem einen Lande nach Zeit und Ort strafbar sein kann, in dem anderen nicht strafbar. Der Strafgrund bei den polizeilichen Übertretungen beruht lediglich auf der Verletzung des positiven Gesetzes, und die Strafbarkeit wird oft nur dadurch begründet, daß für den einzelnen Fall eine Strafandrohung durch eine Polizeibehörde vorangegangen ist . . . Es wird gestraft, weil die Ordnung verletzt ist und die Ordnung aufrechterhalten werden muß. Auf eine besondere moralische Beziehung oder nichtmoralische Beziehung auf die Tat kommt es gar nicht an."

Die Mehrheit des Reichstages folgte indessen nicht dem Standpunkt der beiden Abgeordneten, sondern dem des Justizministers *Leonhardt*[22]):

„Ob z. B. das StGB auch das sogenannte Polizeistrafrecht mit umfassen soll, ist eine Frage, die einer sehr kurzen Diskussion bedarf und dann durch Abstimmung erledigt werden kann."

Seit dieser Zeit ist die besondere Eigenart der Übertretungen als polizeiliches Unrecht dem allgemeinen Rechtsbewußtsein immer mehr entschwunden und nur noch der Eindruck eines gegenüber den eigentlichen Kriminaldelikten quantitativ milderen „Bagatelldelikts" übriggeblieben. Nur so ist es zu verstehen, daß die theoretischen Arbeiten an einem besonderen Verwaltungsstrafrecht, wie sie insbesondere von *Goldschmidt* und *Erik Wolf* geleistet wurden, nicht zum Durchbruch kommen konnten.

Doch je enger und komplizierter das Zusammenleben der Menschen mit den Jahren wurde, je umfangreicher und vielgestaltiger der Staat lenkend und planend in die an sich freie Sphäre der Staatsbürger eingreifen mußte, um so aktueller wurde das Bedürfnis nach einem vom Kriminalstrafrecht abgesonderten Verwaltungsstrafrecht. Die ersten Versuche in dieser Richtung unternahm die RAO vom 13. Dezember 1919, die die Grundtypen steuerstrafrechtlicher Delikte in den §§ 359 bis 376 mit Kriminalstrafe, die in Blankettform gekleidete „Steuerzuwiderhandlung" des § 377 dagegen nur mit „Ordnungsstrafe" bedrohte. Doch schon bei der Neufassung vom 22. Mai 1931 wurde die dem alten § 377 entsprechende

---

21) aaO I 759 f.

22) aaO I 52.

„Steuerordnungswidrigkeit“ in § 413 wieder mit „Geldstrafe“, also mit einer echten kriminellen Strafe bedroht. Man wird daher § 377 RAO (idF v. 1919) und insbesondere die „Steuerordnungswidrigkeit“ des § 413 RAO (idF v. 1931) noch nicht als Ausdruck einer endgültigen Anerkennung eines wesensmäßigen Unterschiedes zwischen Kriminal- und Verwaltungsunrecht ansehen können[23]).

Deutlicher treten diese Entwicklungen in dem seit dem 1. Weltkrieg in besonderem Maße staatlicher Lenkung und Planung unterworfenen Wirtschaftsrecht hervor. Infolge der Flut wirtschaftsregelnder Vorschriften wurde den Verwaltungsbehörden in gewissem Umfange die Möglichkeit gegeben, Wirtschaftsverstöße mittels „Ordnungsstrafen“ zu ahnden. Eine bewußte, vom Systematischen her begründete Unterscheidung zwischen Kriminal- und Verwaltungsunrecht ist aber auch hier noch nicht zugrunde gelegt worden; maßgebend war vielmehr zunächst das Bedürfnis nach Entlastung der mit Bagatellsachen überschwemmten Gerichte.

Der machtstaatliche Wirtschaftsdirigismus des Dritten Reiches wußte diese Entwicklung für seine Ziele auszunutzen: Die Verwaltungsbehörden erhielten eine geradezu schrankenlose Ordnungsstrafgewalt, die es ihnen ermöglichte, Zuwiderhandlungen gegen Wirtschaftsgesetze nach *ihrem* Ermessen dem Strafrichter zu entziehen und mit Ordnungsstrafe zu ahnden[24]). Aus der ursprünglich beabsichtigten Entlastung wurde also eine Ausschaltung der Gerichte[25]).

Für die Nachkriegsgesetzgebung bestand daher zu allererst die rechtsstaatliche Aufgabe, im entarteten Wirtschaftsstrafrecht unter Ausschaltung des beherrschenden Ermessens der Verwaltungsbehörden die Zuständigkeit der Strafgerichte neu zu begründen. Andererseits konnte man aber, sollte wirklich die Wiederherstellung rechtsstaatlicher Verhältnisse erreicht werden, nicht mit „Strafe“ bedrohen, was seinem Wesen nach Strafe im hergebrachten Sinne nicht verdient. Das Prinzip, das hier die materiell-rechtliche Unterscheidung aufzeigte, war die Lehre von der qualitativen Unterscheidbarkeit zwischen Kriminal- und Verwaltungsstrafrecht, wie sie in grundsätzlicher Übereinstimmung von *Goldschmidt* und *Erik Wolf*, später von *Eb. Schmidt* dogmatisch entwickelt worden ist. Auf diesem Lehrbestand aufbauend, haben für den Bereich des Wirtschaftsrechts das WiStG 1949, ihm folgend als für alle Verwaltungsgebiete anwendbares Rahmengesetz das OWiG mit der Unterscheidung von „Straftat“ und „Ordnungswidrigkeit“ und der Beschränkung von „Strafe“ auf diese, von „Geldbuße“

---

[23]) Vgl. hierzu Eb. Schmidt, SJZ 48, 226 f; JZ 51, 102; Niederschriften I, 334 f; Hartung, Steuerstrafrecht, 145; Gerner, NJW 52, 521.

[24]) So die Preisstrafrechts-VO v. 3. 6. 39 (RGBl I 999); die Kriegswirtschafts-VO v. 4. 9. 39 (I 1609); die Verbrauchsregelungsstraf-VO v. 6. 4. 40 (I, 610).

[25]) Zum Ganzen vgl. Eb. Schmidt, Das Neue Westdeutsche Wirtschaftsstrafrecht, 11 ff; ZStW 69, 363 f; Maurach, § 1 III A 1; Kern, Rpfl 60, 266; Jescheck, JZ 59, 458; BGHSt 11, 265.

auf jene zum ersten Male in der deutschen Rechtsgeschichte das Problem eines besonderen Verwaltungsstrafrechts materiell- und verfahrensrechtlich gelöst[26, 27]). Allerdings sagen die Gesetze selbst kein Wort darüber, wodurch sich Straftat und Ordnungswidrigkeit wesensmäßig unterscheiden[27a]). Hier wird deshalb die Arbeit bei der eigenen dogmatischen Durchdringung des Problems ansetzen müssen. Es wird dabei vor allem auf den systematischen Standort des Grundbegriffs der „Zuwiderhandlung" ankommen, den WiStG und OWiG als grundsätzlichen Gegensatz zur typischen Unrechtshandlung des klassischen Strafrechts verwenden.

III. Die Stellungnahmen des Reformgesetzgebers in den Entwürfen zu einem neuen StGB

Gegenüber der positiven Entwicklung im Sonderstrafrecht ist das geltende StGB trotz aller Reformbestrebungen über die Einstellung seiner Verfasser nicht hinausgekommen. Schon der 26. DJT im Jahre 1902 hatte auf ein Gutachten *v. Liszts*[28]) und ein Referat *Kahls*[29]), der 29. DJT im Jahre 1909 auf ein Referat *Gleispachs*[30]) hin dem Gesetzgeber empfohlen, „Übertretungen von rein polizeilichen Vorschriften als bloße Ordnungswidrigkeiten aus dem Gebiet des kriminellen Strafrechts auszuschalten und sowohl materiell als auch bezüglich des Verfahrens besonderen Grund-

---

26) So die ganz überwiegende Meinung; vgl. Eb. Schmidt, Wirtschaftsstrafrecht, 14, 83; SJZ 49, 670; Maurach aaO; R. Lange, JZ 56, 519; Lang-Hinrichsen, GA 57, 225: Stoecker, OWiG Vorbem. I; Ebisch, 11; Mittelbach, MDR 59, 617. Die Behauptung Welzels (JZ 57, 132), daß die Lehre vom Verwaltungsunrecht „letzten Endes über einen Appell ans Gefühl nicht hinausgekommen ist", wird der tatsächlichen Entwicklung in keiner Weise gerecht. Demgegenüber eindeutig die Begründung zum OWiG, BT-Drucks. 1. Wahlp. 1949 Nr. 2100 S. 11: „Die im WiStG durchgeführte Zweiteilung von Straftat und Ordnungswidrigkeit geht zurück auf die Lehre von J. Goldschmidt . . ."

27) Das WiStG 1949 ist durch das Gesetz zur Änderung und Verlängerung des WiStG vom 25. 3. 52 (BGBl I 188) und durch das Gesetz zur weiteren Vereinfachung des Wirtschaftsstrafrechts (WiStG 1954) v. 9. 7. 1954 (I 175) in Angleichung an das OWiG neugefaßt worden. Durch Gesetz zur Verlängerung der Geltungsdauer des WiStG 1954 v. 25. 12. 55 (I 869) wurde dieses bis zum 31. 12. 56, durch Gesetzt v. 19. 12. 56 (I 924) bis zum 31. 12. 58 und durch Gesetz v. 21. 12. 58 (I 949) bis zum 31. 12. 62 verlängert.

27a) In der Begründung zum OWiG heißt es dagegen aaO: „Dem im wesentlichen sittlich unbedeutsamen Unrechtsgehalt, der in einem Ungehorsam gegen Verwaltungsvorschriften enthalten ist, steht das ethisch verwerfbare Unrecht einer Kriminaltat gegenüber."

28) Verhandlungen I, 259 ff.

29) Verhandlungen III, 210 ff.

30) Verhandlungen V, 434 ff.

sätzen zu unterstellen"[31]). Doch der Vorentwurf von 1909 ließ alles beim alten. Er erkannte zwar ein besonderes Polizeistrafrecht als theoretischen Begriff an, machte sich im übrigen aber voll und ganz die Argumentation der Motive zum RStGB zu eigen[32]). Der Gegenentwurf von 1911, aufgestellt von *Kahl, Lilienthal, v. Liszt* und *Goldschmidt*, hat dagegen die qualitative Scheidung für praktisch durchführbar gehalten, indem er aus den Übertretungen des Vorentwurfs die Tatbestände herausgenommen und zu den Verbrechen und Vergehen gestellt hat, „in denen es sich um Verletzung oder Gefährdung eines Rechtsguts handelt"[33]). Die übrigbleibenden Übertretungstatbestände hat er in ein besonderes zweites Buch mit einem eigenen Allgemeinen Teil verwiesen. Aber diesen Weg ging der Entwurf nicht zu Ende; denn er belegte auch die als bloß polizeiwidrig erkannten Übertretungen ohne jeden Unterschied mit echter Strafe, zwar nicht mit Freiheitsstrafe, aber doch mit krimineller Geldstrafe.

Mit nur geringen Abänderungen ging dieses „II. Buch" in den Kommissionsentwurf von 1913 über und erschien ohne grundsätzliche Umarbeitung auch im Entwurf von 1919. Seine Denkschrift[34]) bringt dabei „das Bestreben zum Ausdruck, die Grenze zwischen dem kriminellen und dem polizeilichen Unrecht schärfer als bisher zu ziehen". Doch obwohl für die Unterscheidung „nur das innere Wesen der Handlung maßgebend sein kann"[35]), beläßt es auch dieser Entwurf bei echter Strafe als Sanktion für reine Polizeiwidrigkeiten. Der 1. amtliche Entwurf von 1925[36]), die Reichstagsvorlage von 1927[37]), wie auch der Entwurf *Radbruch* von 1922[38]) und der Entwurf *Kahl* von 1930 vertreten diesen Standpunkt unverändert. Sie alle versuchen, den Gedanken qualitativer Abgrenzung des polizeilichen vom kriminellen Unrecht mit dem Gedanken quantitativer Abgrenzung des bagatellmäßigen Strafrechts von den Kapitalsachen zu verbinden. Das aber hatte zur Folge, daß trotz aller Verweisung in verschiedene „Bücher" für Verbrechen und Vergehen einerseits, Übertretungen andererseits unterschiedslos kriminelle „Strafe" angedroht wurde. Die Halbheit eines solchen Schritts liegt auf der Hand[39]).

Die 1954 zusammengetretene GrStrKomm. hatte es demgegenüber insofern leichter, als der Gesetzgeber bereits vor ihrem Zusammentritt mit dem Erlaß des OWiG eine grundsätzliche Entscheidung in dem alten Streit — und zwar in positivem Sinne — gefällt hat. Sie brauchte deshalb nur noch hinsichtlich der Tatbestände des StGB an diese Entwicklung anzu-

[31]) Verhandlungen des 29. DJT, V, 472, 517, 870; Verhandlungen des 26. DJT, III, 602.

[32]) Begründung I, VII, 1 ff; Zustimmung und Kritik hierzu in: Zusammenstellung der gutachtlichen Äußerungen über den Vorentwurf zu einem Deutschen StGB, gefertigt im Reichsjustizamt, Berlin 1911, S. 2, 406 ff.

[33]) Begründung IV, V, 310 ff.

[34]) S. 8.

[35]) S. 350.

knüpfen und beantwortete demgemäß auch die „Grundsatzfrage 1", nach welchen Gesichtspunkten das kriminelle Unrecht vom Verwaltungsunrecht abzugrenzen sei, nicht materiell, sondern lediglich formell mit dem Leitsatz:

„1. Übertretungen im Sinne des heutigen Strafrechts soll es im künftigen StGB nicht geben.

2. Es bleibt zu überlegen, welche Übertretungstatbestände des geltenden StGB als Straftaten im künftigen Recht erhalten bleiben müssen. Die übrigen auszuscheidenden Tatbestände sind im Recht der Ordnungswidrigkeiten unterzubringen, das auf der bisherigen Grundlage (OWG) fortzuentwickeln ist. Im Nebenstrafrecht ist ein entsprechender Abschichtungsprozeß durchzuführen."[40])

Worin aber der Wesensunterschied zwischen den beiden Unrechtsbereichen liegen soll, hat auch die GrStKomm. nicht anzugeben vermocht[41]). Sie hat es vielmehr bei einem pauschalen Verweis auf das OWiG bewenden lassen. Doch auch das OWiG sagt an keiner Stelle aus, wodurch sich Straftat und Ordnungswidrigkeit materiell unterscheiden. Soll aber ein Großteil der bisherigen Übertretungen unter einheitlichen Gesichtspunkten den Ordnungswidrigkeiten zugewiesen und dieser Prozeß im gesamten Nebenstrafrecht fortgeführt werden, so muß vorher trotz aller Schwierigkeiten die Frage nach dem Merkmal des Wesensunterschiedes zwischen den beiden Unrechtsbereichen gelöst werden. Auch hier wird die vorliegende Arbeit, wie schon in den einleitenden Ausführungen angedeutet, anzusetzen haben.

IV. Die in der Rechtsprechung vertretene Auffassung zur begrifflichen Unterscheidung zwischen Kriminal- und Verwaltungsunrecht

Die Rechtsprechung hat dagegen schon immer den qualitativen Unterschied beider Unrechtsbereiche, wenn nicht ausdrücklich anerkannt, so doch intuitiv erfühlt. Auf die insoweit mustergültige Rechtsprechung des RG

---

[36]) Begründung, 6, 177; kritisch hiezu Kohlrausch in: Aschrott-Kohlrausch, Reform des Strafrechts, Berlin-Leipzig 1926 S. 11; hiergegen wiederum Goldschmidt, JW 1926, 2720.

[37]) Begründung, 6, 194.

[38]) Bemerkungen III, 50 f.

[39]) Kritisch zu der ganzen Entwicklung Eb. Schmidt, Niederschriften I, 333 f.

[40]) Niederschriften I, 341; vgl. auch oben Anm. 10 der Einleitung.

[41]) Doch in der Diskussion auf das den qualitativen Unterschied bejahende Referat Eb. Schmidts und das einen solchen Unterschied verneinende Referat Schäfers gingen alle Redner von einer grundsätzlichen qualitativen Unterschei-

zum Blankettirrtum wird später bei Erörterung der Schuldprobleme noch zurückzukommen sein. Schon RGSt 49, 116, 118 hat die Abgrenzung nur noch mehr als eine Frage der Formulierung angesehen: „Die Abgrenzung des kriminellen und des bloß polizeilichen Unrechts nach begrifflichen Merkmalen ist bisher jedoch nicht in einer Weise gelungen, die auf allgemeine Billigung Anspruch erheben könnte." Sie wird aber dennoch als „Ergebnis geschichtlicher Entwicklung und positiver Gesetzgebung" grundsätzlich anerkannt. Deutlicher äußert sich demgegenüber die Nachkriegsrechtsprechung; besonders instruktiv OLG Karlsruhe[42]): „Es kann zunächst nicht bezweifelt werden, daß gegenwärtig ein begrifflich eindeutiger Unterschied zwischen kriminellem Unrecht und Ordnungsunrecht (Verwaltungsunrecht) . . . besteht . . . Für die Unterscheidung beider Deliktsarten ist ihr materieller Unrechtsgehalt ausschlaggebend. Das Kriminaldelikt ist ethisches Unrecht, das Ordnungsdelikt nur Ungehorsam gegen sittlich indifferente Verwaltungsvorschriften." Auch der BGH[43]) differenziert grundsätzlich zwischen „sittlich fundierten Strafrechtsnormen" und Bestimmungen, „die aus Erwägungen sozialer oder rein staatlicher Zweckmäßigkeit formale Ordnungsvorschriften aufstellen", will sie allerdings unter Schuldgesichtspunkten gleich behandelt wissen. Eindeutig auch der Beschluß des Großen Senats vom 4. November 1957[44]), der sich auf den im Schrifttum entwickelten sachlichen Unterschied zwischen beiden Arten des Unrechts bezieht: „Das Kriminalunrecht unterliegt einem besonderen ethischen Unwerturteil, das Verwaltungsunrecht erschöpft sich in dem bloßen Ungehorsam gegen einen Verwaltungsbefehl (vgl. insbesondere Goldschmidt, Erik Wolf)[45])."

Dagegen schien das BVerfG zunächst einer bloß quantitativen Abgrenzung zuzuneigen („geringerer Unrechtsgehalt")[46]). In einer späteren Entscheidung[47]) hat es jedoch klargestellt, daß der Schuldvorwurf bei den Ordnungswidrigkeiten „die Sphäre des Ethischen" nicht erreicht. Es liege „bloßer Ungehorsam gegen technisches, zeit- und verhältnisbedingtes Ordnungsunrecht der staatlichen Verwaltung vor".

---

dung aus, so Krille, Baldus, Koffka, Mezger, (selbst) Welzel, Gallas, Staff, Strauß und R. Lange; vgl. Niederschriften I, 84 ff.

[42]) NJW 55, 1200. Ähnlich OLG Celle, NJW 57, 642 f, zweifelnd jedoch in NJW 61, 185 f.

[43]) BGHSt 4, 4; schon 2, 203.

[44]) BGHSt 11, 263, 264, 266; ebenso der Kartellsenat im Beschluß v. 24. 11. 58, BGHSt 12, 148, 153 und der 1. Strafsenat im Urteil v. 16. 12. 58, BGHSt 12, 273, 276.

[45]) Bedenklich dagegen die Rspr. des BFH, NJW 58, 119 f.

[46]) BVerfGE 8, 197, 207.

[47]) BVerfGE 9, 167, 171.

Zweites Kapitel

Die positiv-rechtliche Dreiteilung in echte Straftaten, Zuwiderhandlungen mit Straffolge und Zuwiderhandlungen mit Bußfolge als Ausgangspunkt

Schon im einleitenden Text ist darauf hingewiesen worden, daß die materiell-rechtliche Frage, ob es überhaupt ein vom Kriminalunrecht differenzierbares Verwaltungs- oder Ordnungsunrecht gibt, durch das OWiG ein für allemal in positivem Sinne entschieden worden ist. Konnte man früher über das „Ob" einer solchen Unterscheidung im weiten Felde wissenschaftlicher Auseinandersetzung durchaus verschiedener Meinung sein, so kann man das jedenfalls heute nicht mehr, ohne nicht zugleich die „Begriffsordnungs- und Wertentscheidungen" des Gesetzgebers schlechtweg zu ignorieren. Es ist dies aber nur allzu sehr „die doppelte Gefahr", „in der sich unsere Dogmatik befindet: über dem Streben nach formal widerspruchsfreier Systematik die materialen Gehalte zu vernachlässigen . . . und dem Gesetz gegenüber eine ‚gemeinrechtliche' Haltung einzunehmen"[48]).

Nun wird hiergegen sofort eingewandt, daß auch die Begriffe von Straftat und Ordnungswidrigkeit, so wie sie das OWiG gebraucht, durchaus formaler Natur seien: ist eine Handlung mit Geldbuße bedroht, so ist sie eine Ordnungswidrigkeit, ist eine Handlung mit Strafe bedroht, so ist sie eine Straftat.

Der weitere Gang der Untersuchung wird jedoch zeigen, daß die Antithese Strafe — Buße überhaupt ungeeignet ist, den begrifflichen Gegensatz zwischen Kriminal- und Ordnungsstrafrecht, so wie er heute dem positiven Recht zugrundeliegt, zu erfassen. Immer wieder nämlich wird bei der wissenschaftlichen Behandlung dieses Problems unbewußt eine Unterstellung vorgenommen, die mit der positiven Begriffsordnung allerdings schwerlich zu vereinbaren ist: es ist die Unterstellung, daß das Problem einer begrifflichen Gegenüberstellung von Kriminal- und Ordnungsstrafrecht mit der begrifflichen Gegenüberstellung von Straftat und Ordnungswidrigkeit gelöst sei. Diese Auffassung übersieht die fundamentale Tatsache, daß der Gesetzgeber im OWiG nicht nur zwischen Straftaten und Ordnungswidrigkeiten unterscheidet, sondern neben diese beiden begrifflich noch ein Drittes stellt, nämlich den Begriff der „Zuwiderhandlung"[49]):

Ist eine Handlung ausschließlich mit Geldbuße bedroht, so ist sie gemäß § 1 Abs. 1 OWiG eine Ordnungswidrigkeit. Ist eine Handlung ausschließlich mit Strafe bedroht, so ist sie gemäß § 1 Abs. 2 OWiG eine Straftat. Ist eine Handlung entweder mit Strafe oder Geldbuße bedroht, so ist sie

---

[48]) R. Lange, ZStW 68, 599.

[49]) Systematische Anwendung findet der Begriff der Zuwiderhandlung erstmals in § 6 des WiStG 1949, auf dem das OWiG aufbaut.

gemäß § 1 Abs. 3 OWiG im Einzelfall eine Straftat, wenn sie mit Strafe, eine Ordnungswidrigkeit, wenn sie mit Geldbuße zu ahnden ist. Der entscheidende Abs. 4 bestimmt nun, daß die in den Abs. 1 und 3 bezeichneten Handlungen „Zuwiderhandlungen" im Sinne des Gesetzes sind. Nur auf sie findet es Anwendung.

Die „Zuwiderhandlung" ist also ein der „Ordnungswidrigkeit" übergeordneter Begriff[50]). Nicht nur Ordnungswidrigkeiten zählen zu ihr, sondern auch — und hier liegt das Besondere und Eigentümliche — Straftaten[51]). Es muß sich zwar gemäß § 1 Abs. 3 OWiG immer um sogenannte Mischtatbestände handeln, d. h. solchen Tatbeständen, die sowohl mit Strafe als auch mit Geldbuße bedroht sind[52]). Doch gerade die bedeutsamsten strafbaren Zuwiderhandlungen, nämlich die Straftaten des Wirtschaftsstrafrechts, erwachsen aus solchen Mischtatbeständen[53]). Das WiStG 1954 kennt außer der reinen Ordnungswidrigkeit des § 5 überhaupt nur noch Mischtatbestände[54]). Gleichgültig also, ob es sich bei einem Verstoß

---

[50]) Das Gesetz verwendet den Begriff auch an anderen Stellen immer wieder als spezifischen terminus technicus, außer in § 1 auch in den §§ 3, 17, 18, 19, 23, 27, 28, 29, 31.

[51]) Außer in § 1 Abs. 3 und 4 besonders deutlich in §§ 17, 18, 27, 28. In der Begründung zum OWiG, BT-Drucks. 2100. 1. Wahlperiode, 1949, S. 16, heißt es ausdrücklich, daß „die Ordnungswidrigkeiten und Mischtatbestände unter dem gemeinsamen Oberbegriff der ‚Zuwiderhandlung' gegen die reine Straftat" abgegrenzt sind.

[52]) § 1 Abs. 3 OWiG spricht zwar nur von „Strafe oder Geldbuße". Das „oder" ist aber, will das Gesetz wirklich nur Mischtatbestände meinen, was nach § 2 OWiG kaum zu bezweifeln ist, im Sinn von „sowohl als auch" zu verstehen; so mit Recht Gerner, NJW 52, 532. — Dem könnte man allerdings entgegenhalten, daß das Gesetz in §§ 27, 28 plötzlich tatsächlich von Zuwiderhandlungen spricht, „die sowohl Straftat als auch Ordnungswidrigkeit sein kann". Man muß dem Gesetzgeber also schon einen ziemlich augenscheinlichen Redaktionslapsus bescheinigen, wenn er in § 1 Abs. 3 mit der Formulierung „oder" wirklich nur Mischtatbestände erfassen wollte, obgleich er an anderer Stelle die dafür allein richtige Formulierung des „Sowohl-als-auch" tatsächlich verwendet. Noch stutziger macht § 27, wo in Abs. 1 von einer Zuwiderhandlung, bei der es sich um eine Strafsache handelt, und in Abs. 2 von einer Zuwiderhandlung, die sowohl Straftat als auch Ordnungswidrigkeit sein kann, die Rede ist. Hier könnte man nach dem Wortlaut des Gesetzes tatsächlich meinen, daß es den Begriff der Zuwiderhandlung auch über die Mischtatbestände hinaus ausgedehnt wissen will. In Wirklichkeit meint das Gesetz mit der „Sowohl-als-auch"-Formulierung aber nur die zweifelhaften Fälle, die im konkreten Einzelfall sowohl Straftat als auch Ordnungswidrigkeit sein können.

[53]) Vgl §§ 3, 4 WiStG 1954. Hierzu Ebisch, 12.

[54]) Daß Mischtatbestände infolge der Unbestimmtheit ihrer Tatbestandsfassung rechtspolitisch eine Gefahr bedeuten, liegt auf der Hand. Doch die Entwicklung gerade des Wirtschaftsrechts beweist, daß auf sie wohl nicht völlig zu verzichten ist, insbesondere da nicht, wo Zuwiderhandlungen gegen weitgespannte Blankettvorschriften in Frage kommen. Vgl. Eb. Schmidt, SJZ 48, 572;

gegen Wirtschaftsvorschriften um eine Ordnungswidrigkeit oder um eine Straftat handelt, immer handelt es sich zugleich um eine „Zuwiderhandlung“ im streng begrifflichen Sinne.

Aus alledem ergibt sich somit, daß dem geltenden Recht nicht eine Zweiteilung zwischen Straftaten und Ordnungswidrigkeiten zugrunde liegt, sondern eine Dreiteilung zwischen

1. Zuwiderhandlungen mit Bußfolge (§ 1 Abs. 1, 4 OWiG) = Ordnungswidrigkeiten;
2. Zuwiderhandlungen mit Straffolge (§ 1 Abs. 3, 4 OWiG), insbesondere die Wirtschaftsstraftaten (§§ 3 Abs. 1; 4 Abs. 1, 2 WiStG 1954) und
3. echten Straftaten (§ 1 Abs. 2 OWiG).[55])

„Straftaten“ und „Zuwiderhandlungen“ in ihrer Gesamtheit stellen also, wie die nachfolgende Skizze zeigt, zwei sich schneidende Kreise dar, in deren gemeinsamen Teil sich die Zuwiderhandlungen mit Straffolge, vornehmlich also die Wirtschaftsstraftaten, befinden.

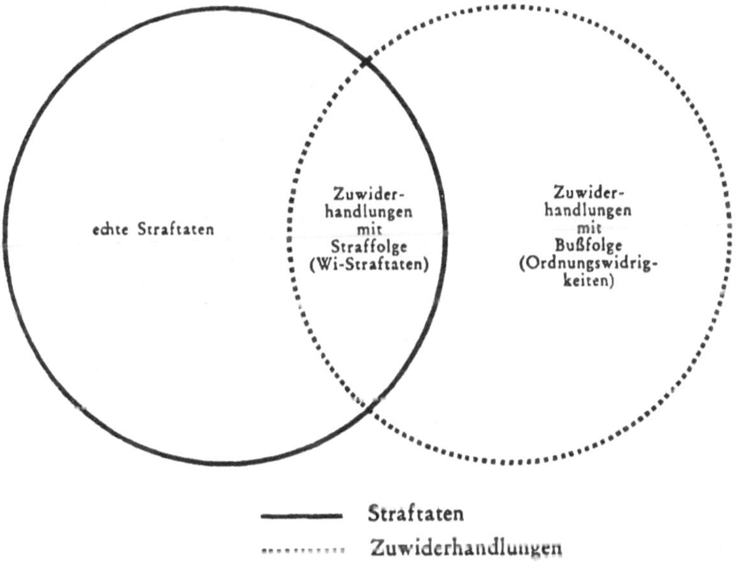

49, 670; JZ 51, 102; Rotberg, 31; einerseits Jescheck, JZ 59, 460, andererseits Dalcke-Fuhrmann-Schäfer, 455. Vgl. hierzu auch Patzig, VA 59, 373 f.

[55]) So wie hier R. Lange, JZ 56, 77, 79; Kohlrausch-Lange, Vorbem. III 1 aE; auch Gerner-Winckhler, Anm. 1 zu § 3, der die „Zuwiderhandlung“ als „terminus technicus“ den Verbrechen, Vergehen und Übertretungen im allgem. Strafrecht gegenüberstellt. Ablehnend: Welzel, JZ 57, 131; Boldt, ZStW 68, 369; Schlegtendahl, 125 f; Patzig aaO 374. Daß der Gesetzgeber von der Bildung von Mischtatbeständen möglichst absieht, steht der systematischen Dreiteilung prinzipiell nicht entgegen.

Will man nicht den Kontakt zu den Begriffsordnungen des geltenden Rechts verlieren, so muß von dieser positiven Rechtslage für die Suche nach der begrifflichen Abgrenzung zwischen Kriminal- und Ordnungsstrafrecht ausgegangen werden. Es gilt deshalb im folgenden theoretisch festzustellen, wo die Grenze zwischen beiden Bereichen verläuft, genauer: ob nur die reinen Ordnungswidrigkeiten das Ordnungsstrafrecht ausmachen oder ob nicht auch die Zuwiderhandlungen mit Straffolge, vornehmlich also die Wirtschaftsstraftaten, ihrer Grundstruktur nach in dieses Gebiet mit hinein gehören.

Drittes Kapitel

Die staats- und verwaltungsrechtliche Seite des Problems

I. Die Begründung der Dreiteilung in Verwaltungsstrafrecht mit Ordnungssanktionen, Verwaltungsstrafrecht mit Straffolge und echtes Kriminalstrafrecht aus der staatsrechtlichen Grundkonzeption des Bonner Grundgesetzes

1. Die Lehre von der Dreiteilung der Staatszwecke

Zunächst bedarf es eines Eingehens auf die staats- und verwaltungsrechtliche Seite des Problems. Schon das Gegenüberstellen von Begriffen wie *Justiz*strafrecht einerseits und *Polizei-*, *Verwaltungs-* oder *Ordnungs*strafrecht andererseits läßt erkennen, daß es sich hierbei nicht um ein willkürliches Zergliedern verschiedener Strafrechtsbereiche handeln kann, sondern daß dem Ganzen eine grundsätzliche Wertverschiedenheit staatlicher Interessensbereiche zugrunde liegen muß. In der Tat kann man die Interessen des Staates grob in zwei Gruppen scheiden: in diejenigen, die der Staat hat, weil er ein Gemeinwesen ist, und diejenigen, die der Staat hat, weil er ein Gemeinwesen verwaltet[56]). Die ersteren umfassen den Schutz der in der lebendigen Sitten- und Sozialordnung eingebetteten Werte der Gemeinschaft, den Schutz menschlicher Willenssphären, wie *Goldschmidt* sagt[57]), eine im wesentlichen also rechtserhaltende, repressive Tätigkeit des Staats; die letzteren umfassen die Regelung in die Zukunft gerichteter Ordnungsaufgaben, die Förderung des öffentlichen und staatlichen Wohls, wie *Goldschmidt* sagt[58]), eine im wesentlichen also gestaltende und schöpferische Tätigkeit des Staats.

Diesen Dualismus wesensmäßig verschiedener Staatsinteressen hat unter strafrechtlichen Gesichtspunkten nach *Goldschmidt* insbesondere *Erik Wolf*

---

56) Vgl. M. E. Mayer, Kulturnormen, 120.
57) Vgl. oben S. 10.
58) Vgl. oben S. 10.

staatsphilosophisch vertieft und fruchtbar gemacht[59]). Er gründete sich dabei auf die von *Georg Jellinek*[60]) und *Rudolf Smend*[61]) entwickelte Lehre von der Dreiteilung der Staatszwecke[62]). Danach muß unterschieden werden zwischen dem Rechtszweck, dem Wohlfahrtszweck und dem Machtzweck des Staates.

Der Rechtszweck, d. h. die Hinwendung auf die Gerechtigkeit, den Rechtswert, haftet allen Maßnahmen der Justiz an. Die Gerechtigkeit ist konstitutiver Grundwert der Justiz und damit auch des Justizstrafrechts[63]).

Der Wohlfahrtszweck, d. h. die Hinwendung auf den Wohlfahrtswert, haftet dagegen allen Maßnahmen der Verwaltung an. Die Wohlfahrt wird konstitutiver Grundwert der Verwaltung und damit auch des Verwaltungsstrafrechts[64]).

2. Wohlfahrtsstaat, liberaler Rechtsstaat, sozialer Rechtsstaat und ihr Verhältnis zum Strafrecht

Je nachdem nun die historisch-einmalige, politisch-konkrete Gestalt eines Staates dem Rechts- oder Wohlfahrtswert größeren Entfaltungsraum überläßt, tritt automatisch das Justiz- oder das Verwaltungssrafrecht mehr hervor:

Der Polizei- oder Wohlfahrtsstaat hat die Tendenz, das Justizstrafrecht im Verwaltungsstrafrecht gleichsam aufgehen zu lassen[65]). Tatsächlich war das Strafrecht des aufgeklärten Polizeistaats des 18. Jahrhunderts seinem Wesen nach insgesamt nur Verwaltungsstrafrecht mit einer bloß technischen Arbeitsteilung zwischen Gerichten und Verwaltungsbehörden. Alles Strafrecht diente nach damaliger Auffassung lediglich der Förderung des allgemeinen Staatswohls. Die Wohlfahrtsidee löste den Rechtswertgedanken gleichsam auf. Alles Tun wurde in weitem Umfange nur von der Staatsraison und von Zweckmäßigkeitserwägungen aus beurteilt. Nur in formeller Hinsicht, d. h. unter dem Gesichtspunkt der auf die Straftat reagierenden staatlichen Funktion, bestand ein Gegensatz zwischen Strafjustiz und Polizeigerichtsbarkeit, wobei als maßgebendes Kriterium für die Abgrenzung der Zuständigkeit die größere oder geringere Schwere der Ver-

---

59) aaO 521 f.

60) Allgemeine Staatslehre, 2. Aufl. Berlin 1905, S. 256.

61) Verfassung und Verfassungsrecht, München Leipzig 1928 S. 82 f.

62) Neuerdings ausdrücklich übernommen von Nawiasky, Allgemeine Staatslehre, 2. Teil, Staatsgesellschaftslehre, Bd. 1, Einsiedeln, Zürich, Köln 1952 S. 158; Schlegtendahl, 31 ff; ähnlich auch Radbruch, Rechtsphilosophie, 168 Anm. 1.

63) Erik Wolf aaO.

64) Auf den Machtzweck, in dem sich die staatl. Selbstbehauptung und Machtentfaltung kundtut, braucht hier nicht näher eingegangen zu werden; vgl. dazu Erik Wolf aaO.

65) Vgl. Erik Wolf, 526 ff; R. Lange, JZ 56, 77 f; Maurach, § 1 III A 1.

fehlung angesehen wurde. Für eine materielle Grenzziehung zwischen Kriminal- und Verwaltungsstrafrecht war von der Warte des Polizei- oder Wohlfahrtsstaats jedoch infolge der Überspannung der Wohlfahrtsidee und der Omnipotenz der Staatsverwaltung kein Platz[66]).

Der liberale Staat als reiner Rechtsstaat dagegen hat die Tendenz, sein Strafrecht nur auf den Schutz der Rechte zu beschränken[67]). Tatsächlich war im bürgerlich-liberalen Staat des 19. Jahrhunderts für ein Verwaltungsstrafrecht wenig Raum. Der Staat verzichtet hier auf das weite Gebiet polizeilicher Wohlfahrtspflege, beschränkt sich vielmehr auf die Erhaltung und Respektierung bestehender Rechte und bewilligt dem freien Bürger einen weit gezogenen staatsfreien Spielraum. Angesichts der minimalen Sozialverwaltungstätigkeit reicht diesem Staat das Kriminalstrafrecht aus, um auch strafwürdig erscheinende Verstöße gegen diese Tätigkeit zu erfassen. Sieht sich aber ein solcher Staat auch zur Sanktionierung bloßer Verwaltungswidrigkeiten gezwungen — wie das mit dem Anwachsen der staatlichen Verwaltungstätigkeit im Laufe der Zeit immer mehr der Fall wurde —, so verlangt das liberal-rechtsstaatliche Prinzip die grundsätzliche Abschichtung eines derartigen besonderen Verwaltungsstrafrechts aus dem Körper des Kriminalstrafrechts.

Die Frage ist nun, welchen Standort der Staat des Bonner Grundgesetzes zwischen diesen Extremen einnimmt. Trägt er den Charakter eines Wohlfahrtsstaats alter Prägung, dann wäre grundsätzlich auf eine qualitative Unterscheidung zwischen Kriminal- und Verwaltungsstrafrecht zu verzichten. Nähert er sich hingegen mehr einem liberalen Rechtsstaat im vorher bezeichneten Sinne, dann wäre das Strafrecht auf den Schutz bestehender Rechte möglichst zu beschränken und nicht zu vermeidende Verwaltungssanktionen vom kriminellen Strafrecht scharf abzuschichten.

Der Staat des Bonner Grundgesetzes bezeichnet sich selbst als „sozialen Rechtsstaat"[68]). Mit der sozialen Apostrophierung des Rechtsstaatsgedankens zeigt sich aber sofort der grundlegende Wandel zwischen den dem liberalen und dem modernen Massenstaat obliegenden Funktionen. Trug der „liberale" Rechtsstaat des vorigen Jahrhunderts lediglich gefahrabweh-

---

[66]) Die geistige Unterordnung des Strafrechts unter die alleinige Herrschaft des Verwaltungszwecks findet ihren Höhepunkt in den totalitären Verwaltungsmachtstaaten. Hinsichtlich des Nationalsozialismus vgl. Eb. Schmidt, Westdeutsches Wirtschaftsstrafrecht, 13 ff, 22 ff; Hans Peters, 182; Drost, DRZ 49, 407; hinsichtlich des sowjetischen und sowjetzonalen Strafrechts vgl. Referate von Maurach und R. Lange in: Niederschriften über die Verhandlungen der 10. Tagung des Königsteiner Kreises am 14. und 15. 10. 1955, S. 32 f, 51 ff; R. Lange, Die Justiz in der Sowjetischen Zone, in: Bonner Berichte aus Mittel- und Ostdeutschland, 2. Aufl. 1954, S. 62 ff, 78 ff; derselbe, Die Sanktionen im Wirtschaftsstrafrecht, 224 f; Drost aaO 408.

[67]) Vgl. Nachweise in Anm. 65.

[68]) Art. 20 Abs. 1, 28 GG.

renden Charakter, so sind die Funktionen des „sozialen" Rechtsstaats mit seinen betonten Aufgaben der Fürsorge und Prophylaxe nicht nur abwehrender, sondern auch „gewährender", unter Umständen sogar in die private Sphäre „eingreifender" Natur. Es ist dies der staatliche Funktionsbereich, für den *Forsthoff* den Begriff der „Daseinsvorsorge" geprägt hat. Der moderne Massenstaat ist infolge der gewaltigen Steigerung der staatlichen Verwaltungsaufgaben einfach gezwungen, auf allen erdenklichen Lebensgebieten zu regeln und zu verwalten. Diese Überorganisation des öffentlichen Lebens und die damit verbundene Einengung des privaten Sektors bringen aber notwendig eine wachsende Abhängigkeit des einzelnen vom verwaltenden Staat mit sich. Aus der unabhängigen und autonomen Individualpersönlichkeit der liberalen Epoche wird die Gliedpersönlichkeit des modernen Sozialstaats. Der moderne Mensch lebt, wie *Forsthoff* sagt[69]), „nicht nur im Staat, sondern auch vom Staat". „Der Sozialstaat ist also im Unterschied zum Obrigkeitsstaat und zum liberalen Rechtsstaat als Staat der Daseinsvorsorge ein Staat der Leistung und der Verteilung[70])." Es ist deshalb nur verständlich, daß der moderne Staat in diesem Bereich gleichsam als Gegenleistung der Staatsbürger deren Mitwirkung verlangt und daß er sich zur praktischen Durchsetzung seiner Sozialfunktionen Zwangsmittel schafft, um den Gehorsam der Staatsbürger erzwingen zu können. „Der soziale Rechtsstaat des Bonner Grundgesetzes verlangt daher auch vom Bürger Rücksichtnahme gegen seinen Staat. Nicht mehr das einseitige Zurückweichen des Staates vor dem ungehemmten Sich-Ausleben des Individuums charakterisiert diesen Staatstypus, wie einst den liberalen Rechtsstaat, sondern die gegenseitige Rücksichtnahme[71])."

Ist der soziale Rechtsstaat damit ein Wohlfahrtsstaat alter Prägung? Die Frage muß verneint werden. Freilich ist auch im Sozialstaat das staatliche Herrschaftsverhältnis auf Grund der Abhängigkeit des Bürgers stark ausgebildet. Doch die beliebige Ausnutzung dieses Herrschaftsverhältnisses wird im Gegensatz zum obrigkeitlichen Wohlfahrtsstaat verhindert durch die rechtsstaatliche Verfassung und die auf ihr beruhende Teilung der Gewalten. Erst dort, wo der Staat die Abhängigkeit des Staatsbürgers bewußt zu seinen Gunsten ausnützt, wo er die Sozialfunktionen zu Herrschaftsmitteln erhebt, wird der Sozialstaat zum polizeilichen Wohlfahrtsstaat. „Ein Staat, der sich der sozialen Bedürftigkeit seiner Untertanen zur Steigerung seiner Herrschaftsgewalt bedient, erfüllt die Merkmale eines nun wirklich totalen Staats ... Die in Herrschaft konvertierte soziale Funktion stellt die Perfektive aller unter heutigen Voraussetzungen denkbaren Herrschaft dar. Aber ein Staat, der diese Konversion vollzieht, ist jedenfalls kein Sozialstaat mehr[72])."

---

[69]) Forsthoff, Verfassungsprobleme, 9.
[70]) Derselbe aaO 8 .
[71]) Menger, 27; vgl. hierzu auch Jescheck, JZ 59, 458.
[72]) Forsthoff aaO 10.

Der soziale Rechtsstaat ist somit weder der liberale Rechtsstaat noch der Wohlfahrtsstaat alter Prägung, sondern nimmt zwischen beiden gewissermaßen eine Mittelstellung ein. Er besitzt einerseits die repressive Beschützerfunktioen des liberalen Staats, andererseits — wenn auch nur als Verfassungsgrundsatz proklamiert — die gestaltende Organisationsfunktion des Wohlfahrtsstaats. Vom liberalen Rechtsstaat unterscheidet ihn die zusätzliche Sozialfunktion der Daseinsvorsorge, vom Wohlfahrtsstaat die zusätzliche rechtsstaatliche Verfassung.

Hieraus ergeben sich für den sozialen Rechtsstaat alle weiteren Folgen für die Differenzierung der Strafrechtsbereiche. Von seinem Standort als „Rechtsstaat" her ist es erforderlich, daß er den Zwangsmitteln zur Durchsetzung seiner Verwaltungsaufgaben grundsätzlich ein anderes Sanktionensystem zuweist, als dem des kriminellen Rechtsbruchs.

Von seinem Standort als „Sozialstaat" mit umfangreichen Sozial- und Ordnungsverpflichtungen her kann er andererseits mit der strengen Alternative zwischen Kriminalstrafrecht und Ordnungssanktionensystem nicht auskommen. Er braucht vielmehr für eklatante Verstöße gegen seine Verwaltungsanordnungen, bei denen der Ungehorsam des Staatsbürgers durch die Art der Begehungsweise sozialethisch verwerflich oder die Tat durch ihren Umfang oder ihre Auswirkung für die allgemeine Ordnung gefährlich werden könnte, darüber hinaus einen Zwischenbereich echten Verwaltungs*strafrechts*. Dem Wesen des heutigen Staates entspricht daher die Dreiteilung in Verwaltungsstrafrecht mit Ordnungssanktionen, Verwaltungsstrafrecht mit Straffolge und echtes Kriminalstraffrecht[73]).

Hier wird ersichtlich, daß die durch das OWiG geschaffene Dreiteilung des geltenden Rechts in echte Straftaten, Zuwiderhandlungen mit Bußfolge und Zuwiderhandlungen mit Straffolge kein Zufall sein kann. Vielmehr ist der Rechtsstaatsbegriff, wie er sich aus der heutigen staatsrechtlichen Grundkonzeption entwickeln ließ, mit dem Erlaß des OWiG auch zum positiven Aufbauelement unseres strafrechtlichen Systems geworden.

3. Die Geltung der materialen Gerechtigkeit als rechtsstaatlicher Grundwert auch für den Bereich des Verwaltungsstrafrechts

Nun wird dem soeben erarbeiteten Ergebnis, das aus der Lehre von der Dreiteilung der Staatszwecke entwickelt worden ist, vorgeworfen, daß man nicht dem Gerechtigkeitswert des Justiz- oder Kriminalstrafrechts den

---

[73]) Im Ergebnis als einziger ebenso R. Lange, JZ 56, 77 f; ders., Die Sanktionen im Wirtschaftsstrafrecht, 223. Über kritische Stimmen vgl. oben Anm. 55. — Hinsichtlich der Entwicklung im schweizerischen Recht vgl. Noll, SchwZStr 72, 374 ff.

Wohlfahrtszweck des Verwaltungsstrafrechts gegenüberstellen könne. Alle staatliche Tätigkeit, auch die auf zeitbedingte Verwaltungsinteressen bezogene, strebe auf das einheitliche Ziel hin, eine gerechte und zweckmäßige Ordnung der Lebensverhältnisse herbeizuführen[74]). Auch die Lehre vom Verwaltungsunrecht müsse daher von der Tatsache ausgehen, daß die Aufgaben der verwaltenden Daseinsfürsorge der materialen Gerechtigkeit zugehörten, daß auch ihre Akte dem „Gerechtigkeitswert" unterständen[75]). Die Wohlfahrt der Allgemeinheit als spezifische Aufgabe der Verwaltung sei unter dem Gesichtspunkt der Gerechtigkeit keineswegs belanglos[76]).

Diese Vorwürfe wären gerechtfertigt, wenn sie sich gegen einen Staat von der Art des Wohlfahrtsstaats alter Prägung richten würden. Nur dieser Staat kannte als unbegrenzte und ausschließliche Maxime die Staatsnützlichkeit, den verabsolutierten Wohlfahrtswert. Die Vorwürfe sind dagegen nicht gerechtfertigt, wenn sie sich gegen den Sozialstaat als Rechtsstaat richten sollten. Es wird nämlich verkannt, daß sich der Rechtsstaatsgedanke, so wie wir ihn heute durch das Grundgesetz begreifen, von einem bloß formalen Ordnungsbegriff mit negativer, abwehrender Funktion zu einem mit positiven Inhalt und Postulaten erfüllten materialen Begriff gewandelt hat[77]). Alle staatlichen Funktionsbereiche sind danach nicht mehr nur formal in ihrer Begrenzung, sondern auch inhaltlich an das materiale Rechtsprinzip, das letztlich Gerechtigkeit heißt, gebunden. So ist der Wohlfahrtswert zwar immer noch der konstitutive Grundwert aller staatlichen Verwaltungstätigkeit, er ist es selbstverständlich aber immer nur im Rahmen materialer Gerechtigkeit. „Wohlfahrtswert" und „Gerechtigkeitswert" dürfen also nicht, wie es offensichtlich von den genannten Autoren getan wird, als Gegensätze aufgefaßt werden. Wird der Rechtsstaat vielmehr wirklich materiell verstanden, d. h. im Sinne einer Verwirklichung der materiellen Gerechtigkeit, dann ist der Wohlfahrtswert nur eine Konkretisierung des Gerechtigkeitswerts, genauer: dessen Projizierung auf die verwaltungsmäßigen Sozialfunktionen des Staates. „Insofern gibt es also auch im sozialen Rechtsstaate eine Pflicht zur öffentlichen Daseinsvorsorge. Aber sie ist hier nicht, wie im Wohlfahrtsstaate, verfassungsrechtliches ‚Leitprinzip', sondern nur ein Mittel unter anderen zur Verwirklichung des Staatszwecks, welcher Gerechtigkeit heißt. Es ist selbstverständlich, daß dieses Mittel in der heutigen Notzeit stark in den Vordergrund der gesetzgebenden und verwaltenden Staatstätigkeit tritt. Aber das Prinzip der Gerechtigkeit zieht ihm auch wieder seine Grenzen[78/79])".

---

[74]) So Hellm. Mayer, § 11 V 2.

[75]) So Welzel, JZ 57, 132.

[76]) So Jescheck, JZ 59, 461. Vgl. zum Ganzen auch Patzig, VA 59, 384 ff.

[77]) Vgl. R. Lange, Der Rechtsstaat als Zentralbegriff, 13, 71.

[78]) So mit Recht Menger, 30.

[79]) Damit entfallen auch die von Sax geäußerten Bedenken, JZ 57, 6.

II. Das Verwaltungsstrafrecht ist kategorial „Strafrecht", nicht „Verwaltungsrecht"

Nach dieser Klärung bleibt nur noch die Frage offen, ob das Verwaltungsstrafrecht, soweit es sich um das Recht der Ordnungswidrigkeiten handelt, seiner Kategorie nach „Strafrecht" oder „Verwaltungsrecht" ist. Diese Frage ist umstritten, muß aber im ersteren Sinne bejaht werden[80]. Auf jeden Fall ist sie völlig unabhängig von den soeben herausgearbeiteten Unterschieden im konstituierenden Grundwert von Justiz und Verwaltung. Die Ahndung einer Zuwiderhandlung gegen Verwaltungsanordnungen braucht noch nicht deshalb, weil sie formell in den Zuständigkeitsbereich der Verwaltung gehört, eine außerstrafrechtliche Materie zu sein. Vielmehr deutet schon die Gegenüberstellung von Begriffen wie Kriminal s t r a f - recht einerseits und Ordnungs- oder Verwaltungs s t r a f recht andererseits durch die Formulierung an, daß die beiden Glieder des Ggegensatzes Teile eines größeren Ganzen, des Strafrechts im weitesten Sinne, sind. Die im konstituierenden Grundwert von Justiz und Verwaltung begründete verschiedene materiale Ausgestaltung der einzelnen Handlungselemente beider Bereiche steht der einheitlichen Unterordnung unter das „Strafrecht" nicht entgegen. Strafrecht als Kategorie in diesem weiteren Sinne umfaßt vielmehr unabhängig vom materiellen Wesensgehalt des Unrechts im Einzelfall alle Rechtsnormen, die Gebote oder Verbote unter eine repressive Sanktionsandrohung stellen, gleichgültig ob es sich um „Strafe" oder „Buße" als Sanktion handelt. Wollte man nämlich die bloße Ordnungswidrigkeit tatsächlich als nicht dem Strafrecht, sondern als dem Verwal-

---

[80]) Anders allerdings zunächst Goldschmidt, der das Verwaltungsstrafrecht ja gerade als ein Institut des Verwaltungsrechts aufgefaßt wissen wollte; vgl. oben S. 9 ff. In seinen späteren Arbeiten hat Goldschmidt jedoch, wie der Text zeigen wird und wie oft (z. B. kürzlich wieder von Jescheck aaO 459) übersehen wird, seine Auffassung wesentlich abgeschwächt, wenn nicht sogar ganz fallen gelassen. Auch Erik Wolf ist dem jungen Goldschmidt insoweit nicht gefolgt, aaO 543, 545. Den „Strafrechts"-Charakter der Verwaltungsdelikte bejahen weiterhin: Guderian, ZStW 21, 828; Stoecker, OWiG. Vorbem. II; Jescheck aaO 462; Mezger, Niederschriften I, 86 (früher schon Lb § 1 II 1); dem zustimmend Neumayer für das BJM und Kopf, beide ebendort; neuerdings ausdrücklich BGHSt 12, 153; 13, 110; a.A. heute vor allem Schlegtendahl, 36; Patzig aaO 378, 380 ff; Dalcke-Fuhrmann-Schäfer, 498 (es handele sich bei der Ahndung von Ordnungswidrigkeiten aber um Ausübung von Rechtsprechung, 456 f); wohl auch R. Lange, der in JZ 56, 78 von „Verwaltungsrecht mit Ordnungssanktionen" spricht, und in der Rspr. BVerfGE 8, 197, 207 f. Ebenso Kohlhaas bei Erbs, Strafrechtliche Nebengesetze, O 187 Vorbem. I, 1, der jedoch im gleichen Atemzuge erklärt, es liege „in der Natur der Sache", daß Lücken im OWiG durch Rückgriff auf das „allgemeine materielle und formelle Strafrecht" zu schließen sind. — Über die Meinungen in der Verwaltungsrechtslehre vgl. die ausführliche Zusammenstellung bei Patzig aaO 341 ff, 346 ff, 351 ff.

tungsrecht zugehörig aufgefaßt wissen, so bedürfte es des Nachweises, daß das Verwaltungsstrafrecht juristisch-dogmatisch Verwaltungsrecht ist. Das würde wiederum bedeuten, daß die Rechtsfolge der Verwaltungsdelikte nicht eine strafrechtliche im weitesten Sinne, sondern eine rein verwaltungsrechtliche sein müßte. Eine solche Konstruktion aber hat selbst *Goldschmidt* in seinen späteren Werken nicht mehr aufrechterhalten. Auch er hat anerkennen müssen, daß die Rechtsfolge der Verwaltungswidrigkeit „eine Strafrechtsfolge ist, mag auch das Strafrecht durch Verwaltungsbehörden ausgeübt werden“[81]). Und schon 1905 hat *Goldschmidt* eingestanden[82]): „Im Gegenteil, ich habe zugegeben, daß die Verwaltungsstrafrechtstheorie, welche als einzige den Anspruch erhebt, das Verwaltungsstrafrecht zum Verwaltungsrecht zu schlagen, diesen Anspruch auch nicht begründen kann. Das Verwaltungsstrafrecht ist auch objektives Strafrecht. Da liegt der wunde Punkt.“ Und noch deutlicher schwenkt er auf die hier vertretene Linie ein, wenn er sagt: „Dahingestellt bleiben mag, ob es (das Verwaltungsstrafrecht) von diesem Standpunkt aus auch Strafrecht ist; es ist jedenfalls kein in erster Linie dem Justizzweck dienstbares, also kein Justizstrafrecht[83]).“

Goldschmidt hat die Zugehörigkeit des Verwaltungsstrafrechts zum Verwaltungsrecht früher unter anderem auch mit dem Argument zu begründen versucht, daß Subjekt des Strafrechts die Justiz, Subjekt des Verwaltungsstrafrechts dagegen die Verwaltung sei[84]). Bei aller Anerkennung der Mehrheit verschiedener Staatszwecke ist dem aber mit Recht entgegengehalten worden, daß es weder ein subjektives Strafrecht der Justiz noch ein solches der Verwaltung, sondern daß es nur ein subjektives Strafrecht des Staates geben kann. Dem Staat allein steht der öffentlich-rechtliche Strafanspruch zu, nicht dagegen Staatsorganen wie Justiz oder Verwaltung, die selbst keine Rechtspersönlichkeit sind[85]).

---

[81]) So in ZStW 52, 526, wo Goldschmidt selbst die Fundstellen seiner von der ursprünglichen Lehre abweichenden Auffassungen angibt. — Ein ausgesprochenes Institut des Verwaltungsrechts ist dagegen der Verwaltungs- (Erfüllungs-)Zwang. Tatsächlich hat Goldschmidt aaO dessen Einführung durch das Preußische Polizeiverwaltungsgesetz von 1931 als „die systematisch letzte, genetisch erste Folgerung“ seiner Verwaltungsstrafrechtstheorie in ihrer ursprünglichen Fassung begrüßt. Hier aber handelt es sich tatsächlich um reines Verwaltungsrecht, nicht um Verwaltungs s t r a f recht. Über den daraus folgenden Unterschied zwischen „Geldbuße“ und „Zwangsgeld“ sehr instruktiv Patzig aaO 362 ff. Auch Rotberg, 27, 43, 57, unterscheidet streng zwischen dem „Verwaltungszwang“ (Ersatzvornahme, Zwangsgeld, unmittelbarer Zwang) und dem „Straf“-Zwang durch Androhung, Verhängung und Beitreibung des Bußgeldes. Vgl. auch Dalcke-Fuhrmann-Schäfer, 459.

[82]) MIKV XII, 224 Anm. 3, 229.

[83]) DStrZ 1914, 227.

[84]) Vgl. MIKV XII, 230.

[85]) So Frank, StGB, 790; v. Hippel II, 114.

Zusammenfassend ist daher zu sagen, daß das Verwaltungsstrafrecht einschließlich des Ordnungssanktionensystems kategorial „Strafrecht" ist[86]). Die Antithese in diesem Bereich heißt somit nicht, wie oft gemeint wird: gehört die Ahndung von Verstößen gegen Verwaltungsvorschriften zum „Strafrecht" oder zum „Verwaltungsrecht"?, sondern sie heißt: gehört die Ahndung von Verstößen gegen Verwaltungsvorschriften zum „Kriminal-" („Justiz-") S t r a f recht oder zum „Ordnungs-"(„Verwaltungs-") S t r a f - recht?

Dies übersieht das BVerfG in seiner Entscheidung vom 14. 10. 1958[87]). Die „Fälle mit geringerem Unrechtsgehalt", wie das Gericht sagt, sind im Laufe der Entwicklung der letzten Jahrzehnte als „Verwaltungsunrecht" nicht „aus dem Kreis der s t r a f r e c h t l i c h e n Tatbestände", sondern, wie es genauer heißen müßte, aus dem Kreis der „k r i m i n a l strafrechtlichen" Tatbestände ausgesondert worden, d. h. der Tatbestände, die k r i m i n e l l e „Strafe" androhen. Zwar ist es richtig, daß der Bürger in diesen Fällen davor geschützt werden soll, „mit dem Makel einer s t r a f g e r i c h t l i c h e n Verurteilung behaftet zu werden"; doch würde es den Kern der Sache besser treffen, wenn es in der Entscheidung hieße, daß der Bürger davor geschützt werden soll, mit dem Makel einer Verurteilung zu „ k r i m i n e l l e r " Strafe behaftet zu werden; denn in der 2. und 3. Instanz des Bußgeldverfahrens bleibt die „ s t r a f g e r i c h t - l i c h e " Zuständigkeit bestehen[88]). Das Bußgeldverfahren entfernt sich in seiner praktischen Ausgestaltung auch nicht weit vom „Strafverfahren", sondern, wie es besser hieße, vom „K r i m i n a l strafverfahren", d. h. dem Verfahren, bei dem es um k r i m i n e l l e „Strafe" geht. Daß beim Bußgeldverfahren (außer bei der Rechtsbeschwerde: § 56 OWiG) der Staatsanwalt nicht mitwirkt, kein Verfolgungszwang besteht, die Geldbuße nicht in Freiheitsstrafe umgewandelt und nicht in das Strafregister eingetragen werden kann, all dies spricht nicht dagegen, daß es sich im weiteren

---

86) Vgl. hinsichtlich des Steuerstrafrechts das grundlegende Urteil des Großen Senats des BFH v. 10. 2. 1958, NJW 58, 846 ff, wo die Beschwerdeentscheide der Oberfinanzdirektionen in Steuerstrafsachen zwar als Verwaltungsakte angesehen werden, andererseits sich aber nicht leugnen lasse, „daß sie nach ihrem sachlichen Inhalt dem Gebiet des Strafrechts angehören". „Ungeachtet der Tatsache, daß das Steuerstrafrecht wegen der blankettrechtlichen Natur der Steuerstrafvorschriften durch Vorschriften des materiellen Steuerrechts ausgefüllt werden muß, bleibt es doch Strafrecht und wird hierdurch nicht Steuerrecht." Im gleichen Sinne, jedoch noch weitgehender BGH, NJW 59, 1230 f. mit ausführl. Nachw. aus dem einschl. Schrifttum und abl. Anm. Arndts (= JZ 60, 164 f mit im ganzen kritischer Anm. Mengers).

87) BVerfGE 8, 197, 207 (Sperrungen hinzugefügt). Ebenso OLG Celle, NJW 60, 880 f (= GA 60, 150). Vgl. auch oben zu Anm. 46. Kritisch zu der Entscheidung des BVerfG Wolany, DRiZ 59, 302, und — wenn auch von anderer Warte aus — Dalcke-Fuhrmann-Schäfer, 456 f.

88) §§ 54—56 OWiG.

Sinne um ein „Strafverfahren" handelt, es spricht nur dafür, daß es sich jedenfalls nicht um ein „*Kriminal*strafverfahren" handelt, d. h. ein Verfahren, bei dem ein *krimineller* Täter abgeurteilt werden soll. Im Unterbewußtsein fühlt das BVerfG diesen Unterschied auch selbst, so wenn es zum „Verwaltungsunrecht" nur solche Handlungen zählt, die nach allgemeinen gesellschaftlichen Auffassungen „nicht als (*kriminell*) strafwürdig" gelten, oder wenn es für den Antrag auf gerichtliche Entscheidung gegen Bußgeldbescheide die „ordentlichen *Straf*gerichte" für zuständig erklärt[89]).

Für den „Strafrechts-"Charakter auch des Ordnungswidrigkeitenrechts spricht dagegen schon der Umstand, daß man gezwungen ist, in ihm zahlreiche Grundsätze des materiellen und verfahrensmäßigen allgemeinen Strafrechts zu übernehmen[90]). Denn letztlich handelt es sich bei der Geldbuße des Ordnungswidrigkeitenrechts — ebenso wie bei der „kriminellen" Strafe — um eine *staatliche Übelszufügung für ein in der Vergangenheit liegendes Unrecht*. Insoweit unterscheiden sich „Strafe" und „Geldbuße" keineswegs — im Gegensatz zum „Verwaltungszwang" als *Beugemaßnahme* gegen *gegenwärtige verwaltungswidrige Handlungen oder Zustände*[91]). Beide, „Strafe" und „Geldbuße", sind *repulsive Unrechtsfolgen*: ein persönlich vorwerfbares Unrecht soll „geahndet", nicht ein verwaltungswidriger Zustand gebrochen werden. Ihre qualitative Unterschiedlichkeit innerhalb der in diesem weiten Sinne gefaßten Kategorie des „Strafrechts" beginnt vielmehr erst mit der Verschiedenartigkeit des zugrunde liegenden Unrechts. Wie anders als durch diese Einbeziehung der Ordnungswidrigkeiten ins „Strafrecht" hätte man sonst die Ordnungswidrigkeiten in das Amnestiegesetz vom 17. 7. 1954 einbeziehen können[92])? Und häufig werden in den Gesetzen die Ordnungswidrigkeiten vom Gesetzgeber selbst unter der Überschrift „Strafvorschriften" aufgeführt[93]). Schließlich stützt sich die Gesetzgebungsbefugnis des Bundes auf dem Gebiet des Ordnungswidrigkeitenrechts auf Art. 74 Nr. 1 GG, der dem

89) Zum letzteren vgl. unten im Text zu Anm. 97.

90) Vgl. hierzu nur Rotberg, 32 f. — Bode, DAR 58, 229, hält es sogar für eine „Fehlentwicklung", daß das OW-Verfahren besonders geregelt worden ist. Es wäre nach ihm zweckmäßiger gewesen, wenn das Verfahren in die StPO eingearbeitet worden wäre. — Auch das OLG Celle hat trotz Wesensverschiedenheit „die nahe Verwandtschaft des Verwaltungsunrechts zum kriminellen Unrecht" betont, NJW 57, 642 f.

91) Zu letzterem vgl. oben Anm. 81. — Die repressive Natur der Geldbuße betont auch Rotberg, Hundert Jahre Deutsches Rechtsleben, hrsg. von v. Caemmerer-Friesenhahn-Lange, Karlsruhe 1960 Bd. II S. 216; auch Dalcke-Fuhrmann-Schäfer, 456 f, 459. Aus der Rspr.: BGH, NJW 60, 2110; OLG Hamburg, GA 57, 181.

92) BGBl. I 203, §§ 1, 22—26. — Vgl. hierzu Kugler-Knobloch, NJW 60, 1500.

93) Vgl. statt vieler das BundesjagdG v. 29. 11. 1952 (BGBl I 780) X. Abschn.

Bund die konkurrierende Gesetzgebungskompetenz auf dem Gebiet des „Strafrechts und gerichtlichen Verfahrens" zuweist.

Im Schrifttum wird denn auch die kriminelle Straftat im Gegensatz zur Ordnungswidrigkeit oft als „Straftat im engeren Sinne" oder „Straftat im eigentlichen Sinne" bezeichnet[94]). Die Einordnung unter den einheitlichen „Strafrechts-"begriff kommt darin klar zum Ausdruck. Das Verwaltungsunrecht wird demgegenüber dem „Strafrecht im weiteren Sinne" zugerechnet. So haben es der 1. Strafsenat und der Kartellsenat des BGH wörtlich ausgesprochen: „Deshalb gehört auch das Recht der Ordnungswidrigkeiten im weiteren Sinne zum Strafrecht[95])." Und das entspricht auch genau den Ansichten des Gesetzgebers selbst. In der Begründung zum OWiG heißt es[96]): „Unter diesem Blickwinkel stellt sich das ‚Strafrecht' als eine Rechtsordnung dar, durch die — unabhängig vom Wesensgehalt des Unrechts im einzelnen Fall — Maßnahmen gegen denjenigen verhängt werden, der Geboten oder Verboten zuwiderhandelt. Dieses Sanktionsrecht umfaßt daher sowohl das Kriminal- wie das Verwaltungsunrecht." „Wie oben ausgeführt, wird das Verwaltungsunrecht vom Strafrecht mitumfaßt. Mit dem Begriff „Strafrecht" und „Strafverfahrensrecht" verbindet das GG ..... einen Komplex von Normen, der alle Tatbestände — einschließlich derjenigen des Verwaltungsunrechts — umfaßt."

Würde man dagegen das Verwaltungsstrafrecht, heute vornehmlich also das Ordnungswidrigkeitenrecht, in das „Verwaltungsrecht" einstufen, so wäre die unumgängliche Folge, daß die Rechtsprechung in Verwaltungsstrafsachen den Verwaltungsgerichten übertragen werden müßte. Tatsächlich haben Goldschmidt und seine Anhänger diese Konsequenz gezogen[97]). Sie

---

[94]) Vgl. nur Rotberg, 25, 27.

[95]) BGHSt 12, 153; 13, 110.

[96]) BT Drucks. 1. Wahlperiode 1949 Nr. 2100 S. 14 f.

[97]) Goldschmidt, Verwaltungsstrafrecht, 582 f; GA 49, 91; Klee, GA 71, 2 ff; auch Erik Wolf aaO 587, obwohl er den Strafrechtscharakter der Verwaltungsdelikte ausdrücklich gegen Goldschmidt verteidigt hat, vgl. oben Anm. 80. Heute auch Mattern, Ordnungswidrigkeiten und Steuerstrafrecht, 131 f und mit beachtlichen, aber auf der hier bekämpften Grundauffassung (vgl. oben Anm. 80) aufbauenden Argumenten Patzig aaO 370 ff. Das BVerfG aaO beläßt es dagegen auch beim Bußgeldverfahren bei der Zuständigkeit der ordentlichen Strafgerichte. Das muß überraschen, da es im Widerspruch zu der grundsätzlichen Ansicht des Gerichts steht, wonach das Bußgeldverfahren kein Strafverfahren sei. — Nach Dalcke-Fuhrmann-Schäfer, 498, sind den Strafgerichten mit der Rechtsprechung in Bußgeldsachen Aufgaben auf dem Gebiet der „Verwaltungsrechtspflege" übertragen worden. Der Grund liege in der strafrechtsähnlichen Stellung der Ordnungswidrigkeiten. Ähnliche Gedanken bei OLG Hamburg, GA 57, 419. Aber die Ahndung von Ordnungswidrigkeiten ist ihrem Wesen nach — im Gegensatz zu den Beugemaßnahmen des Verwaltungsrechts — „Straf"-Recht, nämlich nachträgliche „Ahndung" eines persönlich vor-

wäre in ihrer praktischen Auswirkung jedoch unerträglich[98]). Dem „strafrechtlichen" Charakter des Verwaltungs**straf**rechts und den auch in diesem Bereich ausschlaggebenden Schuldgesichtspunkten wird mit einer solchen Forderung in keiner Weise Rechnung getragen. Eine Frage der Zweckmäßigkeit ist es dagegen, ob die Verfolgung von Verwaltungs- oder Ordnungswidrigkeiten und die Einleitung des Verfahrens den Verwaltungsbehörden übertragen wird[99]). In vielen Fällen sind sie hierzu auf Grund ihrer speziellen Fachkenntnisse besonders geeignet. Von rechtsstatlichen Gesichtspunkten her (Trennung der Gewalten, Art. 92 GG) ist gegen ein derartiges „Verwaltungsvorverfahren" solange nichts einzuwenden, als es durch den Willen des Betroffenen in ein **Straf**verfahren vor den **ordentlichen** Gerichten übergeleitet werden kann, wobei die Möglichkeit der Anfechtung der verwaltungsbehördlichen Bescheide durch eine umfassende tatsächliche und rechtliche Nachprüfung vor den ordentlichen Gerichten genügt[100]).

---

werfbaren „Unrechts", nicht Brechung eines gegenwärtigen verwaltungswidrigen Zustandes; vgl. oben zu Anm. 81 und 91.

[98]) Vgl. hierzu die harte, aber insoweit zutreffende Kritik v. Hippel II, 117. Vgl. auch Rotberg, 30 und Ebisch, 11. Über Unterschiede zwischen ordentlichem Strafverfahren und Verwaltungsstreitverfahren bei Nachprüfung von Bußgeldbescheiden vgl. Mittelbach, MDR 59, 619. — Daß dem Gesetzgeber der Unterschied zwischen „Geldbußen", die im Ordnungswidrigkeitsverfahren vor den ordentlichen **Straf**gerichten angefochten werden, und „Geldbußen", die im Verwaltungsstreitverfahren vor den **Verwaltungs**gerichten angefochten werden, durchaus bekannt ist, dafür spricht einerseits § 111, andererseits § 95 Abs. 3 HandwO v. 17. 9. 1953 (BGBl I 1411); vgl. hierzu die Komm. zur HandwO Eyermann-Fröhler, München-Berlin 1953 und Kolbenschlag-Leßmann-Stücklen, Köln 1954, beide Anm. 2 zu § 95.

Auch im Steuerstrafverfahren scheint der Streit, ob Beschwerdeentscheide der Oberfinanzdirektionen im Verwaltungsstrafverfahren durch die Steuergerichte oder die ordentlichen Strafgerichte nachzuprüfen sind, endgültig zu Gunsten der letzteren entschieden zu sein; vgl. BFH aaO; BGH aaO 1230, 1235; Finanzgericht Rheinland-Pfalz, BB 58, 689; OLG Karlsruhe, BB 58, 727.

[99]) Vgl. Jagusch, LK Vorbem. vor § 13 A IV 1: „Mehr eine Zweckmäßigkeitsfrage ist es aber, wie der Staat diesem Verwaltungsunrecht entgegentreten will, mit Justizmitteln, durch ein Verwaltungsverfahren unter richterlicher Kontrolle oder durch eine wahlweise sachgemäße Verknüpfung beider." — Deshalb ist es kein Verstoß gegen den Geist des OWiG, daß das Gesetz gegen Wettbewerbsbeschränkungen (Kartellgesetz) v. 27. 7. 1957 (BGBl I 1081) die Befugnis, kartellrechtliche Ordnungswidrigkeiten durch Festsetzung von Geldbußen zu ahnden, nicht erst den Verwaltungsbehörden (Kartellamt), sondern direkt den ordentlichen Gerichten überträgt (§ 81 GWB). Anders aber Großrau, NJW 58, 929; Mattern aaO; Patzig aaO 383 f; Kohlhaas, JR 59, 441; auch Jescheck, JZ 59, 462, der jedoch Ordnungswidrigkeiten grundsätzlich in jedem Falle in einem Verfahren vor den ordentlichen Gerichten abgeurteilt sehen möchte (ähnlich auch Menger, VA 59, 196 f; JZ 60, 168 Anm. 10); nur in Bagatellfällen sei

Es ist also nicht richtig, wenn, wie es immer wieder geschieht, die Bußgeldkompetenz der Verwaltungsbehörde schlechthin als das Dogma des Ordnungswidrigkeitenrechts angesehen wird. Die Kompetenzfrage ist vielmehr, wie soeben ausgeführt, letztlich eine Frage der Zweckmäßigkeit. Das Kartellgesetz mit seiner originären Bußgeldkompetenz der ordentlichen Gerichte hat dies deutlich zum Ausdruck gebracht[101]). Selbstverständlich müssen in den Fällen, wo aus Zweckmäßigkeitsgründen das Bußgeldverfahren zunächst in die Hand der Verwaltungsbehörde gelegt ist, die aufgezeigten rechtsstaatlichen Mindestanforderungen gewahrt sein. Das OWiG als für alle Verwaltungsgebiete anwendbares Rahmengesetz hat dem in den §§ 54 bis 56 in befriedigender Weise Rechnung getragen. Oder es ist hier vielmehr positiv zu formulieren: Gerade das OWiG und das ihm vorausgegangene WiStG 1949 haben im entarteten Wirtschafts- und sonstigen Verwaltungsstrafrecht wieder rechtsstaatliche Verhältnisse eingeführt, indem sie den allumfassenden Ermessensspielraum der Verwaltungsbehörden beseitigten und die Verwaltungsbehörden wieder der Oberhoheit der Gerichte, und zwar der ordentlichen Strafgerichte, unterstellten[102]).

Die eigentliche Problematik des Ordnungswidrigkeitenrechts mit seiner Abgrenzung zum Kriminalstrafrecht ist also eine rein „innerstrafrechtliche". Sie bleibt von der verfassungsrechtlichen Frage, wem die Sanktionskompetenz zusteht, unberührt. Auch wenn man das Ordnungsstrafrecht vom Kriminalstrafrecht wesensmäßig unterscheidet, bleibt die Sanktionierung des Ordnungsunrechts materiell eine Angelegenheit der „Strafrechtspflege" im allgemeinsten Sinne, mag sie nun unmittelbar von den

---

ausnahmsweise an ein Verwaltungsverfahren nach dem Muster der früheren polizeilichen Strafverfügung zu denken.

[100]) Hierzu vgl. aus der Rspr.: BGHSt 13, 106; BVerfG aaO 208; aus dem Schrifttum: Friesenhahn, Über Begriff und Arten der Rechtsprechung, in: Festschrift für R. Thoma, Tübingen 1950 S. 43 ff; Mattern, JZ 54, 282; Haver, NJW 57, 89 ff; Mittelbach aaO 618; Dalcke-Fuhrmann-Schäfer, 457; Goßrau aaO und Jescheck aaO mit zahlreichen weiteren zustimmenden und ablehnenden Nachweisen, auf die hier nicht näher eingegangen werden kann.

[101]) Vgl. oben Anm. 99. — Im schriftlichen Bericht des Ausschusses für Wirtschaftspolitik, BT Drucks. Nr. 3644, 2. Wahlperiode S. 37, wird die Zuständigkeit der Gerichte für die Bußgeldverhängung in Kartellsachen in erster Linie damit begründet, daß die Zuständigkeitsregelung des OWiG „den Kartellbehörden zu einschneidende Befugnisse einräumen würde". — Dalcke-Fuhrmann-Schäfer, die im Bußgeldverfahren grundsätzlich ein „originäres Verwaltungsverfahren" sehen, vgl. oben Anm. 80 und 97, sind gezwungen, das Kartellbußgeldverfahren als ein „von den Vorschriften der StPO abweichendes, dem Bußgeldverfahren angenähertes Strafverfahren" anzusehen (S. 457). Aber der Unterschied zwischen beiden Verfahren liegt doch vorwiegend nur in der formellen Zuständigkeitsregelung. Materiell bleibt auch das Kartellbußgeldverfahren ein Bußgeldverfahren im Sinne des OWiG. Es kann deshalb substantiell das eine nicht ein Verwaltungs-, das andere ein Strafverfahren sein.

[102]) Vg. oben S. 16; auch Kern, Rpfl 60, 267.

Strafgerichten selbst oder mittelbar in einem rechtsstaatlich gesicherten „Verwaltungsvorverfahren“ ausgeübt werden. Gleichgültig wie der Gesetzgeber die Zuständigkeit im Einzelfall regelt, die entscheidendere Frage ist eine andere: es ist die Frage, ob der Staat auf eine Zuwiderhandlung gegen staatliche Ordnungs- oder Verwaltungsvorschriften mit den gleichen Mitteln reagieren kann wie beim kriminellen Rechtsbruch, oder ob nicht beide Bereiche schon in ihrer Unrechtsqualität auf einer so völlig verschiedenartigen Ebene liegen, daß grundsätzlich auch die staatliche Reaktion jeweils eine qualitativ andersartige sein muß. Das, die Frage nach der Qualität des zugrunde liegenden Unrechts und dem ihr adäquaten staatlichen Reaktionsmittel, ist die spezifische, auch rechtsstaatlichen Postulaten Rechnung tragende, zentrale Problemstellung eines eigenständigen Verwaltungs- oder Ordnungsstrafrechts. So hat es auch der Gesetzgeber begriffen. In der Begründung zum OWiG heißt es aaO.: „Die wesensmäßige Unterschiedlichkeit des Unrechtsgehaltes erfordert, daß nur als Ordnungsunrecht in Erscheinung tretende Verstöße, wenn sie auch als strafbar im weiteren Sinne zu bezeichnen sind, von typischen, meistens entehrenden Folgen eines Kriminaldelikts freigestellt werden.“

Insoweit handelt es sich aber neben der kriminalpolitischen um eine rein strafrechtsdogmatische Frage. Ihr soll sich nun im folgenden Kapitel der Arbeit zugewandt werden.

Viertes Kapitel

Die strafrechtsdogmatische Seite des Problems

Vorbemerkungen:

Wenn nun versucht werden soll, von der strafrechtsdogmatischen Seite des Problems her den charakteristischen Wesensunterschied zwischen Kriminal- und Verwaltungs- oder Ordnungsstrafrecht aufzudecken, so kann man diesem Ziel jedenfalls durch die Gegenüberstellung lediglich formaler Kategorien nicht näher kommen. Vielmehr ist die Betrachtung material zu vertiefen. Nicht bei der formell zu verstehenden „Strafbarkeit“, sondern bei der ihr materiell zugrunde liegenden „Strafwürdigkeit“ eines Verhaltens ist der entscheidende Ansatz zu machen[103]). Gerade nämlich in dem Zurück-

[103]) In neuerer Zeit war es vor allem Sauer, der auf die Bedeutung des vernachlässigten Begriffs der Strafwürdigkeit hingewiesen hat, vgl. Strafrechtslehre § 7 I, II: „Strafbarkeit ist der Inbegriff der positiven Strafvoraussetzungen gemäß Gesetz oder Urteil.“ „Strafwürdigkeit ist der Inbegriff der normativen Strafvoraussetzungen für Gesetz und Urteil gemäß den Anforderungen der Rechtsidee.“ Zustimmend R. Lange, ZStW 63, 457, der von „Strafbedürftigkeit“ spricht.

gehen von den positiven auf die normativen Strafvoraussetzungen, in der wertbestimmten Erkenntnis des „vorgesetzlichen“ Gegenstandes, aus dem das juristisch geformte Tatbestandsunrecht erst seine inhaltliche Sinngebung erhält, besteht die heute mehr denn je geforderte „Materialisierung der Verbrechensbegriffe“[104]). Denn die Merkmale, die eine Handlung materiell als „strafwürdig“ erscheinen lassen, müssen grundsätzlich schon vor ihrer Pönalisierung gegeben sein. Man kann das Wesen des Verbrechens nicht in Eigenschaften erblicken, die es erst durch seine Pönalisierung erhalten hat, also insbesondere nicht in seiner formellen Rechtswidrigkeit. Vielmehr müssen die die „Strafwürdigkeit“ einer Handlung begründenden Merkmale grundsätzlich zeitlich und logisch der Strafdrohung vorhergehen.

I. Die Lehre von der materiellen Rechtswidrigkeit als Grundlage für die Unterscheidung zwischen Kriminal- und Verwaltungs- oder Ordnungsstrafrecht

1. Bindings Normentheorie

Binding war wohl der erste, der über die formale Kategorie des Strafe androhenden Gesetzes hinausgegangen ist — oder rückwirkend betrachtet: hinausgehen wollte. Mit der Auffindung der „Normen“ glaubte er das Kriterium in der Hand zu haben, das eine Handlung zu einer rechtswidrigen macht. Ausgehend von der Erkenntnis, daß der Verbrecher den einzelnen Strafgesetzen gar nicht zuwider-, vielmehr gerade gemäß dem ersten Teil des Strafgesetzes handele, kam er zu der Feststellung, daß das „Gesetz“, welches der Verbrecher übertrete, begrifflich und regelmäßig auch zeitlich dem Gesetz, welches die Art und Weise seiner Verurteilung anordnet, vorausgehen muß (Normen I, 4). Diese „Gesetze“ im weiteren Sinne, die aber nicht notwendig kodifiziert zu sein brauchen, sondern auch — und zwar für die erdrückende Mehrzahl der Fälle — im ungeschriebenen Rechte beheimatet (I, 6), in jedem Falle aber Rechtssätze sind, nannte er „Normen“ (I, 7). Zwar finden sich zahlreiche Normen, d. h. Imperative, die den handelnden Menschen als Richtschnur ihrer Tätigkeit dienen, positiv in den Gesetzen. Aber gerade die für den Verbrechensaufbau weitaus gewichtigsten Normen fehlen heutzutage im geschriebenen Recht (I, 36). Sie lassen sich aber dennoch nachweisen durch mittelbare Entwicklung aus dem ersten Teil der Strafgesetze (I, 42), durch Nachweis aus den Bedürfnissen der Gesetzgebung (I, 51) und durch die Untersuchung der Normen des geschriebenen Rechts (I, 55). Aus allem ist der Schluß unausweichlich, daß alle Strafgesetze das Delikt als Übertretung einer außer ihnen liegenden Norm anerkennen (I, 70). Ihre Form ist die des Befehls, ihr Inhalt Verbot oder Gebot der Handlung, die geschehen oder unterbleiben soll (I, 51). Den Pflichten, die sie begründen, ist gemeinsam, daß

[104]) Vgl. oben Einleitung zu Anm. 12.

sie in der Unterordnung unter einen Befehlswillen bestehen — sie sind Pflichten des Gehorsams oder der Botmäßigkeit (I, 96). Während die abstrakten Gefährdungsdelikte, die Verbote schlechthin, sich im einfachen Ungehorsam erschöpfen (I, 122, 326, 408), verbirgt sich zwar in den Verletzungsverboten (I, 111, 326, 365) und den Gefährdungsverboten (I, 119, 326, 374) in der Schale des Ungehorsams eine Gutsverletzung bzw. Gefährdung als Kern. Doch der Ungehorsam macht die konstante Größe in allem Unrecht aus (I, 411). Das Delikt als subjektive Rechtsverletzung darf schlechterdings nur als Verletzung des Rechts auf Botmäßigkeit gefaßt werden (I, 308, 311). Die Verletzung dieses subjektiven Rechtes auf Botmäßigkeit ist die einzige sogenannte Rechtsverletzung, die allen Delikten wesentlich ist (I, 98).

Unanfechtbar und heute allseits anerkannt ist der Ausgangspunkt *Bindings*, daß die Norm begrifflich dem Strafgesetz vorausgeht. Sie ist das logische, wenn auch nicht in jedem Falle zeitliche prius gegenüber dem Gesetz[105]). Mit der Betonung des bloß formalen Gehorsamsgebots der Norm konnte *Binding* jedoch das, „was das Verbrechen als materieller Lebensvorgang im Dasein des Einzelnen wie der sozialen Gesamtheit bedeutet“[106]), nicht erfassen. Indem er den eigentlichen Wesensgehalt des Verbrechens im Ungehorsam gegen die Rechtsnorm als solche, in der Unbotmäßigkeit, im Verbotensein der Handlung sieht, geht er nicht auf den materiellen Gehalt des Delikts zurück, sondern bleibt bei der normwidrigen Handlung stehen. Und doch wird oft genug ein innerer Zwiespalt spürbar, so wenn *Binding* einerseits auf die „polare“ Gegensätzlichkeit der „Normwidrigkeit von gestern zu der von heute“ bei den Blankettgesetzen hinweist[107]), andererseits aber erklärt: „Gegenüber der Wandelbarkeit der Strafgesetze unter dem Einflusse veranderter Kulturen gewährt der unveränderte Bestand der Normen, die oft so alt sind wie die Volksgeschichte und dauern werden in gleicher Form, so lange die menschliche Leidenschaft auf Erden ihr Spiel treibt, einen durchaus imposanten Eindruck. Nicht als hätte die Geschichte in ihre Reihen keine Breschen gelegt, als wären keine neuen zu den alten hinzugetreten, aber ein Grundstock von ihnen hat die Völker des Altertums ebenso überdauert wie sie die jetzige Kulturperiode überleben werden: sie bilden den Niederschlag derjenigen Rechtsbedürfnisse, welche die primitivste mit der entwickeltsten Gesellschaft teilt[108]).“ Doch auf den Hinweis seiner Kritiker, daß auch der Norm

---

[105]) Vgl. Heinitz, 17. Das Schrifttum zu Bindings Normentheorie ist kaum übersehbar; Nachweise bei v. Hippel I, 19; Mezger, Lb, 185. Über die Frage, ob es überhaupt Normen gibt, siehe Arnim Kaufmanns vortreffliche Analyse der Einwände gegen die Grundlagen der Normentheorie, Lebendiges und Totes, 41 ff.

[106]) So Eb. Schmidt, Einführung in die Geschichte der deutschen Strafrechtspflege, 2. Aufl. Göttingen 1951 S. 297.

[107]) I, 185 f.

[108]) I, 167, auch 142.

logisch etwas vorausgehen, daß die verbotene Handlung auch schon vor dem Verbot strafwürdig gewesen sein müsse, gibt er zur Antwort: „So lange eine Handlung nicht verboten ist, kann sie nicht rechtswidrig sein[109]).“ „Ich hatte gehofft, durch die Klarlegung des Gegensatzes von Norm- und Strafgesetz auch den nicht allzu großen Wahrheitsgehalt des ja fast stereotyp gewordenen Satzes, das Strafgesetz schaffe das Verbrechen nicht, sondern pönalisiere nur das schon vorher allgemein als strafwürdig Anerkannte, aufzudecken[110]).“ Und „der Einladung, den Weg einmal über die Norm hinauszugehen“[111]), steht das Fazit gegenüber: „So bleibt uns Juristen nur Resignation übrig. Das Delikt entsteht durch die Norm, die Möglichkeit ihrer Übertretung für jeden Einzelnen durch ihre Kenntnisnahme und ganz allein durch sie — hinter Verbot und Gebot beginnt aber für den, der nach der Rechtswidrigkeit sucht, tiefster undurchdringlicher Nebel[112]).“ „Mag der Soziolog die Dinge mit seinem Auge sehen — dem Juristen ist die Unbotmäßigkeit ein unentbehrliches Merkmal dessen, was für ihn allein Verbrechen ist[113]).“

Es ist daher kein Wunder, daß *Bindings* Normentheorie allgemein als formalistisch und positivistisch bezeichnet wurde. *Eb. Schmidt* faßt das Urteil zusammen, wenn er sagt: „So wird alles auf streng formaljuristische Beziehungen gebracht, über die als solche Binding nie hinausgeht, stets einen Standpunkt innerhalb des positiven Rechts wahrend, alle externnormlogischen Wertungen aufs strengste ablehnend[114]).“ Auf die entscheidende Frage nämlich, warum ein Verbrechen verboten ist, vermag die Normentheorie keine Antwort zu geben.

2. Die Materialisierung des Unrechtsbegriffs durch Kohlrausch, M. E. Mayer und Graf Dohna

Hat *Binding* also die Schranke des formellen Verbots nicht überspringen können und wollen, so haben nach ihm als erste *Kohlrausch* und *M. E. Mayer,* beide gleichzeitig und unabhängig voneinander, dann aber vor allem *Graf Dohna* den Versuch gewagt, „dem Recht hinter die Kulissen zu schauen“[115]).

Kohlrausch[116]) ist zwar über die Stellung des Problems und die Begründung seiner Notwendigkeit nicht hinausgekommen. Er aber war der erste, der erkannte, daß das Wesen der straffähigen Handlung durch das for-

---

[109]) I, 132.
[110]) II, 154 Anm. 32.
[111]) II, 155.
[112]) II, 160.
[113]) I, 365 Anm. 1.
[114]) aaO.
[115]) Kohlrausch, ZStW 25, 656.
[116]) Irrtum und Schuldbegriff im Strafrecht, Berlin 1903.

melle Moment des Verbotenseins nicht erklärt werden kann. „Das Problem wird damit nicht gelöst, sondern auch hier nur um eine Stufe zurückgeschoben. Denn die weitere Frage ist unvermeidlich, worin denn das Wesen der verbotenen Handlung bestehe? Hier kann die Anwort: ‚In ihrem Verbotensein' unmöglich genügen[117]." Vielmehr gelte es, „mit anderen Argumenten als dem formalen Bau der Strafgesetze jenes ‚Strafwürdige', jenes Objekt des Strafgesetzes aufzudecken"[118]).

Diesen Versuch unternimmt *M. E. Mayer* mit seiner Kulturnormentheorie[119]). Der Fehler der Normentheorie *Bindings* liegt nach ihm darin, „daß sie nicht bis zur Kulturnorm zurückgeht, sondern bei der Norm als einem Rechtssatz stehen bleibt"[120]). „Wenn man hingegen jenen Befehl, auf den soviel ankommt, ausgehen läßt von der Moral, der Sitte, den Handels- oder Berufsgewohnheiten usw., wenn man ihn auffaßt als das Produkt sozialer Interessen, als Forderung der Kultur, dann ist es evident, daß derselbe logisch und zeitlich der Strafsatzung vorangeht, dann begründet nicht der Staat, sondern die Kultur, die das antisoziale Verhalten abweist, die Strafwürdigkeit der Handlungen[121])."

Graf Dohna[122]) schließlich stellt *Bindings* These: „so lange eine Handlung nicht verboten ist, kann sie nicht rechtswidrig sein"[123]), die Gegenthese gegenüber: „denn rechtswidrig in diesem Sinne ist nicht etwas, was (und weil es) verboten ist, sondern umgekehrt muß behauptet werden, daß von der Rechtsordnung verboten werde, was (und weil es) rechtswidrig erfunden worden"[124]). Grund und Folge werden hier also umgekehrt: Das Unrecht folgt nicht aus der Tatbestandsmäßigkeit, sondern umgekehrt zieht der Tatbestand seine Lebenskraft aus dem logisch primären Unrecht[125]).

---

117) aaO 46.

118) aaO 188.

119) Vgl. oben S. 11. Mit dem Kulturbegriff Mayers soll sich später noch eingehend auseinandergesetzt werden. Zustimmend zur Kulturnormentheorie: Heinitz, 87 ff, 102; Kantorowicz, Tat und Schuld, Zürich-Leipzig 1933 S. 314; Arthur Kaufmann, 135 f; Wachinger, Frank-Festgabe I, 508; Wegner, 51. Mit kritischem Einschlag: Graf Dohna, GS 63, 355; Kohlrausch, ZStW 24, 740; v. Liszt-Schmidt, 5, 106 Anm. 1; Sauer, Grundlagen, 269 ff; Arnim Kaufmann, 68. Ablehnend: Binding, Normen II, 366 ff; v. Hippel I, 22 ff.

120) Kulturnormen, 134; ebenso AT, 37, 177, 181.

121) Kulturnormen aaO.

122) Die Rechtswidrigkeit, Halle 1905.

123) Vgl. oben Anm. 109.

124) aaO 27.

125) Auf die weitere Lehre Graf Dohnas braucht hier nicht eingegangen zu werden. Sie war in erster Linie auf Fragen des Ausschlusses der Rechtswidrigkeit angelegt. Als Maßstab für den „Abstieg zu den Einzelfragen" diente ihm im Anschluß an Stammlers Grundsätze des „richtigen" Rechts die „formale Maxime", daß das Verhalten „rechtes Mittel zu rechtem Zweck" sein müsse,

Daß *Graf Dohnas* Gedankengänge in der gleichen „Fluchtlinie“[126]) der *Mayer'schen* Kulturnormentheorie liegen, wird ersichtlich, wenn *Dohna* später sagt: „Es gibt Handlungen, die der Staat deshalb nicht dulden kann, weil sie die Lebensbedingungen der Gemeinschaft angreifen. Wer sich ihrer bedient, stößt in das Zentrum des Schutzwalles, den das Recht um die nationale Kulturgüterwelt herumlegt[127]).“ „Und so kann man geradezu das eigentliche Strafrecht als dasjenige Strafrecht bezeichnen, dessen Normen dem ungeschriebenen Rechte angehören. Der Gesetzgeber braucht sie nicht erst zu erlassen — er findet sie vor, und sie sind den Gemeinschaftsgliedern bekannt gewesen, längst ehe die Staatsgewalt sich konstituiert hatte. Sie berühren alle Seiten des menschlichen Kulturlebens und stellen überall den Grundstock sozialer Pflichten dar[128]).“ Oder: „Es ist deshalb unabweislich, den vorjuristischen Normenkomplex zu Rate zu ziehen, sich darauf zu besinnen, daß der Rechtsordnung eine Kulturordnung vorgelagert ist, aus der jene ihre Wertungen bezieht und der sie ihren Schutz angedeihen läßt[129]).“

Mit dieser von *Kohlrausch, M. E. Mayer* und *Graf Dohna* eingeleiteten Besinnung auf den eigentlich strafwürdigen Charakter der rechtswidrigen Handlung war der Bereich, den *Binding* noch ausschließlich dem Soziologen einräumen wollte, unter der Bezeichnung „materielle Rechtswidrigkeit“ in das Zentrum strafrechtswissenschaftlicher Auseinandersetzung geraten. Nicht, daß man man zwei verschiedene Begriffe der Rechtswidrigkeit aufstellen wollte[130])! Formell betrachtet ist die Rechtswidrigkeit immer nur der Widerspruch zur positiven Rechtsordnung. Die Frage aber, warum

---

aaO 48. Er hat seine Lehre auch ausschließlich an den Rechtfertigungsgründen exemplifiziert, aaO 73 ff. Hierzu: Kohlrausch, ZStW 25, 660 ff; Wegner, 45 ff; Heinitz, 57 ff; Sauer aaO.

[126]) Rechtswidrigkeit, 67 f; auch GS, 63, 355; vgl. auch Kohlrausch, ZStW 25, 663.

[127]) VA 30, 240.

[128]) aaO 242. Diesem Kernbestand stellt Dohna S. 243 die Blankettgesetze gegenüber. Allerdings faßt er den Unterschied zum Polizeistrafrecht nur als einen quantitativen auf; so auch schon Rechtswidrigkeit, 56 ff.

[129]) Aufbau der Verbrechenslehre, 4. Aufl. Bonn 1950 S. 30.

[130]) Darauf haben alle Anhänger einer materiell gefaßten Rechtswidrigkeit entschieden hingewiesen; vgl. M. E. Mayer, AT, 180: „Zwei Begriffs b e s t i m m u n g e n der Rechtwidrigkeit sind . . . möglich, die eine erläutert den Namen, die andere die Sache; zwei B e g r i f f e der Rechtswidrigkeit nebeneinander zu stellen, ist unmöglich, wenn man nicht in überwundene naturrechtliche Gedankengänge zurückfallen will. Die zwei Definitionen suchen auf zweierlei Art sich des Begriffes zu bemächtigen, aber sie sind weit entfernt, ihn zu verdoppeln.“ Ebenso Arthur Kaufmann, 64 f; Graf Dohna, Rechtswidrigkeit, 54; Heinitz, 108 f; Schmidthäuser, 157 f. Vgl. nochmals M. E. Mayer aaO 47 Anm. 10: „Ich habe niemals etwas geschrieben, was das Mißverständnis, die Kulturnorm begründe Rechtspflichten, verzeihlich erscheinen lassen könnte.“ Darauf, daß Mayer insoweit oft mißverstanden wurde, weist auch Arnim Kaufmann hin, aaO 235.

die Rechtsordnung ein bestimmtes Verhalten verbietet, warum sie einen gewissen Zustand als nicht sein sollend bewertet, kann nur dann beantwortet werden, wenn auf den materiellen Kern, auf Wesen und Inhalt der Rechtswidrigkeit zurückgegangen wird[131]).

3. Die Einbeziehung der Sozialethik in den Bereich strafrechtlicher Unrechtsbegründung

Die Grundeinsicht der Lehre von der materiellen Rechtswidrigkeit ist also die, daß der positive Rechtssatz normalerweise das Recht bzw. Unrecht nicht schafft, sondern vorfindet. Worin nun das vorjuristische Substrat besteht, darüber existieren verschiedene Auffassungen[132]). *M. E. Mayer* zum Beispiel hat es in der Kulturwidrigkeit einer Handlung sehen wollen. Das hat seinen berechtigten Kern, denn gewiß ist auch das Recht eine Kulturerscheinung und unlöslich mit der Gesamtkultur verbunden. Doch *Mayers* Kulturbegriff entbehrt bei seiner schillernden Mehrdeutigkeit der erforderlichen normativen Einheit. Welche Kulturnormen zu Rechtsnormen erhoben werden, welche Kulturnormen der Staat anerkennt, darüber sagt sein Kulturbegriff nichts aus. Es fehlt der den Kulturnormen überlagerte einheitliche Wertgesichtspunkt[133]). Diesen hat man seit *v. Liszt* in der Gesellschafts- oder Sozialschädlichkeit gesehen[134]). Bisweilen wurde er auch in der „Gemeinschaftswertwidrigkeit"[135]), in der „Rechtswertwidrigkeit"[136]) oder in der „Rechtsgutwidrigkeit"[137]) gefunden. Aber alle

---

[131]) Gegen eine Unterscheidung zwischen formeller und materieller Rechtswidrigkeit z. B. Hafter, Lb I 85 f, Kern, ZStW 64, 262; Nagler, Frank-Festg. I, 343 ff, Frank, StGB, 2 f mit weiteren Literaturangaben.

[132]) Sauer (Grundzüge 233) scheidet bei der Frage nach der materiellen Rechtswidrigkeit mit Recht das Erkenntnisproblem, welches das Wesen der Rechtswidrigkeit sei, von der Wertungsfrage, ob die so erkannte Rechtswidrigkeit ein tauglicher Wertmaßstab sei. Hier geht es nur um das Erkenntnisproblem. Die Wertungsfrage ist von Bedeutung für die Tatbestandsauslegung und insbesondere das Problem des Unrechtsausschlusses, worauf die ganze Lehre von der materiellen Rechtswidrigkeit primär angelegt war. Das kann hier aber unberücksichtigt bleiben; vgl. insoweit v. Liszt-Schmidt, 177, insbesondere Anm. 12. — Im Text kommt es lediglich darauf an, ein der positiven Rechtsnorm präexistentes Substrat nachzuweisen.

[133]) Vgl. die oben in Anm. 119 genannten kritischen Stimmen.

[134]) So v. Liszt, Lb 21.—22. Aufl. Berlin 1919 S. 132; v. Liszt-Schmidt, 176; ebenso Arthur Kaufmann, 64, 128; R. Lange, SJZ 48, 304; Kohlrausch-Lange, Vorbem. III 2; Sauer aaO 391: „Rechtswidrigkeit ist ein Verhalten, das nach seiner allgemeinen Tendenz dem Staate und seinen Gliedern gemäß dem Urteil der Rechtswissenschaft mehr schadet als nützt"; vgl. auch Strafrechtslehre § 8 II mit Literaturangaben; weiter Hegler, Frank-Festg. I, 271; Schönke-Schröder, Vorbem. II 1 zu § 51.

[135]) Gallas in Gleispach-Festschrift, Berlin-Leipzig 1936 S. 67.

[136]) R. Lange, ZStW 65, 96.

diese Begriffsbestimmungen bergen ein Gefahr in sich: Die Gefahr utilitaristischer Mißdeutungen. Wie leicht ist es, unter fiskalischen, biologischen oder sozialpolitischen Gesichtspunkten ein Verhalten wieder für „sozial nützlich", zu einem „Gemeinschaftswert", zu einem „Rechtswert", zu einem schutzwürdigen „Rechtsgut" zu erklären[138]). Aus diesem Grunde dürfen alle diese Begriffsbeziehungen, wollen sie wirklich das Recht an einem absoluten Wert orientieren, nicht ethisch neutral, sondern müssen in einem sozialethischen Sinne aufgefaßt werden[139]); denn: „Die soziale Ethik liefert . . . den übergesetzlichen, aber doch rechtlichen Bezugspunkt, woran . . . die erforderliche Materialisation der Widerrechtlichkeit durchgeführt werden kann. Diese knüpft an die oberste Rechtsquelle wie an den höchsten Rechtswert an und gewinnt damit die breiteste und sicherste Basis für die Rechtsbewertungen[140]) [141])". Die Einbeziehung der sozialethischen Wertordnung in den Bereich strafrechtlicher Unrechtsbegründung ist daher insbesondere seit Radbruch aus der Strafrechtsentwicklung nicht mehr fortzudenken[142])[143]).

---

[137]) Dem Sinne nach: v. Liszt, Lb 19, Aufl. Berlin 1912 S. 143 f; v. Liszt-Schmidt aaO; ausdrücklich Arthur Kaufmann aaO; R. Lange, JZ 56, 78. — Auf den Zusammenhang zwischen materieller Rechtswidrigkeit und Rechtsgüterschutzgedanken wird später noch zurückgekommen.

[138]) Vgl. R. Lange, DRZ 47, 201.

[139]) R. Lange definiert in Kohlrauch-Lange aaO die materielle Rechtswidrigkeit daher wie folgt: „Materiell rechtswidrig ist eine Handlung (oder eine Existenzform), wenn sie wegen ihrer Sozialschädlichkeit u n d Sittenwidrigkeit mit dem rechtlich geordneten Zusammenleben in unerträglichem Widerspruch steht" (Sperrung hinzugefügt). Auch Arthur Kaufmann hat auf Intervention R. Langes (ZStW 65, 96) erklärt, daß er die Sozialschädlichkeit „in einem sozialethischen Sinne verstanden wissen wollte" (JZ 56, 394 Anm. 72). Vgl. auch Sauer, Grundlagen, 238, der für das Erkenntnisproblem der materiellen Rechtswidrigkeit „die Sozialethik oder die normative Soziologie" heranzieht.

[140]) Mezger, LK Bem. 9 f vor § 51.

[141]) Auf den Unterschied zwischen Sozial- und Individualethik kann hier nicht näher eingegangen werden. Es wird insoweit verwiesen auf die vortrefflichen Ausführungen Schmidthäusers, 162 ff; vgl. auch Würtenberger, 63 f; hierzu Oehler, NJW 58, 539.

[142]) *Radbruch*, Rechtsphilosophie, 1,31 ff; ders., Vorschule, 36 ff; vgl. im neueren Schrifttum vor allem:

Gallas, Mezger-Festschrift, 316: „. . . sind geltendes Recht und geltende Moral im Sinne der in der Rechtsgemeinschaft herrschenden sozialethischen Wertvorstellungen aufs engste aufeinander bezogen";

Jescheck, GA 56, 97: „. . . enge Zusammengehörigkeit von Recht und Sittlichkeit . . .";

Arthur Kaufmann, 87: „Schließlich ist die Rechtswissenschaft nichts anderes als eine Erscheinungsform der Sozialethik"; ähnlich auch *Bindokat*, JZ 58, 553;

R. Lange, JZ 56, 79: „. . . Kernbestand vorgegebener sozialethischer Werte . . .";

II. Die echte kriminelle Straftat primär als Rechtswertwidrigkeit

1. Die Priorität der materiellen Wertwidrigkeit vor der formellen Rechtswidrigkeit

Mit der Einbeziehung der Sozialethik in den materiellen Unrechtsbegriff soll natürlich nicht das „Subjektiv-Gesinnungshafte" zum allein Maßgeblichen erhoben werden[144]). „Jede von der Sicht der Sozialethik aus versuchte rechtsdogmatische Begründung des Unrechtsgehalts einer Straftat muß vielmehr", wie *Würtenberger*[145]) mit Recht ausführt, „vom ‚Objektiv-Sozialen' und nicht vom ‚Subjektiv-Gesinnungshaften' den Ausgang nehmen."

Maurach, § 13 II 2: „Es gibt in Wirklichkeit kein Verbrechensmerkmal, das nicht von sozialethischem Gehalt erfüllt wäre";

Mezger, LK, 5: „Alles Recht ist ein Teilgebiet der Sozialethik. Innerhalb dieses Rahmens ist es besonders gekennzeichnet durch seinen ‚positiv-rechtlichen' Charakter... Im Hintergrund aber stehen auch so die allgemeinen sozialethischen Grundlagen, wie sie als ‚Idee des Rechts' ihre Zusammenfassung erfahren";

Sauer, Strafrechtslehre § 1 II 2: „Die Sozialethik weist die obersten Richtlinien auf, die auch für das staatliche Recht verbindlich sind oder verbindlich sein sollten, will es selbst wirksam und von Bestand sein... So zieht das Strafrecht Lebenskraft und Wertgehalt aus der Soziologie und der Sozialethik";

Welzel, Strafrecht § 1 I: „Die sozialethische Funktion des Strafrechts."

[143]) Auch der BGH hat in seiner Rspr. wiederholt dem Bedürfnis einer sozialethischen Fundierung des Rechts — vielleicht sogar zu weitgehend — Ausdruck gegeben. So nennt BGHSt 2, 173, 175 ausdrücklich „allgemeinverbindliche rechtliche Grundsätze, die unabhängig von staatlicher Anerkennung gelten", und BGHSt 2, 194, 209 spricht von den aus dem Wesen der Schuld „sich zwingend vor aller gesetzlicher Normierung ergebenden Rechtssätzen". BGHSt 2, 234, 239 gebraucht Bezeichnungen wie „Kernbereich des Rechts", „unantastbarer Grundstock" und deren „Verbindlichkeit unabhängig von aller staatlichen Anerkennung". Im Beschluß zur Verlobtenkuppelei (BGHSt 6, 46 ff) fükrt der BGH auf S. 52 f aus: „Indem die Kuppelei - Tatbestände von Unzucht sprechen, verweisen sie auf einen außerrechtlichen Maßstab, auf eine dem Bereich des bloß Rechtlichen überschreitende Norm"; diese aber wird ausdrücklich als eine solche „der Sittlichkeit, des Sittengesetzes" bezeichnet, welche auf einer „vorgegebenen und hinzunehmenden Ordnung der Werte" beruhe. „Die innere Verbindlichkeit des Rechts beruht gerade auf seiner Übereinstimmung mit dem Sittengebot." Hierzu Jescheck, GA 56, 97. Zum Ganzen vgl. Schneider, ArchRSoPh 42 (1956), 98 ff; Weinkauff, NJW 60, 1689 ff; Evers, JZ 61, 241 ff; Wieacker JZ 61, 337 ff.

[144]) So aber wird es der Lehre vom „personalen Unrecht" vorgeworfen, auf die weiter unten bei Behandlung der Rechtsgüterlehre zurückgekommen werden soll. Dort auch Literaturangaben.

[145]) Die geistige Situation, 64 mit Verweisung auf Georg Jellinek, Die sozialethische Bedeutung von Recht, Unrecht und Strafe, 2. Aufl. Berlin 1908 S. 28: „Die Sozialethik muß ihr Augenmerk... auf das objektive Moment, auf die in die Außenwelt hinaustretende Tat richten."

Macht man also mit der sozialethischen Fundierung des Strafrechts ernst, so kann als Straftat im eigentlichen Sinne nur eine solche Tat angesehen werden, die in ihrer sozialen Erscheinungsform mit der sozialethisch vorgegebenen Wertordnung in unerträglichem Widerspruch steht.

Nun könnte an dieser Stelle eingewandt werden, daß über die Frage, ob ein Verhalten rechtens ist oder nicht, allein die positive Rechtsordnung entscheidet[146]). Das ist richtig und auch im Text wiederholt betont worden, aber für die hier zu fördernde Erkenntnis nicht ausschlaggebend. Ausschlaggebend ist vielmehr allein, daß in diesem Bereich die Wertwidrigkeit des Verhaltens nicht im Verstoß gegen den positiven Rechtssatz, sondern schon vor diesem in der dem Recht zugrundeliegenden sozialethischen Wertordnung begründet liegt: Die vom Gesetz mit Strafe bedrohte Handlung wird auch unabhängig von der gesetzlichen Regelung als sozialethisch wertwidrig empfunden. Die Rechtsnorm ist hier primär nicht Bestimmungs-, sondern Bewertungsnorm[147]), d. h.: das Gesetz hat das Recht bzw. Unrecht in diesem weiteren Sinne nicht konstitutiv geschaffen, sondern vorgefunden; es knüpft lediglich an die im Gesellschaftsleben herrschenden sozialethischen Wertvorstellungen deklaratorisch an, es transformiert die bereits sozialethisch evidente Wertwidrigkeit lediglich in eine rechtliche. Das gesetzliche Verbot und die Strafdrohung fügen der Handlung an materieller Unwertsubstanz nichts hinzu. Sie wird auf Grund ihrer sozialethischen Wertwidrigkeit als strafwürdig empfunden, ehe sie noch für strafbar erklärt wurde.

Dieser Art sind im großen und ganzen alle im geltenden StGB aufgeführten Deliktstatbestände außer der Mehrzahl der Übertretungen[148]). Es sind die Verbrechen im weiteren Sinne, die Straftaten schlechthin, die

[146]) So Gallas, aaO, Arthur Kaufmann aaO; bedenklich insoweit Maurach, § 19 II B 1: „Die Kulturüberzeugung der maßgebenden Schichten erhebt ein Interesse zum Rechtsgut"; oder noch schärfer ebenda, B 2: „Was den Wertvorstellungen der maßgebenden Schichten als allgemeinverbindliches Sollen vorschwebt, das ist Rechtsnorm, gleichgültig, in welcher Form sie in Erscheinung tritt." Ähnlich auch BGH, vgl. oben Anm. 143.

[147]) Vgl. Arthur Kaufmann, 139 mit weiteren Angaben. Zusätzlich Kohlrausch-Lange, Vorbem. III 1; Nowakowski, ZStW 63, 287.

[148]) Auf der Hand liegt das bei den Delikten, die schon durch den Dekalog verboten sind, wie Mord, Diebstahl, Betrug, Raub, Körperverletzung, Erpressung, Meineid, Verleumdung, Notzucht u. a. Bestritten, aber zu bejahen ist der kriminelle Charakter der §§ 138, 330 c und 145 StGB; vgl. hierzu die einschlägigen Kommentierungen bei Kohlrausch-Lange; ferner Maurach, § 45 I B 2; zum Ganzen eingehend R. Lange, GA 53, 3 ff. An Übertretungen gehören zum kriminellen Strafrecht sicher: §§ 361 Ziff. 3—6 c, 370 Ziff. 5; der Entwurf 1958 hat sie demgemäß auch zu Vergehen aufgewertet; vgl. Niederschriften VIII, 328 ff und Schwalm, MDR 59, 799; 60, 8. Die folgenden Entwürfe haben es dabei belassen. Die Glücksspieldelikte tragen dagegen polizeilichen Charakter, so Kohlrausch-Lange, Anm. 2 zu § 284; R. Lange, aaO 8 f, 13; Baumann, AcP 155, 498. Zum Ganzen vgl. Kohlrausch-Lange, Vorbem. III 1. Natürlich gibt

klassischen Delikte, oder wie auch immer man diesen „kriminellen Kernbereich" sonst nennen mag.

Es ist der Bereich, der sich infolge seines sozialethischen Fundus durchweg zur Kollektivüberzeugung der einzelnen Gesellschaftsglieder entwickelt hat. Das Gesetz mag zwar längst nicht jeder kennen; die dem Gesetz zugrundeliegende sozialethische Wertwidrigkeit aber ist jedem Mitglied der Kulturgemeinschaft durch eine mehr oder minder unbewußt vor sich gehende Assimilation bekannt[149]). An jeden einzelnen treten die sozialethischen „Wertanrufe" auf mannigfaltige Weise heran: die Erziehung in Elternhaus und Schule, die Teilnahme am öffentlichen und kirchlichen Leben sorgen dafür, daß der Einzelne den ständigen Kontakt zur lebendigen Wertordnung nicht verliert[150]). Mit Recht gilt daher für diesen Bereich *Georg Jellineks* Wort, daß das Recht nichts anderes sei, als das „ethische Minimum"[151]).

2. Die deliktstypische Unrechtshandlung als spezifisches Strukturelement

Überall baut das Gesetz deshalb in diesem Bereich strukturell auf typischen Unwerthandlungen von besonderer Schwere auf: Bestraft wird,

---

es auch außerhalb des StGB Materien, die zum Kernbereich sozialethischer Verwerflichkeit gehören, wie z. B. die Sprengstoffdelikte; hierzu vgl. Schneidewin, Materialien I, 177 ff. Ihrer sachlichen Bedeutung nach gehören diese Delikte jedoch ins StGB. In besonders eklatanten Fällen sollten sie auch dort untergebracht werden. Das 3. Strafrechtsänderungsgesetz ist mit §§ 248 b, 248 c beispielhaft vorangegangen. Auch der Entwurf 1958 und die folgenden Entwürfe kommen dem weitgehend entgegen; vgl. z. B. hinsichtlich der Verkehrsdelikte Niederschriften IX, 305; hinsichtl. der Sprengstoffdelikte aaO 242; hinsichtl. der Lebensmitteldelikte aaO 276.

149) In diesem Sinne ist Sozialethik, wie Schmidthäuser (aaO 165) mit Verweisung auf Rudolf Laun sagt, „relativ allgemeingültig"; vgl. denselben, 163 f: „Denn auch das persönliche Ethos lebt von dem geschichtlich gewordenen Wertbewußtsein, und sein ‚Persönliches' liegt kaum je in einer neuen Wertschau als vielmehr in der individuellen Ordnung der vorgefundenen, von der herrschenden Moral bereitgestellten Werte."

150) Vgl. Heims, Zur Lehre vom Schuldbegriff, ZStW 40, 580 ff, 586: „Es ist ein ethisch-kulturelles Unwertgefühl, das im großen und ganzen an dieselben äußeren Taten anknüpft, die das Gesetz mit Strafe bedroht. Ob diese Gefühle auf ererbter Grundlage beruhen, ob sie Ausdruck eines nur durch transzendentale Behandlung zu erfassenden höheren Ich im Menschen sind, oder ob sie nur durch Erziehung und sonstige Erfahrung mit der uns umgebenden Kultur erworben sind, kann hier dahingestellt bleiben. Es genügt, daß sie vorhanden sind." Arthur Kaufmann bezeichnet das kriminelle Strafrecht sogar als „vertyptes Rechtsgefühl", aaO 127.

151) aaO 45. Hierzu Bindokat, JZ 58, 553 zu Anm. 4; Kraushaar, GA 59, 327 zu Anm. 12.

wer tötet, mißhandelt, beleidigt, ehebricht oder das und das tut[152]). Verbote hingegen finden sich im ganzen Bereich nirgendwo. An keiner Stelle verbietet das Gesetz den Mord, den Raub, die Notzucht usw. Alles das ist vielmehr vorgegebene sozialethische Unwertsubstanz. Das Handeln als solches trägt in sich den typischen materiellen Unwert. Auf den Widerspruch gegen eine Verbotsnorm kommt es für die spezifische Unrechtsnatur der Handlung überhaupt nicht an[153]).

Von „Zuwiderhandlung" kann daher in diesem Bereich nicht gesprochen werden. Der Mörder begeht eine „strafbare Handlung". keine „Zuwiderhandlung". Das Gesetz knüpft hier an die ontologische Seinshandlung, die in sich schon typische Unrechtsqualität trägt, an, nicht an eine „Zuwiderhandlung" gegen Ge- oder Verbote, Anordnungen, Vorschriften. Es war diese Erkenntnis, die Bindung zu seiner Normentheorie geführt hat, indem er feststellte, daß der Verbrecher den einzelnen Strafgesetzen gar nicht zuwider, vielmehr gerade gemäß dem ersten Teil der Strafgesetze handele (Normen I, 4).

III. Die Zuwiderhandlung primär als Gebots- oder Verbotswidrigkeit

1. Der konstitutive Charakter der Unrechtsbegründung

Aufgabe der staatlichen Rechtsordnung ist es aber, das Zusammenleben der Menschen in einer sozialen Gemeinschaft nicht nur zu schützen, sondern dieses Zusammenleben auch zu regeln. Infolgedessen sieht sich der Gesetzgeber oftmals veranlaßt, eine bestimmte Materie in irgendeiner Weise zu ordnen, ohne daß das von ihm geregelte Verhalten von vornherein als sozialethisch wertwidrig erscheint. Der Gesetzgeber geht also bei der Aufstellung solcher Normen nicht von im Rechtsbewußtsein der Allgemeinheit präexistenten Wertvorstellungen aus, sondern greift im Interesse eines „geordneten Zusammenlebens" und einer „reibungslosen Verwaltung" selbst schöpferisch und gestaltend ein. Sein materielles Interesse, ein möglichst störungsloses Zusammenleben der einzelnen Individuen zu gewährleisten (Ordnungsinteresse), und sein materielles Interesse, die gemeinschaftlichen Zwecke bestmöglichst zu organisieren (Verwaltungsinter-

[152]) R. Lange, JZ 56, 77: „Das klassische Strafrecht richtet sich gegen Verhaltensweisen, die als solche typischerweise pathologische Störungen des Soziallebens sind und schon um dieser ihrer Natur willen bekämpft werden müssen."

[153]) R. Lange zitiert in JZ 56, 522 Anm. 28 den köstlichen Satz eines engl. Romans, wo der untersuchungsführende Admiral die Ermordung eines Kriegsschiffskommandanten als eine im „höchsten Maße vorschriftswidrige Handlung" brandmarkt. — Das Paradoxon liegt auf der Hand! R. Lange an anderer Stelle, ZStW 73, 99: "Der Mord ist keine ‚vorschriftswidrige' Handlung und ‚wird' nicht verboten."

esse), verlangen oftmals die Aufstellung allgemeinverbindlicher Regeln, die in keiner vorrechtlichen Wertordnung vorgeformt sind. Nicht Wertentscheidungen, sondern reine Zwecküberlegungen sind für den Gesetzgeber in diesem Bereich maßgebend[154]). Die Norm ist deshalb hier primär nicht Bewertungs- sondern Bestimmungsnorm[155]).

Es ist dies der weite Bereich des sogenannten Verwaltungs- oder Ordnungsstrafrechts. Dazu gehören nicht nur das gesamte Recht der Ordnungswidrigkeiten einschließlich der strafbaren Zuwiderhandlungen aus Mischtatbeständen, sondern auch die meisten Teile des übrigen Verwaltungsstrafrechts, wo der Gesetzgeber die Bestrafung auf die Zuwiderhandlung gegen von ihm selbst aufgestellte Ordnungsnormen abstellt. Auch die Mehrzahl der Übertretungen des 29. Abschnitts des StGB ist daher materiell zu dieser Kategorie zu zählen[156]).

---

[154]) Radbruch hat schon darauf hingewiesen (Rechtsphilosophie, 172 Anm. 3), daß auch unter ethisch vollkommenen Wesen derartige Ordnungsregeln nötig wären. Man könnte in einer solch utopischen Welt zwar ethisch fundierte Tatbestände, wie Mord, Diebstahl, Beleidigung usw., abschaffen, weil sie überflüssig wären; ohne gewisse Ordnungsvorschriften — wie z. B. das Gebot: Rechts-Fahren! — könnte aber auch eine ethisch vollkommene Gesellschaft nicht auskommen. Andernfalls würde man sich zwar nach einem Verkehrsunfall nicht mehr beleidigen, vorher aber dennoch karambolieren!

[155]) Das schließt nicht eine gewisse Bewertungsfunktion der Norm aus. Doch knüpft die Norm hier nicht deklaratorisch an bereits im Gesellschaftsleben wirkende Werte an, sondern schafft selbst konstitutiv einen neuen Ordnungswert. Bisweilen jedoch kann diese Ordnungswertentscheidung schwieriger sein als die Bewertung bereits ethisch relevanter Verhaltensweisen. Während das vorgesetzliche Verbot, nicht zu töten, für jedermann unschwer erkennbar ist, ist die Entscheidung, inwieweit und ob überhaupt eine Geschwindigkeitsbegrenzung im Straßenverkehr dem erstrebten Zweck einer bestmöglichen Ordnung des Straßenverkehrs förderlich ist, wesentlich schwieriger und tatsächlich ja auch heftig umstritten. Während also im Kriminalstrafrecht das Strafgesetz unmittelbar an die unrechtstypische Handlung anknüpft, also nur so und nicht anders entscheiden kann, schieben sich bei den Zuwiderhandlungen vor die Norm reine Zwecküberlegungen, auf welche Weise der erstrebte Ordnungswert am besten erreicht werden kann. — Arthur Kaufmann (aaO 183) bezeichnet das Ordnungsstrafrecht daher sogar als System „reiner Bestimmungsnormen." Auch Welzel betonte noch in der 5. Aufl. seines Lehrbuchs den bei den Ordnungswidrigkeiten primär maßgebenden Zweckgesichtspunkt (§ 4 I 1). Vgl. auch Lampe, ZStW 71, 584.

[156]) Vgl. oben Anm. 148; ferner Arthur Kaufmann, 187 und BGHSt 11, 228, 231. Auch weite Teile des Verkehrsstrafrechts zählen hierzu, vgl. Mittelbach, MDR 58, 66: Die Verkehrsübertretungen „sind alle zeitlich bedingte und den jeweiligen Verhältnissen angepaßte Sicherungsanordnungen der Staatsverwaltung. Es handelt sich generell nicht um Verhaltensweisen, die gleichsam sozialethisch vorgegeben sind und deren Verletzung strafwürdig erscheint". Im gleichen Sinne Dombois, 40 f; R. Lange, JZ 57, 239; Müller, Straßenverkehrsrecht 21. Aufl. Berlin 1959, Anm. II b vor § 1 StVO; Wimmer, DAR 57, 169; 58, 145 ff; Bockelmann, NJW 60, 1284; kritisch Cordier, NJW 59, 2151; 61, 393 ff; Lackner,

2. Die Wertneutralität der natürlichen Verhaltensweise

Das Charakteristikum dieses Bereichs besteht darin, daß das verbotene Verhalten nicht bereits unabhängig von der gesetzlichen Norm als Unwert empfunden wird. Es erscheint vielmehr nur deshalb als ahndungsbedürftig, weil es der Gesetzgeber aus mehr oder weniger einsichtigen Zweckübeiiegungen verboten hat. Der Gesetzgeber findet das Unrecht also nicht in der Präexistenz einer lebendigen Wertordnung vor, sondern verfolgt ausschließlich die Zwecke einer positiv-rechtlichen Neugestaltung. Demgemäß ist auch das zugrunde liegende Verhalten an sich „völlig unspezifisch und ambivalent"[157]). Erst durch das gesetzliche Verbot erhält es juristische Relevanz. Das Anbauen einer bestimmten Kartoffelsorte, das Vermieten von Wohnraum, das Beziehen oder Veräußern von Wirtschaftserzeugnissen, das Fahren auf der linken Straßenseite ist in seiner jeweiligen natürlichen Verhaltensweise an sich sozialethisch völlig neutral und indifferent. Noch deutlicher tritt dies hervor beim Unterlassen von Meldungen und Anzeigen. Erst das „schneidende formelle Verbot" bewirkt die Rechtswidrigkeit des gebotenen oder verbotenen Verhaltens; Rechtswidrigkeit hier verstanden als Widrigkeit gegen das Recht, nicht als Rechtswertwidrigkeit.

3. Die *Zuwider*handlung als spezifisches Strukturelement

Auf Grund der Wertneutralität der natürlichen Verhaltensweisen kann der Gesetzgeber hier überall im Gegensatz zum kriminellen Kernbereich das Verhalten nicht unmittelbar als solches, sondern nur mittelbar in seiner Eigenschaft als Vorschriftswidrigkeit erfassen. Er stellt daher in diesem Bereich nicht wie beim Töten, Mißhandeln, Stehlen auf das Handeln schlechthin, sondern nur auf das Zuwiderhandeln ab; nicht im Sein, sondern

---

Niederschriften IX, 305 ff; DAR 58, 286 f; Kohlhaas, JR 59, 441; Wessel, Betrieb 60, 571 ff; nochmals Mittelbach, MDR 59, 618 f und Bockelmann, DAR 61, 181.

[157]) R. Lange, JZ 56, 77. Überhaupt hat Lange das Sonderphänomen des hier behandelten Gebiets prägnant formuliert; vgl. JZ 56, 79: „Die Zuwiderhandlungen tragen ihre Rechtswidrigkeit nicht in sich. Diese steht und fällt vielmehr damit, daß sie gegen positiv geschaffene Vorschriften verstoßen, die aus dem Raum grundsätzlich freien und erlaubten Verhaltens vorübergehend Exklaven rechtlicher Gebote oder Verbote ausgrenzen." Oder ebenda, 77: „Das Recht, das sonst die Konturen sozialer Wirklichkeit und Wertung nur möglichst genau nachzieht, und seine Hauptaufgabe in der Schlichtung und Entscheidung von Wertkonflikten hat, greift hier schöpferisch und gestaltend, fordernd oder unterdrückend in das bis dahin schlechthin und grundsätzlich auch weiterhin ‚normale' Sozialverhalten ein." Vgl. auch JZ 57, 234, 236; Kohlrauch-Lange aaO.

im Sollen liegt hier der Schwerpunkt. Unrechtsqualität kann das an sich wertneutrale Verhalten deshalb konsequenterweise erst als Verstoß gegen die positiv geschaffene rechtliche Ordnung erlangen. „Das Unrecht besteht hier in dem Widerspruch zum Ordnungswert des Rechts, zur Rechtssicherheit, sein Kern ist die Ordnungsverletzung und Verbotswidrigkeit[158]).“ Überall also, wo das Gesetz formal auf „Zuwiderhandlung“, auf „Vorschriftswidrigkeit“ usw. abstellt, gibt es zu erkennen, daß Unrecht hier nicht im sozialethisch wertwidrigen Verhalten an sich, sondern im Verstoß gegen eine von ihm selbst geschaffene positive Ordnung begründet liegt. Es schreibt hier Recht gleichsam nicht „nach“, sondern schreibt selbst „vor“, stellt selbst eine „Vorschrift“ auf.

4. Die Priorität der formellen Rechtswidrigkeit vor der materiellen Ordnungswertwidrigkeit

Nun könnte hier eingewandt werden, daß eine an sich zunächst indifferente Verhaltensweise dadurch sozialethisch belangvoll wird, daß sie sich einer bestehenden oder entstehenden faktischen Ordnung einfügt oder diese stört. In diesem Sinne sagt *Boldt*: „Schon längst hat sich darum den Tatbeständen dieser Zuwiderhandlungen die soziale Werthaftigkeit der Verhaltensweise selbst mitgeteilt . . .“[159]).

Natürlich ist von der Warte eines höheren Staatsethos auch der Ungehorsam gegen bloße Ordnungsvorschriften unter Umständen in sich sozialethisch relevant, und es wird später noch festzustellen sein, daß der Gesetzgeber es durchaus in der Hand hat, auch bloße Ungehorsamstaten mit „Strafe“ zu ahnden. Doch so bekommt man die besondere Eigenheit der „Zuwiderhandlungen“ als Kategorie nicht in den Griff. Schon *Zimmerl* hat die richtige Antwort gegeben, wenn er sagt: „Hat sich aber der Gesetzgeber für das Linksfahren entschieden, dann handelt allerdings derjenige antisozial, welcher rechts fährt und umgekehrt. Aber der antisoziale Gehalt der Tat ist hier nicht der Grund, sondern vielmehr erst die Folge der formellen Widerrechtlichkeit; weil es verboten ist, darum ist es antisozial, nicht umgekehrt, wie dies sonst der Fall ist[160]).“

---

[158]) R. Lange, JZ 57, 237.

[159]) ZStW 68, 370; ähnlich auch Wimmer, NJW 57, 1171.

[160]) GS 98, 306; ebenso Kadečka, LZ 16, 6: Die Verwaltungsdelikte unterscheiden sich von den Justizdelikten nicht dadurch, „daß ihnen die antisoziale Bedeutung fehlt, sondern nur dadurch, daß sie sie vielfach erst aus ihrem Verhältnisse zur Rechtsordnung empfangen“. Ähnlich hat auch Erik Wolf (aaO 567) formuliert: „Beim Verwaltungsdelikt liegt kein ‚greifbarer‘ Schaden vor, weil es an einem vorrechtlichen Kultur-(Individual-, Gesellschafts-)Schaden fehlt, der in einem gesetzlichen Tatbestand vertypt wäre. Trotzdem ist der ‚Schaden‘ der Verwaltungsdelikte nicht nur im formalen Normwiderspruch enthalten, denn die zunächst kulturfremde Regelung schafft selbst Kulturnormen. Die Entwicklung des sozialen Normbewußtseins führt nicht nur von der Kulturnorm zur

Das also ist das Charakteristische dieses Bereichs, daß ohne das Bestehen einer obrigkeitlichen Vorschrift das Verhalten allgemein nicht als strafwürdig im weitesten Sinne einer Ahndungsbedürftigkeit empfunden wird. Ohne obrigkeitliche Geschwindigkeitsbegrenzung auf 50 km/h käme kein Mensch auf die Idee, daß er bei einer Fahrt von 80 km/h etwas Strafwürdiges täte. Ebenso wird kein Mensch das Gefühl irgendwie strafwürdigen Verhaltens haben, wenn er bislang bewirtschafteten Wohnraum frei vermietet, obwohl keine Rede davon sein kann, daß z. Z. der Verbotsaufhebung der notwendige Bedarf der Bevölkerung an Wohnraum sichergestellt war. Nicht ein im Volke lebendiges sozialethisch fundiertes Wertbewußtsein, sondern das Verbot schlechthin als ultima ratio ist hier maßgebliches Kriterium der Unrechtsbegründung[161]).

5. Zusammenfassende Abgrenzung zur echten kriminellen Straftat

Der entscheidende Unterschied zwischen echten kriminellen Straftaten einerseits und Zuwiderhandlungen andererseits besteht also darin, daß sich Grund und Folge von formeller und materieller Rechtswidrigkeit umkehren . Bei den klassischen Delikten des Kriminalstrafrechts gründet sich die formelle Rechtswidrigkeit auf den schon vorher auffindbaren materiellen Unwert der Handlung. Bei den Zuwiderhandlungen dagegen setzt die materielle Ordnungsstörung die Existenz des formellen Verbots oder

---

Rechtsnorm, sondern auch von der Rechtsnorm zur Kulturnorm. Aber diese ‚zukünftige' Materialität des Schadens kann nicht das entscheidende Kriterium für die besondere materielle Rechtswidrigkeit der Verwaltungsdelikte abgeben. Vielmehr liegt diese in der Erschütterung des objektiven Rechtsbewußtseins, wie sie durch regelwidriges Verhalten ausgelöst und durch Nichtbefolgung konkreter Staatsbefehle in Gestalt der Erschütterung des Staatsbewußtseins zutage tritt."

[161]) Kahl erheiterte sogar mit dieser Binsenwahrheit den 26. DJT, als er in seinem Referat gem. Protokoll der Verhandlungen (III, 213) ausführte: „Selbst der Laie hat, vielleicht ohne es begründen zu können, eine Empfindung dafür, daß Hochverrat, Mord, Nothzucht, Raub, Brandstiftung usw. nach ihrer moralischen Qualität nicht in einen Strafkodex gehören mit Übertretung der Polizeistunde in einem Vergnügungslokale, mit Zuwiderhandlung der Schließung der Weinberge oder mit Unterlassung des polizeilich angeordneten Raupens. Ich nenne das letztere mit, weil ich nebst meinem Kollegen Wach dieserhalb persönlich vorbestraft bin. Finden sich überhaupt unter Ihnen solche, welche nicht wegen Polizeiübertretung vorbestraft sind? (Heiterkeit)." — Vgl. auch das köstliche Beispiel Rosenbergs (ZStW 22, 35 f), wo „Babette, ein junges Landmädchen aus einem entlegenen Gebirgsdorfe der Vogesen" in Straßburg beim Klopfen der Teppiche ihrer Dienstherrschaft gleich viermal gegen die einschlägigen Polizeivorschriften verstößt, ohne es auch nur ein einziges Mal zu merken. Nicht weniger amüsant ist die nachfolgende Geschichte des „Kaufmanns Maykiechel", der es an einem Nachmittag gleich auf sechs „Protokolle" bringt.

Gebots voraus. Dort die Verletzung bereits in der lebendigen Sittenordnung wirkender Werte, hier der Verstoß gegen positiv geschaffene Ordnungsgebote oder Verbote im an sich wertneutralen Bereich, dort primär materielle Rechtswertwidrigkeit, hier primär reine Widrigkeit gegen das Recht in seiner bloßen Ordnungsfunktion[162].

IV. Wesens- und Strukturidentität zwischen Zuwiderhandlungen mit Bußfolge und Zuwiderhandlungen mit Straffolge

Das Entscheidende jedoch ist, daß die vorangegangene Wesensbestimmung der Zuwiderhandlungen nicht nur für die Ordnungswidrigkeiten, sondern ohne jede Einschränkung auch für die Zuwiderhandlungen mit

---

[162]) Vgl. R. Lange, ZStW 68, 603: „Man muß die Funktion des Strafrechts aufgliedern zwischen der Sicherung der in der sittlichen Sozialordnung schon vorgefundenen Werte und der ultima-ratio-Sanktion der ihrerseits neue Bahnen brechenden Ordnungsvorschriften." Ebenso ders. aaO 602, 610; GA 53, 10; JZ 56, 522. Im gleichen Sinne: Finger, Strafrecht, 182 ff; Kadêcka, SchwZStR 53, 57 ff mit Nachweisen aus dem röm. Recht; Arthur Kaufmann, 183 ff; Maihofer, ZStW 70, 193; Nowakowski, ZStW 65, 380; Adolf Reinach, Zur Phänomenologie des Rechts, München 1953 S. 93 insbes. Anm. 1; Roeder, 129 ff; Eb. Schmidt, SJZ 48, 230; Wegner, Strafrecht, 5; Weinberg, 54 und in der Regel alle oben in Anm. 17 genannten Autoren.

Das ital. StGB v. 19. 10. 1930 hat die auf dem Gedanken der Trennung der „natürlichen" Verbrechen (crimina naturialia) von denen kraft positiver Satzung (crimina politiae) beruhende Zweiteilung der Delikte durchgeführt und damit die qualitative Andersartigkeit der Polizei- oder Verwaltungsdelikte begründet; vgl. Mattes, Materialien II, BT, 500, 508. In der franz. Rechtswissenschaft bezeichnet man die Wirtschaftsdelikte neuerdings sogar als „künstliche Delikte", vgl. hierzu R. Lange, JZ 56, 521 Anm. 20.

Kürzlich hat Dombois aaO die Frage nach dem Unterschied zwischen beiden Unrechtsbereichen mit seiner Gegenüberstellung von Statusrecht und Verkehrsrecht neu belebt. „Das Eigentum, das Leben, die körperliche Unversehrtheit, die Ehe, aber auch der Grundbestand der öffentlichen Ordnung sind insgesamt Statusrechte, welche Respektierung verlangen und dementsprechend strafrechtlich geschützt werden. Davon wohl zu unterscheiden sind Verpflichtungen, die diesen Status erst herstellen sollen. Weil sie Verpflichtungen und Ansprüche, aber eben nicht vorfindliche Rechte sind, kann ihre Verletzung nicht in dem Maße strafrechtlich gedeckt werden, wie es bei den Statusrechten möglich ist." (aaO 40) „Das statusrechtliche Strafrecht schützt Gute und Böse und selbst den verurteilten Verbrecher vor der Lynchjustiz. Das Verkehrsrecht aller Art, nicht allein das Straßenverkehrsrecht, sondern auch das Wirtschafts- und Steuerrecht, ist dagegen ein Recht der Zwecke, der Funktionen" (41). „Der Untertchied zwischen Sein und Sollen, zwischen Respektierung bestehender Rechte und Erfüllung geforderter Verpflichtungen muß als echter juristischer Strukturunterschied klar festgehalten, gelehrt und praktiziert werden" (46). „Der hier gegebene Sachunterschied zwischen Statusrecht und Verpflichtung, das hier liegende Gefälle ist kategorial

Straffolge, also heute vornehmlich für die Wirtschaftsstraftaten, gilt. Diese sind zwar „Straftaten“, ihrer Rechtsfolge nach also Kriminalstrafrecht; wesensmäßig und strukturell aber bauen sie auf den Ordnungswidrigkeiten auf[163]). Sie können ebensowenig wie diese „durch unmittelbaren Regreß auf den materiellen Strafgrund der genuin kriminellen Handlungen als sozialethisch unerträglich und vorwerfbar bestimmt werden“[164]). Auch die strafbare Zuwiderhandlung gegen Vorschriften des Wirtschaftsrechts ist ihrem innersten Wesen nach der Verstoß gegen eine in Befolgung rationeller Zweckgesichtspunkte durch und durch „gemachte“, an sich wertneutrale, allein vom positiven Rechtssatz abhängige, konstitutive Ordnungsnorm[165]). Sie unterscheidet sich weder in ihrem Wesenskern noch in ihren formalen Strukturelementen durch nichts von der bloßen Wirtschaftsordnungswidrigkeit. Vielmehr wird ihr der kriminelle Gehalt, der die „Straf“-folge rechtfertigt, in § 3 Abs. 1 WiStG 1954 gleichsam erst „nachträglich aufgestockt“: In Nr. 1 der Vorschrift liegt er im Bereich des Quantitativen, in Nr. 2 in dem subjektiven Merkmal der gesteigerten Täterschuld oder Tätergefährlichkeit.

Hinsichtlich der Nr. 2 ist es offensichtlich, daß der Umschlag von der Ordnungswidrigkeit zur Straftat die Grundstruktur der Zuwiderhandlung unberührt läßt. Das Wesen eines Delikts bestimmt sich in erster Linie nach seinem objektiv-sozialen Außenweltserfolg und erst in zweiter Linie nach den die Tat begleitenden subjektiven Gesinnungsmomenten[166]). Ein gegenüber staatlichen Ordnungs- und Wirtschaftsinteressen „verantwortungsloses“ Handeln kann deshalb nicht dazu führen, daß plötzlich aus einer Ordnungswidrigkeit ein in seiner Unrechts h a n d l u n g wesensmäßig verschiedenes Kriminaldelikt wird. Auch wenn der Täter mit der im Gesetz beschriebenen subjektiven Einstellung die Zuwiderhandlung begeht, bleiben deren Wesenskern und Struktur unverändert: Das Unrecht liegt hier nicht

---

und axiomatisch und nicht anders als gewaltsam aus der Welt zu schaffen. Es handelt sich gar nicht allein um eine metajuristische Wertfrage, sondern zu allererst um eine Strukturfrage der Rechtssystematik selbst“ (40).

[163]) Natürlich gilt das streng begrifflich nur für die Zuwiderhandlungen aus Mischtatbeständen, vgl. oben S. 22 f. Sinngemäß fallen hierunter aber auch alle anderen Zuwiderhandlungen mit Straffolge, praktisch also das gesamte Verwaltungsstrafrecht außerhalb des Wirtschaftsstrafrechts; denn überall wird auch hier auf den Verstoß gegen positiv gesetzte Ordnungsnormen, auf ein formelles „Zuwider“ abgestellt. Das ist das Wesentliche und nicht die Art der Straffolge; so im Ergebnis auch R. Lange JZ 56, 79.

[164]) So R. Lange, JZ 56, 77.

[165]) Eb. Schmidt, SJZ 48, 231: „Die im Wirtschaftsrecht gesetzte Wirtschaftsordnung ist — im Gegensatz zur Eigentumsordnung — nicht geschaffen, weil es gelte, einen sittlichen Rechtswert zu schützen, Vielmehr besteht die Bedeutung der Wirtschaftsordnung darin, daß in allervorderster Reihe staatliche Interessen Bestand haben sollen.“

[166]) Vgl. oben S. 45.

primär im materiellen Unwert der Handlung, sondern wie bei der Ordnungswidrigkeit primär im Ungehorsam gegenüber staatlichen Ge- oder Verboten, in der Zuwiderhandlung. Durch den in subjektiver und gefährlicher Weise gesteigerten Ungehorsam wird lediglich das Gewicht des Gesetzesverstoßes, der für die Ahndung maßgebliche Unrechtsgehalt, nicht dagegen sein Charakter ein anderer.

Umstrittener ist das hinsichtlich der Nr. 1 des § 3 Abs. 1 WiStG. Hier wird der Umschlag auf objektive Merkmale, nämlich auf Umfang und Auswirkung der Zuwiderhandlung abgestellt. Doch läßt auch hier dieser Umschlag die Grundstruktur der Zuwiderhandlung völlig unberührt: sie bleibt wie bei den gesteigerten Tätereigenschaften der Nr. 2 trotz der kriminellen Straffolge primär eine Ungehorsamstat, d. h. das Unrecht liegt auch hier in erster Linie im formalen Ungehorsam begründet; nur die Bewertung des Ungehorsams ist eine andere. Es muß nämlich anerkannt werden, daß es Fälle gibt, wo der Ungehorsam auch gegen staatliche Verwaltungs- oder Ordnungsvorschriften sich in einem Umfange steigert, daß er selbst sozialethische Relevanz annimmt und der Zuwiderhandelnde deshalb kriminelle Strafe verdient. Als Indizien für einen solchen Umschlag ins „Kriminelle" sind objektive Momente des Umfangs und der Auswirkung der konkreten Tat und subjektive Momente der Täterschuld und Tätergefährlichkeit, wie sie der Gesetzgeber in § 3 WiStG verwendet, durchaus brauchbar und akzeptabel. Liegen also diese Merkmale bei einer Zuwiderhandlung gegen Wirtschaftsvorschriften vor, so ist nach Auffassung des Gesetzgebers der Ungehorsam des Zuwiderhandelnden in einem Maße als sozialethisch relevant zu bewerten, daß eine Sanktion mit bloßer Ordnungsbuße nicht mehr ausreicht[167]). Nur so ist § 3 Abs. 1 WiStG 1954 zu verstehen: nicht die „Unrechtshandlung" wird in ihrem Wesenskern und in ihrer Struktur verändert, sondern nur das „Zuwider" gegen den positiven Gesetzesbefehl erfährt eine andere, nämlich als sozialethisch relevant gekennzeichnete Bewertung[168]). Die „Handlung" wird zwar da-

[167]) Daß diese Bewertung hier letztlich dem Richter überlassen wird, ist eine andere Frage, die die Rechtsstaatlichkeit von Mischtatbeständen überhaupt betrifft, vgl. dazu oben Anm. 54.

[168]) Natürlich muß der Zuwiderhandelnde, um als vorsätzlicher Täter bestraft werden zu können, auch die zusätzlichen Umstände, die die „Zuwiderhandlung" erst zu einer „strafbaren" machen, in sein Wissen aufgenommen haben; so mit Recht Baumann, JZ 61, 565 Anm. 8; Bockelmann, ZStW 66, 124 f; 70, 653 ff; Jescheck, JZ 59, 460; Kohlrausch-Lange, Vorbem. IV 4 b; § 59 V 3 b; Lang-Hinrichsen, GA 57, 234 ff; ZStW 73, 230; Rotberg, Anm. 13 zu § 12; Schönke-Schröder, § 59 Anm. II 5 gegen BGHSt 11, 263 ff; die Entscheidung bezieht sich auf den sinngemäß gleichen § 6 Abs. 2 Ziff. 1 WiStG 1949/52. Wie der BGH: Eb. Schmidt, Westdeutsches Wirtschaftsstrafrecht, 35 f; Haertel - Joël-Schmidt, 28; Dalcke-Fuhrmann-Schäfer, 953; Ebisch, Anm. 2 zu § 3. — Auf den Grundsatz, daß alle Umstände, die den kriminellen Unrechtscharakter einer Ver-

durch eine „kriminelle“, wesensmäßig und strukturell aber bleibt sie ihrer Natur nach eine „Zuwiderhandlung“ im vorhin bezeichneten Sinne[169]). Freilich wird unter Umständen die sozialethische Relevanz des Gesetzesungehorsams allmählich in die Vorstellung von der sozialethischen Relevanz der verbotenen Tat selbst umgearbeitet; aber dieser Gesichtspunkt ist — wie schon oben gezeigt wurde[170]) — nicht der entscheidende. Entscheidend ist vielmehr allein, daß auch bei den strafbaren Zuwiderhandlungen, vornehmlich also bei den Wirtschaftsstraftaten, aber auch im übrigen Verwaltungsstrafrecht, im Gegensatz zu den echten kriminellen Straftaten primär nicht auf die deliktstypische, in ihrer natürlichen Verhaltensweise sozialethisch wertwidrigen „Handlung“ abgestellt wird, sondern primär auf die „Z u w i d e r handlung“ gegen positive Gebote oder Verbote, — nur daß bei ihnen das „Zuwider“ auf Grund besonderer objektiver oder subjektiver Momente im Gegensatz wiederum zur bloßen Ordnungswidrigkeit sozialethische Relevanz in einem Maße gewinnt, daß auf ein sozialethisches Verdikt mittels krimineller Strafe nicht verzichtet werden kann[171]).

V. Die strafrechtsdogmatische Begründung der Dreiteilung in echte kriminelle Straftaten, Zuwiderhandlungen mit Bußfolge und Zuwiderhandlungen mit Straffolge

Was also schon unter staatsrechtlichen Gesichtspunkten als rechtspolitische Notwendigkeit erkannt wurde, wird auf dogmatischem Wege bestätigt. Kriminalstrafrecht und Verwaltungs- oder Ordnungsstrafrecht stellen nicht zwei einander geschlossen gegenüberstehende komplexe Größen dar, sondern — bildlich gesprochen — zwei sich schneidende Kreise[172]). Die strafbare Zuwiderhandlung, nach geltendem Recht also vorwiegend die Straftaten des Wirtschaftsrechts, gehören als kritischer Zwischenbereich der Rechtsfolge nach kategorial zum Kriminalstrafrecht, in ihrer wesensmäßigen und strukturellen Anlage aber bauen sie auf den Ordnungswidrigkeiten auf[173]). Zugrunde liegt dem Ganzen also eine Dreiteilung:

---

haltensweise konstitutiv begründen, zum Tatbestand gehören und somit vom Vorsatz umfaßt sein müssen, wird später im 2. Teil der Arbeit noch ausführlich eingegangen.

169) Vgl. oben S. 48 ff, insbes. 52 f.

170) Vgl. oben S. 51 f.

171) Dalcke-Fuhrmann-Schäfer, 455, stellen bei dem Übergang von Ordnungswidrigkeit zur Wirtschaftsstraftat auf den Begriff der „Gefahr“ ab; hierzu R. Lange, ZStW 73, 108 und unten 5. Kapitel II, 3.

172) Vgl. Skizze oben S. 23.

173) R. Lange bezeichnet daher die Mischtatbestände des § 3 WiStG im Anschluß an Bindings „große Polizeidelikte“ mit Recht als „große Ordnungswidrigkeiten“, JZ 56, 77.

1. Die echten kriminellen Straftaten

Die echten Straftaten, das sind solche „Taten“, die in ihrer natürlichen Verhaltensweise den Kernbestand vorgegebener, vom Gesetzgeber lediglich anerkannter sozialethischer Werte verletzen. Die Verwerflichkeit des Verhaltens als solches verlangt hier eine sozialethische Mißbilligung des Täters und seiner Tat durch „Strafe“, wie sie ihrem überkommenen Sinne nach verstanden wird. Der Rechtsfeind muß im Interesse des Rechtsfriedens niedergezwungen und unschädlich gemacht werden und für seine Tat „sühnen“.

2. Die Zuwiderhandlungen mit Bußfolge

Zuwiderhandlungen mit Bußfolge, das sind die Ordnungswidrigkeiten. Hier verstößt der Täter gegen zweckgebundene, vom Gesetzgeber positiv geschaffene Ordnungsgebote oder Verbote im grundsätzlich wertneutralen Bereich. Deshalb sind hier weder Sühne noch Unschädlichmachung und Resozialisierung des „Rechtsfeindes“ am Platze, wie sie der Kriminalstrafe eigen sind. Der Zuwiderhandelnde soll zwar für das von ihm verursachte Unrecht büßen; da dieses aber materiell im Verstoß gegen eine äußere, grundsätzlich wertneutrale Ordnung, primär im formellen Gesetzesungehorsam, in der Verbots- oder Gebotswidrigkeit liegt, nicht durch ein sozialethisches Verdikt, sondern lediglich durch eine — ihn aber unter Umständen empfindlich treffenden — Vermögenseinbuße. Dem trägt das OWiG mit der Einführung der Geldbuße Rechnung. Sie ist — obwohl ebenfalls dem „Strafrecht“ im weiteren Sinne zugehörend[174]) — von der Kriminalstrafe qualitativ verschieden, ein grundsätzliches aliud, kein bloßer Etikettenwechsel[175]). Sie wendet sich nicht wie die kriminelle Strafe an die autonome sittliche Gesamtpersönlichkeit im Interesse des Rechtsfriedens und des allgemeinen Rechtsbewußtseins, sondern an die gegenüber staatlichen Ordnungs- und Verwaltungsinteressen „lässige“ Gliedpersönlichkeit

---

[174]) Vgl. oben S. 30 ff, insbesondere S. 34.

[175]) So die ganz überwiegende Meinung: Grundlegend Eb. Schmidt, SJZ 48, 235, 237; Westdeutsches Wirtschaftsstrafrecht, 39 ff; Niederschriften I, 317; IV, 326; ZStW 69, 362. Ebenso: Maurach, § 1 III B 3; Kohlrausch-Lange, Vorbem. III 1; R. Lange, Die Sanktionen im Wirtschaftsstrafrecht, aaO 221 f; Schönke-Schröder, Vorbem. III vor § 13; Jagusch, LK Vorbem. A IV 1 vor § 13; Stoecker, MDR 52, 385; Wimmer, NJW 57, 1170 f; Sax, JZ 57, 6; Rotberg, 27 f; Mittelbach, ÖV 57, 251 ff; MDR 58, 67; Schlegtendahl, 53 ff; Gallas, Niederschriften I, 87; Koffka, ebenda, 300; Niese, ZStW 70, 353; auch OLG Karlsruhe, NJW 55, 1200; BGHSt 3, 48; BVerfGE 9, 171. Einen auch hier nur quantitativen Gradunterschied nehmen — von ihrem grundsätzlichen Standpunkt aus allerdings nur folgerichtig, vgl. oben S. 6 — an: Hellm. Mayer, § 8 III 4 a bb; § 11 V; Sauer, Strafrechtslehre § 9 I 1; Schäfer, Niederschriften I, 71, 74; Bockelmann, ebenda, 307; Jescheck, ebenda, 298.

im Interesse der Aufrechterhaltung äußerer Ordnungszwecke. Es fehlen der Geldbuße die diffamierende Wirkung eines sozialethisch deklassierenden Tadels; sie besitzt vielmehr nur den Charakter eines eindringlichen Pflichtenappells, eines Aufrufs zur Ordnung, eines scharfen, staatlichen Mahnrufs, der den angerufenen Staatsbürger einerseits für die unterlassene Unterstützung der Staatsinteressen vermögensmäßig büßen lassen, ihn andererseits aber ermuntern und aufschrecken soll, seinen Verpflichtungen gegenüber dem Staat nachzukommen[176]).

3. Die Zuwiderhandlungen mit Straffolge

Auch hier verstößt der Täter gegen zweckgebundene, vom Gesetzgeber positiv geschaffene Ordnungsvorschriften im grundsätzlich wertneutralen Bereich. Doch der Ungehorsam gegen die staatlichen Vorschriften ist, wie die objektiven Auswirkungen der Tat oder die sie begleitenden subjektiven Momente unwiderleglich indizieren, so massiv, daß er keine bloße „Lässigkeit" mehr darstellt, sondern selbst sozialethische Relevanz annimmt. Hier reicht daher ein bloßer Ordnungsruf zur Aufschreckung des Staatsbürgers nicht mehr aus. Die rationelle Zwecksetzung der Ordnungsgesetze in diesem Bereich verlangt vielmehr, daß der Gesetzgeber der unterlassenen Förderung seiner Ordnungs- oder Verwaltungsinteressen mit allen ihm zu Gebote stehenden Mitteln zu Leibe rückt. Dort, wo der Ungehorsam von der „Lässigkeit" in gemeinschaftsschädliche Rechtsfeindschaft umschlägt, wo, wie *Wimmer*[177]) sagt, „die an sich nicht böse Tat Affinität zum Bösen erhält", muß der Staat robust durchgreifen und darf notfalls vor krimineller Strafe nicht zurückschrecken. Der in diesem Bereich dominierende Zweck—Telos ist es also, der hier die Durchsetzung der Ordnungs- und Wirtschaftsinteressen durch den als sozialethisch relevant gekennzeichneten Druck einer kriminellen S t r a f androhung einfach „zweckmäßig" erscheinen läßt. „Die Strafe wird hier zwar durch den Schuldgrundsatz begrenzt, aber nicht eigentlich von ihm getragen. Maßgebend sind vielmehr . . . die rationalen Zwecke dieser nüchternen Ordnungsgesetze[178])".

---

[176]) Über die gerade in letzter Zeit bisweilen festzustellende Veränderung dieses Sinngehalts der Ordnungsbuße vgl. die interessante Diskussion der GrStrKomm. über die Behandlung der jur. Person, Niederschriften IV, 326 ff. Vgl. hierzu auch Jescheck, JZ 59, 460, 462 zu Anm. 44.

[177]) NJW 57, 1170 f.

[178]) So R. Lange, JZ 56, 77; ders., Die Sanktionen im Wirtschaftsstrafrecht aaO 223, 230. Im Prinzip ebenso Wimmer, der die strafbare Zuwiderhandlung als „Nebenform der Straftat" bezeichnet: „Da das Sozialethos den Staat als Autorität anerkennt, kann ihm nicht grundsätzlich die Befugnis abgesprochen werden, auch für Ordnungsgesetze Gehorsam derart unter Berufung auf das Sozialethos zu verlangen, daß er den Ungehorsam als sozialethisch böse kennzeichnet" (NJW 57, 1170).

VI. Der Unterschied zwischen Kriminal- und Verwaltungs- oder Ordnungsstrafrecht in seiner komplexen Mehrschichtigkeit

Strafbare Handlung und Zuwiderhandlung einerseits und Straftat und Ordnungswidrigkeit andererseits sind demnach also inkongruente Größen, da sich in der kritischen Zwischenzone der strafbaren Zuwiderhandlungen beide Bereiche überlagern. Der Gegensatz von Strafe und Buße vermag deshalb den Unterschied zwischen Kriminalstrafrecht und Verwaltungs- oder Ordnungsstrafrecht in seiner ganzen komplexen Mehrschichtigkeit nicht zu erfassen. Es kommt vielmehr darauf an, von welcher Warte aus die Grenze zwischen beiden Bereichen gezogen wird.

Kategorial, d. h. von der Rechtsfolge her gesehen, verläuft die Grenze zwischen den Straftaten einschließlich der strafbaren Zuwiderhandlungen und den Ordnungswidrigkeiten. Sowohl die echten Straftaten als auch die strafbaren Zuwiderhandlungen besitzen den die Kriminal-Straffolge rechtfertigenden spezifisch kriminellen Gehalt: die Straftaten gleichsam ex tunc in ihrem „Sein-an-sich", die strafbaren Zuwiderhandlungen gleichsam ex nunc im „Zuwider" gegen ein positives Sollen unter bestimmten erschwerenden objektiven oder subjektiven Momenten.

Strukturell, d. h. von den inneren Wesens- und formalen Aufbauelementen her gesehen, verläuft die Grenze dagegen zwischen den echten Straftaten und den Zuwiderhandlungen schlechthin. Sowohl die reinen Ordnungswidrigkeiten als auch die strafbaren Zuwiderhandlungen knüpfen nicht an eine per se unrechtstypische Handlung an, sondern stellen die Sanktion allein auf den Verstoß, auf das „Zuwider" gegen vom Gesetzgeber selbst positiv aufgestellte Ordnungsvorschriften im an sich wertneutralen Raum ab. Eine hiervon völlig unabhängige und sekundäre Frage ist es demgegenüber, ob der Gesetzgeber den Ungehorsam unter bestimmten objektiven oder subjektiven Momenten nicht selbst in einem Maße als sozialethisch relevant bewertet, daß ihm ein sozialethisches Verdikt mittels krimineller Strafe angebracht erscheint. Dann bleibt der Unrechtskern, nämlich die Verbotswidrigkeit, der gleiche; nur der Ungehorsam erfährt nachträglich eine andere Bewertung[179]).

Die aus dem Wesen der Sache sich ergebende begriffliche Grenze zwischen Kriminalstrafrecht und Verwaltungs- oder Ordnungsstrafrecht ver-

---

[179]) Auch Wimmer (NJW 57, 1170) kam kürzlich zu dem Ergebnis, „daß es nicht die Straftat und die Ordnungswidrigkeit gibt", sondern, „daß es sich um ein Gefüge von Wesensunterschieden handelt". Es stimmt im wesentlichen mit dem Ergebnis im Text überein, wenn er an anderer Stelle (DAR 57, 170) ausführt: „Die Unterscheidungsfrage wird künftig nicht mehr lauten: Was ist seinem Wesen nach Straftat und was Ordnungswidrigkeit; vielmehr ist zweiaktig zu fragen: Welche Verstöße sind an sich sozialethisch böse und welche nicht

läuft also zwischen den echten „Straftaten“ und den „Zuwiderhandlungen“.

Die ersteren verdienen stets kriminelle „Strafe“, die letzteren grundsätzlich nicht. In der Regel genügt ein bloßer Aufruf zur Ordnung durch Geldbuße. Nur dort, wo der Ungehorsam als sozialethisch relevant zu bewerten ist, kann auch in diesem Bereich kriminell gestraft werden. Dann aber handelt es sich um einen Akt der Wertung, der die wesensmäßig vorgegebene Grenze nur in der Rechtsfolge positiv verschiebt.

Fünftes Kapitel

Konfrontierung des gewonnenen Ergebnisses mit den verschiedenen Abgrenzungstheorien

Vorbemerkungen:

Das im vorangegangenen Kapitel erlangte Ergebnis, das — von der positiven Gesetzeslage ausgehend — staatsrechtlich und strafrechtsdogmatisch entwickelt worden ist, gilt es nun nach allen Seiten hin auszubauen und näher zu präzisieren. Dies geschieht am besten durch eine Konfrontierung mit den bisher im Schrifttum vertretenen, oben im ersten Kapitel S. 7 ff dargestellten Abgrenzungstheorien. Dabei wird es in erster Linie auf den Begriff der „Zuwiderhandlung“ ankommen, wie er hier im Gegensatz zur echten kriminellen Straftat herausgearbeitet wurde und heute im OWiG und WiStG dem geltenden Recht angehört. Vor Erlaß des WiStG 1949 hat es allerdings die „Zuwiderhandlung“ in diesem begrifflichen Sinne noch nicht gegeben. Die Abgrenzungstheorien sprechen daher meist von Polizei-, Verwaltungs- oder Ordnungsdelikten. Es wird sich aber zeigen, daß sich diese Begriffe im wesentlichen mit dem hier gebrauchten der „Zuwiderhandlung“ decken. Freilich haben die früheren Theorien innerhalb des Verwaltungsdelikts in der Rechtsfolge keine Unterscheidungen gemacht und das Verwaltungsdelikt de lege ferenda stets nur mit einer von der kriminellen Strafe verschiedenen Verwaltungsstrafe ahnden wollen. Aber insoweit kann es heute infolge des bindenden Spruchs des Gesetzgebers keine Diskussion mehr geben. Dort, wo der Gesetzgeber — wie in § 3 Abs. 1 WiStG 1954 — unter scharf umrissenen Voraussetzungen den Ungehorsam als sozialethisch relevant kennzeichnet, kann auch im Bereich des Verwaltungs- und Ordnungsunrechts kriminelle Strafe verhängt werden.

---

böse — und dann — was soll der Staat deswegen oder trotzdem als sozialethisch bösen bzw. sozialethisch nichtbösen Ungehorsam behandeln und aus welchen Gründen?“ Vgl. auch oben Anm. 178.

1. Die Unterscheidung Feuerbachs und Ludens zwischen Rechts- und Gesetzesverletzung[180])

Der Nachteil der *Feuerbach*schen Theorie besteht darin, daß als Kriterium der Kriminaldelikte die Verletzung eines subjektiven Rechts gefordert wird; denn bei vielen Delikten, z. B. bei Blutschande, Päderastie, Sodomie, Kuppelei, Zuhälterei, Abtreibung, Brandstiftung an eigener Sache und andere, wird man von einer Verletzung subjektiver Rechte wohl kaum sprechen können. *Feuerbach* selbst allerdings hat die Konsequenz gezogen und diese Delikte in dem von ihm maßgeblich beeinflußten Bayr. StGB von 1813 zum Teil tatsächlich als Polizeivergehen aufgeführt. Insofern ist seine Theorie jedoch unhaltbar.

Die Unterscheidung zwischen primären Rechts- und primären Gesetzesverletzungen hat dagegen trotz aller Kritik, die sie erfahren hat[181]), ihren berechtigten Kern. Sicherlich stellt auch das Kriminaldelikt eine Gesetzesverletzung in dem Sinne dar, daß auch hier die verpönte Handlung, bevor sie strafbar werden konnte, der positiven Norm bedurfte, die sie aus einer bislang rechtlich nicht verbotenen Handlung in eine verbotene verwandeln mußte. Das aber hat *Feuerbach* gewiß nicht bestreiten wollen. Was er mit seiner Antithese von Rechts- und Gesetzesverletzung zum Ausdruck bringen wollte, ist vielmehr der auch im Text vertretene Satz, daß bei den Kriminaldelikten die Handlung vom Gesetz unabhängig als strafwürdig erscheint, während bei den Polizeidelikten der materielle Strafgrund erst durch den Gesetzesakt geschaffen wird. So betonen die offiziellen Anmerkungen zum Bayr. StGB von 1813 in § 8 der Einleitung, daß die Kriminaldelikte im Gegensatz zu den „an sich nicht rechtswidrigen" Polizeidelikten unerlaubt sind „zu allen Zeiten, unter allen Verhältnissen, ihr Verbot ist mit unauslöschlichen Zeichen in das Herz jedes vernünftigen Menschen geschrieben . . ." *Friedrich Julius Stahl*, ein Anhänger der *Feuerbach*schen Theorie, hat diesen Gedanken noch — vielleicht allzu pathetisch — überhöht: „Die Polizeiübertretung trifft nicht die Rechtsordnung in ihrer Substanz, nicht die geheiligten Grundlagen und Grundverbindungen des menschlichen Gemeinlebens (Leben, Eigentum, Bestand des Staats), sondern nur Zwecke und Aufgaben, welche die menschliche Gemeinschaft von diesen Grundlagen aus anstrebt. Handlungen, welche nicht gegen die 10 Gebote, sondern nur gegen Anordnungen des Staats sind, fallen nicht in die Kategorie der Verbrechen, sondern der Polizeiübertretungen[182])."

---

180) Vgl. oben S. 7.

181) Gegen Feuerbach: Frank, MIKV VII, 190; Rosenberg, ZStW 24, 5; Roeder, 17; Umhauer, 15; v. Hippel I, 297; M. E. Mayer, Kulturnormen, 116 Anm. 7).

182) Vg. oben S. 7 Anm. 5.

II. Die Unterscheidung zwischen Rechtsgutsverletzung und bloßem Ungehorsamsdelikt[183])

1. Merkels Unterscheidung zwischen Formal- und Materialgrund der Bestrafung als Ausgangspunkt

Die Theorie, die die Verwaltungsdelikte als Ungehorsamsdelikte bezeichnet, hat ihren Ausgangspunkt in der *Merkel*schen Unterscheidung zwischen dem Formal- und dem Materialgrund der Bestrafung[184]): Formalgrund ist der Ungehorsam gegenüber Geboten oder Verboten des Gesetzgebers, kurz: die Unbotmäßigkeit; Materialgrund ist der Angriff der strafbaren Handlung auf ein Rechtsgut. Auf diesen Unterschied hat die Theorie ihren prinzipiellen Gegensatz zwischen Kriminal- und Verwaltungsunrecht aufgebaut. Während die Bestrafung bei den Kriminaldelikten sowohl auf einen Formal- als auch einen Materialgrund zurückzuführen sei, in jedem Falle neben den Gesetzesungehorsam also auch der Angriff auf ein Rechtsgut hinzutreten müsse, soll sich bei nicht kriminellen Delikten der Rechtsgrund der Strafe unabhängig von einer Rechtsgüterbeeinträchtigung in der formalen Unbotmäßigkeit, in der Verletzung der Autorität des Gesetzgebers erschöpfen.

2. Die den Zuwiderhandlungen zugrunde liegenden staatlichen Verwaltungs- und Ordnungsinteressen sind keine Rechtsgüter im formell-begrifflichen und materiellen Sinne

a) Die Argumentation der gegenteiligen Lehrmeinung

Gegen die Kennzeichnung der Verwaltungsdelikte als Ungehorsamsdelikte wird nun geltend gemacht, daß der Gesetzgeber niemals irgendwelche Vorschriften zum Selbstzweck, zum eigenen Vergnügen oder zum Beweise seiner Macht erlassen könne. Der Staat verbiete oder gebiete Handlungen nicht um ihrer selbst willen, lediglich um die Untertanen im Gehorsam zu erproben, als „sei das Gesetz der Geßlersche Hut, vor dem das widerspenstige Volk seine Reverenz machen müsse". Alle Strafe androhenden Vorschriften, einerlei ob krimineller oder polizeilicher Natur, hätten den Zweck, eine Verletzung oder Gefährdung von Rechtsgütern zu verhüten. Wo der Gesetzgeber eingreife, da tue er es vernünftigerweise in irgendeinem Interesse, und dieses Interesse werde damit in den Rang eines Rechtsguts erhoben: Auch die staatlichen Verwaltungs- und Ordnungsinteressen seien insofern Rechtsgüter[185]).

---

183) Vgl. oben S. 7 f.

184) Adolf Merkel, Kriminalistische Abhandlungen, Bd. I, Leipzig 1867 S. 97.

185) So vor allem Frank, Studien, 18; ähnlich Gerland, Reichsstrafrecht, 107;

Damit wird behauptet, daß auch bei den Zuwiderhandlungen als materieller Kern der Unrechtsbegründung eine Verletzung oder Gefährdung von Rechtsgütern erforderlich ist. Das aber muß in doppelter, und zwar in formeller wie in materieller Hinsicht, verneint werden.

b) Das Rechtsgut als einerseits entmaterialisierter, andererseits tatbestandsbezogener Begriff

Hinsichtlich des ersteren ist von der allgemeinen Schutzfunktion des Kriminalstrafrechts auszugehen. Sie beruht darauf, „daß dem Strafrecht die repressive Abwehr besonders schwerer Friedensstörungen obliegt, solcher nämlich, die nach Handlungsrichtung und Handlungsart Interessen treffen, die nach der Allgemeinüberzeugung der Gemeinschaft oder, im Falle des Fehlens ethischer Wertungsgleichheit, wenigstens nach Auffassung ihrer maßgebenden Schichten besonders wertvoll, daher besonders schutzbedürftig sind . . .“[186]). Diese von den Tatbeständen des Strafrechts geschützten Interessen des Einzelnen oder des Staats als einer personifiziert gedachten Gesamtheit bezeichnet man allgemein als Rechtsgüter[187]).

Allerdings ist das Rechtsgut nicht materialistisch, sondern vom einzelnen Träger losgelöst als Kategorie, als Wertgattung zu verstehen. Nicht das durch die jeweilige strafbare Handlung betroffene Einzelinteresse, das Tat- oder Handlungsobjekt, ist Rechtsgut, sondern das vom konkreten Objekt abstrahierte Schutzinteresse. Rechtsgüter sind also nichts Greifbares, nichts konkret sinnlich Wahrnehmbares, sondern nur Gedanklich-Faßbares[188]).

Allfeld, 97 f; Roeder, 18 f; Guderian, ZStW 71, 830 f; v. Hippel II, 114 f; Wachenfeld, 74; neuerdings Welzel, JZ 56, 240; 57, 132; Jescheck, JZ 59, 460 f.

[186]) So Maurach, § 19 II A 1.

[187]) Es wird hier mit der hM davon ausgegangen, daß das Wesen des kriminellen Unrechts primär in der Verletzung oder Gefährdung von Rechtsgütern begründet liegt; so u. a. Kohlrausch-Lange, Vorbem. III 1; Maurach aaO, auch § 19 II A 3; Schönke-Schröder, Vorbem. I, 2; Würtenberger, 58 ff, insbesondere Anm. 60; Arthur Kaufmann, 108 Anm. 25, alle mit weiteren Literaturangaben. Auf die Lehre vom „personalen" Unrecht, vgl. Gallas, GA 57, 318 und insbesondere Welzel, Strafrecht § 11 II, wonach die sozialethisch begründete Hauptaufgabe des Strafrechts weniger im Schutz der Rechtsgüterordnung als vielmehr im Schutz „elementarer Werte des Gemeinschaftslebens“ und in der Bestrafung des „Abfalls von den Grundwerten rechtlicher Gesinnung“ bestehen soll, kann hier nicht näher eingegangen werden. Jüngst hat Jäger (aaO 68 ff) überzeugend nachgewiesen, daß sich Welzels Lehre vom sogenannten „Aktwert" bei genauer Betrachtung mit dem Schutzobjektgedanken auf das engste berührt. Vgl. auch Bindokat, JZ 58, 553 ff.

[188]) Vgl. Kohlrausch-Lange aaO; Mezger, Lb, 188 f; Studienbuch, 104; Maurach aaO; mit dogmengeschichtlichen Nachweisen: Mittasch, Die Auswirkungen des wertbeziehenden Denkens in der Strafrechtssystematik, Berlin 1939 S. 86 ff. Über die Beziehung von Rechtsgut und Tatobjekt eingehend: Schlegtendahl, 87 ff.

Rechtsgut ist deshalb nicht das Leben irgendeiner Person, sondern das Leben, die Freiheit, das Vermögen usw. schlechthin.

Ist das Rechtsgut von dem im konkreten Einzelfall verletzten Interesse abstrahiert, so gilt diese Abstraktion jedoch nicht über das durch den betreffenden Tatbestand spezifisch geschützte Interesse hinaus. Mit anderen Worten: Verletztes Einzelinteresse und Rechtsgut müssen im Verhältnis des Besonderen zum Allgemeinen stehen. Endpunkt der Abstraktion muß immer der reale Schutzwert des betreffenden Tatbestandes sein. Die Entmaterialisierung des Rechtsguts darf auf keinen Fall so weit vorangetrieben werden, daß die gedankliche Beziehung mit dem realen Objekt völlig verloren geht. Will man also mit dem Rechtsgüterschutzgedanken tatsächlich bestimmte konkrete Verletzungs- und Gefährdungstatbestände erfassen, so muß bei aller Abstraktion und Entmaterialisierung eine gewisse Objekthaftigkeit und Tatbestandsbezogenheit des Rechtsguts gewahrt bleiben. Nur mit speziellen, tatbestandsbezogenen, profilierbaren Rechtsgütern ist daher dem Güterschutzgedanken gedient; denn die Möglichkeit, im Einzelfall sich auf das einem bestimmten Tatbestand zugrunde liegende Rechtsgut beziehen zu können, ist nur gewährleistet, wenn dem Tatbestand einerseits zwar ein vom konkreten Objekt abstrahiertes, andererseits aber auch jederzeit genau konkretisierbares Rechtsgut zugrunde liegt. Rechtsgut darf also auf der einen Seite weder das Leben einer bestimmten Person noch auf der anderen Seite die „Rechtsordnung als Ganze“ sein.

c) Die Auflösung der Tatbestandsbezogenheit des Rechtsgutsbegriffs bei den Zuwiderhandlungen

Während hinsichtlich der Tatbestände des eigentlichen Kriminal-Strafrechts die Voraussetzungen der Bestimmbarkeit und der Tatbestandsbezogenheit des Rechtsguts im wesentlichen erfüllt sind[189]), kann dies hinsichtlich der Zuwiderhandlungen nicht gesagt werden. Will man bei ihnen ein durch den gesetzlichen Tatbestand geschütztes Rechtsgut ermitteln, so bieten sich einem durchweg folgende zwei Möglichkeiten an: Entweder bezeichnet man als Rechtsgut das Interesse des Staats an der Vornahme oder dem Unterbleiben der gebotenen oder verbotenen Handlung unter Anwendung der gesetzlichen Formulierung, z. B. in § 35 Abs. 1 Buchst. a WohnBewG das Interesse des Staats, daß Wohnraum ohne Genehmigung seiner Behörden von niemandem in Benutzung genommen oder zur Benutzung überlassen wird[190]). Oder aber man bezeichnet als Rechtsgut das

[189]) Maurach nennt im BT seines Lehrbuchs das jedem einzelnen Straftatbestand zugehörige Rechtsgut; es wird insoweit Bezug genommen. Auf zweifelhafte Fälle, wie Homosexualität oder Sodomie, kann hier nicht näher eingegangen werden; vgl. dazu Kohlrausch-Lange aaO.

[190]) § 35 Abs. 1 Buchst. a WohnBewG v. 31. 3. 1953 (BGBl I 97) lautet: Eine Ordnungswidrigkeit begeht, wer . . . a) entgegen § 12 Wohnraum ohne Geneh-

Interesse des Staats an „geordneten Verhältnissen", „geordneter Verwaltung" oder gar „die allgemeine Rechtsordnung" oder „das öffentliche Interesse" schlechthin.

Weder das eine noch das andere ist zulässig. Die Bezeichnung des Rechtsguts in Anwendung der gesetzlichen Formulierung verstößt gegen den Charakter des Rechtsguts als einer Wertgattung. Nicht das Interesse an der Vornahme oder an dem Unterbleiben der gebotenen oder verbotenen Handlung kann Rechtsgut sein, sondern nur das, wofür die Handlung oder die Unterlassung von Wert ist. Hierüber aber sagt das bloße Interesse an der Befolgung des staatlichen Verbots oder Gebots nichts aus.

Die Bezeichnung des Rechtsguts durch Sammelbezeichnungen wie „allgemeine Rechtsordnung" oder „öffentliches Interesse" verstößt andererseits gegen die erforderliche Tatbestandsbezogenheit und Objekthaftigkeit des Rechtsgutsbegriffs. Hier ist die Entmaterialisierung und Abstraktion so weit vorangetrieben, daß die gedankliche Beziehung zum konkreten Tatobjekt völlig außer Sicht gerät. Die „Rechtsordnung", oder was auch immer man in diesem Sinne sonst als Rechtsgut bezeichnet, sieht sich durch die einzelne Zuwiderhandlung nicht unmittelbar in ihrem Bestand erschüttert, jedenfalls nicht mehr, als durch jede andere strafbare Handlung auch. Während aber bei den Kriminaldelikten der Rechtsgutsschutz als Zweck und die Strafandrohung als Mittel in einem gegenseitig ausgewogenen Verhältnis zueinander stehen, wird durch derartige Pauschalrechtsgüter der Zweckgedanke in einem Maße verselbständigt, daß von der Objektbezogenheit des Rechtsguts nichts mehr übrig bleibt. Das Rechtsgut dient dann nicht mehr als materielles Wertkriterium der einzelnen Tatbestände, sondern nur noch als Instrument der Gesetzesauslegung. Mit dieser Ent-„wertung" des Rechtsgüterschutzgedankens ist er zugleich aber auch entleert. Er beinhaltet nur noch eine abstrakte Formel, um den Normzweck, die ratio legis, erfassen und ausdrücken zu können. Der Charakter des Rechtsguts im oben bezeichneten begrifflich-kategorialen Sinne ist damit jedoch preisgegeben. Ein Strafrecht aber, das, wie das unsrige, den Rechtsgutsgedanken immer noch als Hauptkriterium der Unrechtsbewertung heranzieht, kann sich jedenfalls einen derartigen Auflösungsprozeß der Rechtsgüter in das Pseudorechtsgut „Rechtsordnung" nicht gestatten, ohne damit nicht gleichzeitig seine eigenen Grundlagen aufzugeben[191]).

Ein Rechtsgut im begrifflich-formalen Sinne, wie es oben dargestellt wurde, kann also bei den Zuwiderhandlungen nicht gefunden werden[192]).

migung der Wohnungsbehörde in Benutzung nimmt oder zur Benutzung überläßt.

[191]) Auf die Gefahren eines derartigen „Abstraktionsprozesses" haben insbesondere hingewiesen: Erik Wolf, 537 f; Maurach aaO; Umhauer, 42; Jäger, 17; Schlegtendahl, 40 f; Kohlrausch-Lange, Vorwort VI; Lange, JZ 58, 671 f.

[192]) So hinsichtlich der Ordnungswidrigkeiten im Ergebnis: Maurach, § 1 III

Dem begrenzten Kreis bestimmbarer Rechtsgüter des Kriminalstrafrechts steht im Bereich der Zuwiderhandlungen eine kaum begrenzbare Vielzahl von einzelnen Verwaltungs- oder Ordnungsinteressen gegenüber. Es handelt sich hierbei durchweg nicht um das Interesse des Staats an der „Abwehr besonders schwerer Friedensstörungen", sondern um das Interesse des verwaltenden Staats an der Reglementierung einer speziellen Frage in bestimmter Art und Weise. Dieses Interesse des Staats, daß sich die seiner Verwaltung Unterworfenen in einer bestimmten Situation um der guten Ordnung willen in einer bestimmten Weise zu verhalten haben, enthält zwar durchaus ein gesetzgeberisches Motiv, eine ratio legis; es ist damit aber längst noch nicht Rechtsgut im begrifflichen Sinne. Allgemeine Beziehungsbegriffe, die mit der gesetzgeberischen Intention in etwa korrespondieren — wie z. B. das „Funktionieren der Staatsverwaltung" oder „das öffentliche Wohl" — machen ein Rechtsgut allein noch nicht aus. Längst nicht jeder Normzweck ist gleichzeitig auch Rechtsgut[193]).

d) Die Untauglichkeit der Rechtsgüterlehre als Lehre vom Rechtsgüterschutz bei den positiv-rechtlichen Zuwiderhandlungen

Die Übernahme des Rechtsgüterschutzgedankens auf den Bereich der Zuwiderhandlungen verbietet sich aber über die geäußerten formal-begrifflichen Bedenken hinaus auch aus materiellen Gründen. Es ist dies eine Seite des Problems, die bisweilen geflissentlich übersehen wird. Sie eröffnet sich einem durch eine Besinnung auf den materiellen Gehalt des im Verbrechen verkörperten Gutsangriffs. Auszugehen ist auch hier von der Rechtsgüterlehre als einer Lehre vom Rechtsgüter s c h u t z. Rechtsgütergedanke und Schutzgedanke lassen sich voneinander nicht trennen. Schutz

---

B 2; Schlegtendahl, 41 ff, 50. Bedenken erhebt Gallas, Niederschriften I, 87 f; aA auch Wimmer, NJW 57, 1172 f, obwohl auch er hinsichtlich der Bestimmbarkeit des Rechtsguts bei Ordnungswidrigkeiten zugeben muß: „Solche Abstraktionen werden dann immer allgemeiner und inhaltsleerer." — Daß aber von einer streng begrifflich-kategorialen Auffassung des Rechtsguts ausgegangen werden muß, lehrt BGHSt 4, 4. Dort wird die Abgrenzung der Vorschriften, „die zum Schutze der öffentlichen Ordnung dienen", von anderen für kaum möglich gehalten, denn: „ihr gelten im Endergebnis alle Strafbestimmungen". Damit werden die Abgrenzungsmöglichkeiten, die ein profiliert tatbestandsbezogenes Rechtsgütersystem geradezu anbieten, schlechterdings verkannt. Demgegenüber hat schon Goldschmidt (GA 49, 81 f) festgestellt, „daß öffentliche Ordnung und öffentliche Ordnung nicht dasselbe ist. In StGB II 7 handelt es sich wirklich um die ‚öffentliche Ordnung' als Rechtsgut . . . Bei den Polizeiübertretungen aber handelt es sich nicht um die ‚öffentliche Ordnung' als Rechtsgut, sondern als Fürsorgeobjekt der Verwaltung . . . Sie sind völlig inkommensurabel." Dies übersehend auch M. E. Mayer, Kulturnormen, 110 Anm. 3.

[193]) aA Schwinge, Teleologische Begriffsbildung im Strafrecht, Bonn 1930 S. 25, der Rechtsgut schlechthin gleichsetzt mit ratio legis.

ist aber vernünftigerweise nur da denkbar, wo ein schutzwürdiges Gut bereits existent ist. Güterschutz und Güterkonstituierung sind also Gegensätze, die sich einander ausschließen. Die Rechtsgütertheorie geht davon aus, daß Rechtsgut nur sein kann, was bereits vor dem Gesetzgebungsakt Gutsqualität besitzt. Der Gesetzgeber tut dann in Wirklichkeit nichts anderes, als bereits vorhandene Lebens- oder Kulturgüter in den Rang von „Rechts-"gütern zu erheben; er gewährt ihnen durch die Pönalisierung gleichsam Rechtsschutz. Nicht die Norm ist also Voraussetzung des Guts, sondern das Gut Voraussetzung der Norm[194]).

Die Arbeit ist aber oben[195]) zu dem Ergebnis gekommen, daß nur den echten kriminellen Straftaten ein präexistentes Schutzobjekt zugrunde liegt, daß nur dort die geschützten Güter auch unabhängig vom Gesetz als eigenständige Sozial- und Lebenswerte objektiv erkennbar sind. Bei den Zuwiderhandlungen dagegen war das nicht festzustellen. Die ihnen zugrunde liegenden Interessen fallen ohne das Gesetz in sich zusammen. Nicht ein werthafter Zustand soll geschützt, sondern durch das Gesetz erst geschaffen werden. Der materielle Rechtsgüterschutzgedanke ist in diesem Bereich reiner „Rechtsverletzungen" daher völlig fehl am Platze[196]).

---

[194]) So Jäger, 21 ff; Staff, Niederschriften I, 88; vgl. auch Hellm. Mayer, § 9 II 1 b: „Das Strafrecht erhebt gewisse Lebensgüter zu Rechtsgütern, indem es diese unter den unmittelbaren Schutz von Norm und Strafdrohung stellt." Oder Busch, Mezger-Festschrift, 165 mit Verweisung auf R. Lange, JZ 53, 12: „Gerade wenn man das Wesen des Unrechts in der Verletzung von Rechtsgütern findet, so kann schwerlich ein Zweifel darüber bestehen, daß diese Rechtsgüter als Kulturgüter unabhängig von den sie verletzenden Handlungen und deren Verbot und vor diesem da sind." So auch trotz formaler Bedenken Erik Wolf (aaO 523): „Als rechtsphilosophischer Begriff aber gewinnt der Rechtsgutsgedanke materialen Inhalt, sobald wir die wirklichen Güter, um deren Schutz es sich bei der Aufstellung von Strafrechtssätzen handelt, historisch erkennen und in ihrer Eigenwertigkeit zu verstehen suchen. Nicht schlechthin alles, was der Gesetzgeber für ein Rechtsgut erklärt, sondern nur das, durch emotionale Verknüpfung mit den Inhalten des Gerechtigkeitsgedankens ‚staatsgerecht' gewordene, Kulturgut ist ‚Rechtsgut' in philosophischem Sinne." — Diese Erkenntnis muß dann aber auch ihren dogmatischen Niederschlag finden. — Ganz anders aber wiederum Trops (aaO 66 f), der zur Begründung der Unmöglichkeit einer Abgrenzung genau umgekehrt argumentiert: „Das Rechtsgut ist lediglich eine Schöpfung des positiven Rechts . . . Es ist daher begrifflich nicht richtig, von der Aufgabe des Strafrechts als eines Schutzes der Rechtsgüter zu sprechen." Damit aber ist der Rechtsgütergedanke als Schutzgedanke preisgegeben und das Rechtsgut zum bloßen Instrument der Gesetzesauslegung herabgewürdigt.

[195]) Vgl. oben S. 45 ff.

[196]) Vgl. Mezger, LK Bem. 6 c vor § 51: „Bei Übertretung von Verletzungs- oder Gefährdungsverboten, die ja zu typischen Schutzzwecken erlassen sind, nimmt die Unbotmäßigkeit zwangsläufig die Gestalt eines Angriffs auf einen objektiven Schutzwert der Gemeinschaft an . . . Damit sind natürlich immer nur

e) *Die Unanwendbarkeit des Rechtsgütergedankens auch bei den strafbaren Zuwiderhandlungen*

Die Unanwendbarkeit des Rechtsgüterschutzgedankens gilt auch für die strafbaren Zuwiderhandlungen. Demgegenüber erhebt *Eb. Schmidt* bekanntlich die materiellen wirtschaftlichen Lebensinteressen, gegen die sich die Wirtschaftsstraftaten richten, in den Rang von „Rechtsgütern"[197]). Dem wird man aber nach allem Vorhergesagten nicht zustimmen können. Zwar lassen sich sachliche Gründe dafür anführen, warum der Ungehorsam gegen staatliche Wirtschaftsvorschriften bei dem Hinzutreten gewisser objektiver oder subjektiver Momente vom Gesetzgeber als sozialethisch relevant bewertet und infolgedessen auch mit krimineller Strafe geahndet werden darf. Die Gründe hierfür liegen aber nicht in einer prinzipiellen Wesensverschiedenheit der geschützten Interessen, sondern, wie § 3 Abs. 1 WiStG 1954 selbst zugrunde legt, in einer Verschiedenheit der Begehungsweise oder des Umfangs und der Auswirkungen der Tat, also in subjektiven oder quantitativen Momenten. Damit wird aus den dem betreffenden Mischtatbestand zugrunde liegenden bloßen wirtschaftlichen Ordnungsinteressen aber nicht plötzlich ein Rechtsgut im oben beschriebenen materiellen Sinne. Auch die bloßen Wirtschaftsordnungswidrigkeiten stellen in ihrer Gesamtheit letzten Endes eine Gefährdung materieller wirtschaftlicher Lebens-

Wertwirklichkeiten gemeint ... Dagegen erschöpft sich die Tatbestandsmäßigkeit bei Zuwiderhandlungen gegen Verbote schlechthin oder Gebote in dem reinen Ungehorsam (Binding, Normen I, 397 ff): hier fehlt es an einem subjektiven Rechte oder Rechtsgut, das angegriffen werden könnte; infolgedessen tragen die an solchen Rechtsbefehlen ausgerichteten Straftaten nicht den Charakter von Rechts- oder Rechtsgutsverletzungen an sich." (Rechtsverletzung hier natürlich verstanden als Verletzung eines subjektiven Rechts). Ähnlich R. Lange, JZ 56, 78, der bezüglich der Rechtswidrigkeit bei Zuwiderhandlungen ausführt: „Die Grundstruktur dieser Art von Rechtswidrigkeit ist hier im genauesten Wortsinn zu verstehen: als Widrigkeit gegen das Recht, nicht, wie wir es unbewußt immer verstehen, als Rechtsgutswidrigkeit." In gleichen Sinne schon von Liszt-Schmidt, Lb 25. Aufl. Berlin-Leipzig 1927 S. 147; auch Arthur Kaufmann, 185. — Es ist deshalb nicht richtig, wenn Schlegtendahl (aaO 47 Anm. 1) bei der Abgrenzungsfrage auf den früheren Streit zwischen formeller und materieller Rechtswidrigkeit glaubt nicht eingehen zu müssen. Schon Trops, ein erbitterter Gegner jeder Differenzierung, hat eingestanden: „Rechtsgutsbegriff und materielle Rechtswidrigkeit sind die Angelpunkte des Problems eines generischen Unterschieds zwischen Kriminal- und Polizeidelikt" (aaO 53). „Die Verwaltungsstrafrechtstheorie gehört als solche zu ihren" (der materiellen Rechtswidrigkeit) „Anhängern, so daß sie mit dieser steht und fällt. Die materielle Rechtswidrigkeit ist die notwendige Folge der Auffassung des Verbrechens als Rechtsgüterverletzung" (aaO 67). — Auch Engisch weist auf die Bedeutung der materiellen Rechtswidrigkeit für die Unterscheidung von „sozialethisch qualifiziertem Strafrecht und Ahndung von Ordnungswidrigkeiten" hin (in: Hundert Jahre Deutsches Rechtsleben, Karlsruhe 1960, Bd I S. 402).

[197]) Westdeutsches Wirtschaftsstrafrecht, 20 f; SJZ 48, 231 f.

interessen dar. Aber das bleibt bei ihnen wie auch bei den strafbaren Zuwiderhandlungen bloßes Motiv. Primär stellen beide auf die „Zuwider"-handlung gegen positive Gebote oder Verbote, auf die Gebots- bzw. Verbotswidrigkeit ab[198]).

3. Die den Zuwiderhandlungen zugrunde liegenden staatlichen Verwaltungs- oder Ordnungsinteressen sind lediglich ratio legis

Mit der Feststellung, daß die den Zuwiderhandlungen zugrunde liegenden Verwaltungs- oder Ordnungsinteressen nicht Rechtsgüter im streng begrifflichen Sinne sind, ist zwar die Theorie, die das Wesen der Zuwiderhandlung in der bloß formellen Normübertretung erblickt, bestätigt; es ist aber noch nicht der Einwand widerlegt, daß der Staat dann unzulässigerweise Handlungen allein um ihrer selbst willen ge- oder verbietet, lediglich um die Untertanen im Gehorsam zu erproben.

Dieser Einwand übersieht jedoch, was in den bisherigen Ausführungen bereits zum Ausdruck gekommen ist. Keineswegs sind die reinen Gebots- oder Verbotssanktionen nur um ihrer selbst willen aufgestellt. Das wäre völlig sinnlos. Vielmehr dient jede einzelne von ihnen einem ganz speziellen staatlichen Verwaltungs- oder Ordnungsinteresse. Stellt ein solches Interesse auch kein Rechtsgut im materiellen Sinne dar, so ist es doch immerhin gesetzgeberisches Motiv, ratio legis. Bei der echten kriminellen Straftat ist das Motiv nun meist als Rechtsgut Gesetzesinhalt und seine Verletzung oder Gefährdung stets nachzuweisender Rechtsgrund der Bestrafung geworden. Bei der Zuwiderhandlung ist das jedoch anders. Hier ist der materielle Rechtsgrund der Bestrafung gleichsam nicht aus dem Bewußtsein des Gesetzgebers herausgetreten, er bleibt als ratio legis außerhalb der Strafsatzung[199]).

Ist demnach also die einer Zuwiderhandlung innewohnende Gefährlichkeit bloßes Motiv für das Tätigwerden des Gesetzgebers, so ist Rechtsgrund der Bestrafung einzig und allein die formelle Übertretung des gesetzlichen Verbots. Diesen ganz fundamentalen Unterschied, der immer wieder übersehen wird[200]), hat Adolf Merkel trefflich dargestellt[201]):

---

[198]) Vgl. oben S. 53 ff.

[199]) So i. w. Umhauer, 45, 67; Finger, Strafrecht, 166 Anm. 115; R. Lange, JZ 56, 523 Anm. 29; 57, 238; Arthur Kaufmann, 185.

[200]) So von Welzel, JZ 56, 240: „Vom kriminellen Kernbereich aus läuft eine kontinuierliche Linie eines zwar schwächer werdenden, aber niemals ganz verschwindenden materialen Unrechts hin bis zu den entferntesten Bagatelldelikten." „Alle diese rein positiven, ‚willkürlichen' Bestimmungen sind jedoch stets nur Bestandteile einer umfassenderen material begründeten Norm." Auch Boldt, ZStW 68, 370 f: „Andererseits . . . nicht zu leugnen, daß hinter den Normen des Sondergebiets bis zu den Bagatellsachen stets sachliche Anliegen stehen." „So ist im

„... Offenbar nämlich ist es die objektive Gefährlichkeit der betreffenden Handlungen, welche ihre Bedrohung veranlaßt. Allein es ist ebenso offenbar, daß dieselbe an und für sich die Strafe den Handelnden gegenüber nicht zu rechtfertigen vermöge. Viele aber vermögen beides nicht auseinanderzuhalten und geraten dadurch mit sich selbst in Widerspruch. Sie erkennen wohl, daß die betreffenden Handlungen oder Unterlassungen an sich, also unabhängig von der sie betreffenden gesetzlichen Anforderung, nicht als strafwürdige oder, wie gewöhnlich gesagt wird, nicht als rechtsverletzende erscheinen würden. Indem sie aber die Gefährlichkeit als das charakteristische Merkmal derselben in ihrer Eigenschaft als Vergehen aufstellen, behaupten sie das Gegenteil. Denn als gefährlich charakterisieren sich dieselben unabhängig von dem gesetzlichen Ge- oder Verbote. Ist es daher diese Eigenschaft, welche sie als Vergehen auszeichnet, so sind sie an und für sich und unabhängig von dem sie betreffenden Gesetze rechtsverletzend und strafwürdig. Nicht in dem Motive der Bedrohung an und für sich aber liegt das Besondere des Polizeivergehens, da vielmehr die Gefährlichkeit bzw. die Tendenz der Sicherung bestimmter Güter auch außerhalb des polizeilichen Gebiets eine nicht leicht zu begrenzende Rolle spielt, sondern darin, daß bei ihm Motiv und Rechtsgrund der Bestrafung völlig auseinanderfallen, indem das erstere natürlich durch die Bedeutung der Handlung selbst gegeben, der letztere erst durch das Gesetz geschaffen wird."

Hier wird vollends sichtbar, daß die Auffassung der Zuwiderhandlung als reines Ungehorsamsdelikt mit der oben entwickelten eigenen Anschauung im wesentlichen übereinstimmt. Rechtsgrund ihrer Bestrafung ist nämlich nicht das materielle Element der Herbeiführung eines möglicherweise gefahrvollen Zustands, sondern allein das formelle Moment des Zuwiderhandelns gegen die gesetzliche Norm, der Ungehorsam.

Ob im einzelnen Fall eine Gefahr oder gar eine Verletzung tatsächlich eingetreten ist, bleibt insoweit ohne jede Bedeutung[202]). Zur Bestrafung genügt, daß dem formellen Verbot zuwidergehandelt worden ist. *Umbauer* hat daher mit Recht die nur scheinbar paradoxe Behauptung aufgestellt,

---

ganzen davon auszugehen, daß die Zuwiderhandlungen durchaus ‚Handlungen' sind, die einen selbständigen inneren Bezug auf die soziale Wertordnung besitzen." Ebenso Jescheck, JZ 59, 461: „Auch die sogenannte ‚unterlassene Förderung der Verwaltungstätigkeit' ist nicht bloß ein formelles, sondern ein materielles Unrecht." — Das ist alles richtig. Nur besteht das Unrecht der Zuwiderhandlungen unabhängig von diesem „materialen Unrecht". Entscheidend ist die formelle Verbotswidrigkeit; das „sachliche Anliegen", „der Bezug auf die soziale Wertordnung" besteht nur in den Motivüberlegungen des Gesetzgebers. Das gilt auch gegenüber Dalcke-Fuhrmann-Schäfer, 455 f; hierzu R. Lange, ZStW 73, 108.

[201]) Die Lehre vom Verbrechen und Strafe, 59.

[202]) Guderian, ZStW 21, 868 ff; R. Lange aaO.

daß die Polizeidelikte „in diesem Sinne nur abstrakt gefährden, aber auch abstrakt verletzen können"[203]). Wer z. B. an einer Straßenkreuzung das rote Warnlicht mißachtet, verstößt gegen eine Vorschrift, gleichgültig, ob er dabei jemanden verletzt oder gefährdet oder ob überhaupt niemand zur Stelle war. Tritt aber im Einzelfall eine Gefährdung tatsächlich ein, so ist das lediglich eine zufällige[204]), für den Unrechtscharakter der verpönten Zuwiderhandlung unwesentliche Begleiterscheinung der konkreten Tat.

Von hier aus erledigen sich auch *Hellm. Mayers* Beispiele, mit denen er die im Text vertretene Ansicht zu widerlegen glaubt. *Mayer* argumentiert so: „Wer seine Obstbäume nicht mit Leimringen versieht (Raupen), gefährdet in sträflicher Trägheit die Obsternte der fleißigen Nachbarn. Wer Verkehrsvorschriften übertritt, gefährdet Leib und Leben seiner Mitmenschen[205])."

Zugegeben: das mag in den meisten Fällen so sein und ist sicherlich auch ausschlaggebendes Motiv für den Gesetzgeber gewesen. Doch — und das ist hier das Wesentliche — darauf kommt es für die Bestrafung im einzelnen Fall überhaupt nicht an. Weder die Obstbäume, die ungeleimt weit und breit einsam im Felde stehen, noch der Autofahrer, der bei rot geschalteter Verkehrsampel über eine menschenleere Kreuzung rast, bedeuten im konkreten Fall eine Gefahr: die ersteren nicht für die Obsternte des Nachbarn, weil es einen solchen überhaupt nicht gibt, der Autofahrer nicht für seine Mitmenschen, weil keiner von ihnen zur Stelle war. Und doch werden Obstzüchter und Autofahrer bestraft: nicht weil sie gefährlich handelten, sondern weil sie „zuwider-"handelten. Nicht auf die Gefährlichkeit stellt es das Gesetz ab, sondern allein auf die Verbotswidrigkeit.

Wie richtig ist es deshalb, wenn *Umbauer* (aaO. 58 f) sagt:

„Ein bloß ‚mögliches' materielles Unrecht vermag die Bestrafung keinesfalls zu rechtfertigen. Es ist ganz unverständlich, wie man so oft und so

---

203) aaO 55.

204) Vgl. Wimmer, Das Zufallsproblem beim fahrlässigen Verletzungsdelikt, NJW 58, 521, 523.

205) aaO § 11 V 2. Welzel macht sich die Argumentation Mayers zu eigen, vgl. JZ 56, 240. Ähnlich auch Dalcke Fuhrmann-Schäfer aaO. — An anderer Stelle sagt Mayer (§ 39 III 1 b) jedoch hinsichtlich der Zuwiderhandlungen: „... meist will der Gesetzgeber nicht etwa ein schon vor der Ordnungsvorschrift vorausgesetztes Gut anerkennen und schützen, sondern um der Ordnung willen eine Regelung neu treffen, die an sich auch anders gedacht werden könnte. In solchen Fällen ist das geschützte Rechtsobjekt die Ordnungsvorschrift selber." — Das verträgt sich mit der sonst von Mayer (vgl. oben Anm. 4) vertretenen Auffassung der Ordnungswidrigkeit als des nur „leichteren" Delikts schlecht, zumal er die Wesensgleichheit von Kriminal- und Ordnungsdelikt ausdrücklich auf den Charakter beider als „Rechts-"verletzung gründet; über die inneren Gründe dieses Widerspruchs vgl. R. Lange, ZStW 68, 602.

lange den Irrtum begehen konnte, ein Verhalten seiner rechtlichen Natur nach für charakterisiert zu erachten durch seine in thesi möglichen Folgen, obschon bei der Bestrafung prinzipiell davon abgesehen wird, ob diese Folgen sich auch in hypothesi als möglich erweisen lassen. Nur wirkliches, bei jeder Bestrafung nachzuweisendes Unrecht kann die Strafe rechtfertigen. Bei den Polizeidelikten aber können wir wirkliches Unrecht nur in der Zuwiderhandlung gegen das gesetzliche Verbot suchen[206])."

III. Die Identifizierung der Verwaltungsdelikte mit den abstrakten Gefährdungsdelikten[207])

1. Die Existenz abstrakter Gefährdungsdelikte im kriminellen Strafrecht als Widerlegung

Die Theorie, die die abstrakte Gefährdung als das wesentliche Merkmal der Verwaltungsdelikte ansieht, kann — abgesehen davon, daß sie ihnen zu Unrecht als Angriffsobjekt ein Rechtsgut zugrunde legt — in dieser verallgemeinernden Form nicht als brauchbare Abgrenzungstheorie angesehen werden[208]). Das geht schon deshalb nicht, weil es auch unter den kriminellen Straftaten abstrakte Gefährdungsdelikte gibt, wie z. B. Zweikampf, Vertrieb von Abtreibungsmitteln, Wucher, Brandstiftung, Brunnenvergiftung u. a.

2. Der Unterschied zwischen abstrakten Gefährdungsdelikten des Kriminalstrafrechts und denen des Verwaltungsstrafrechts

Der Begriff der abstrakten Gefährdung ist als Unterscheidungsmerkmal dennoch nicht ganz ohne jede Bedeutung. Bei subtiler Betrachtung nämlich besteht zwischen der abstrakten Gefahr der Kriminaldelikte und der der Zuwiderhandlungen ein ganz wesentlicher Unterschied; ein Unterschied allerdings, der weniger im streng Begrifflichen, als vielmehr in legislativen Erwägungen begründet liegt.

---

[206]) Die Normentheorie Bindings, die den Wesensgehalt des Verbrechens im Ungehorsam gegen die Rechtsnormen als solche, in der Unbotmäßigkeit, erblickt (vgl. oben S. 38 ff), trifft also für das Verwaltungsstrafrecht — aber auch nur auf dieses — völlig zu; so auch Goldschmidt, MIKV XII, 244; Festgabe Koch, 426 ff; GA 49, 88; Weinberg, 55.

[207]) Vgl. oben S. 8.

[208]) So auch Allfeld, 97 Anm. 19; Goldschmidt, Verwaltungsstrafrecht, 461; GA 49, 78 ff; Guderian, ZStW 21, 840 ff; M. E. Mayer, AT, 56 Anm. 29, 130; Roeder, 21 f; Wachenfeld, 74.

Auszugehen ist von der Feststellung, daß die Möglichkeit einer Gefährdung durch eine Handlung bald in einem größeren, bald in einem geringeren Maße gegeben sein kann. Bei den abstrakten Gefährdungsdelikten des kriminellen Bereichs nun ist die Möglichkeit des Eintritts einer Gefahr immerhin so wahrscheinlich, daß der Gesetzgeber aus praktischen Gründen den bis zur Gewißheit des Erfolgseintritts übrigbleibenden Rest bewußt außer Acht lassen kann. Bei einer Brandstiftung an eigener Sache z. B. ist der Eintritt einer Gefahr so naheliegend, daß er tatbestandsmäßig unwiderleglich vermutet wird. Der Eintritt einer Gefahr gehört bei den abstrakten Gefährdungsdelikten des kriminellen Bereichs im Grunde ebenso zum Tatbestand wie bei den konkreten Gefährdungsdelikten: der Unterschied besteht nur darin, daß bei den abstrakten Gefährdungsdelikten, z. B. bei der Brandstiftung, der Eintritt einer Gefahr unwiderleglich vermutet wird, während er bei den konkreten Gefährdungsdelikten, z. B. bei der Überschwemmung, im Einzelfall nachgewiesen werden muß. Die abstrakten Gefährdungsdelikte im kriminellen Bereich sind daher richtiger Ansicht nach nur „verkappte konkrete Gefährdungsdelikte"[209]); denn auch bei ihnen liegt die Beziehung auf das zu schützende Rechtsgut für jedermann klar vor Augen.

Bei den Verwaltungsdelikten hingegen ist der Eintritt einer Gefahr weder ein nachzuweisendes, noch ein zu vermutendes Tatbestandsmerkmal; denn die Möglichkeit einer Gefahr spielt — wie bereits oben festgehalten wurde[210]) — lediglich in den Motiven des Gesetzgebers eine Rolle. Die Möglichkeit des Gefahreintritts liegt bei ihnen, da der materielle Rechtsgrund außerhalb der Strafsatzung geblieben ist, nicht offen zutage, sondern kann, wenn überhaupt, erst auf dem Wege langen Nachdenkens gefunden werden. Weiß normalerweise jeder, daß Brandstiftung stets mit Gefahr verbunden ist, so wird man schwerlich sagen können, „daß der Wirt, der die Polizeistunde übertreten hat, dadurch die Gefahr eines nachher erfolgten Hausfriedensbruchs heraufbeschworen hat. Denn auch der vorsorglichste Mensch konnte den Eintritt dieses Erfolgs nicht als möglich voraussehen".[211]) Die Geeignetheit der Zuwiderhandlung zur Herbeiführung des vom Gesetzgeber gefürchteten faktischen Übels spielt eben nur als ratio legis eine Rolle.

Die Besonderheit der abstrakten Gefährdungsdelikte im Bereich des Polizei- oder Verwaltungsunrechts hat schon *Frank* klar herausgearbeitet[212]). Den hypothetisch gestellten Fragen: „Steht in der Tat der Kutscher, der sich ein paar Schritte zu weit von seinen Pferden enfernt hat, dem Brandstifter gleich? Bedeutet eine solche Gleichstellung nicht eine Mißachtung der moralischen wie der sozialen Wertschätzung der beiden Handlungen?" gibt er zur Antwort: „Bei den abstrakten Gefährdungsdelikten ist der Eintritt einer

[209]) So Umhauer, 54; vgl. auch R. Lange, ZStW 73, 108.

[210]) Vgl. oben S. 69 ff.

[211]) So Guderian, ZStW 21, 857.

[212]) Studien, 17 ff; desgl. Umhauer, 53 ff; Zimmerl, GS 98, 305 f; auch Rittler, Lehrbuch des österr. Strafrechts, Bd. 1, 2. Aufl. Wien 1954, S. 85.

Gefahr ein unwiderleglich präsumiertes Tatbestandsmerkmal, bei den Polizeiübertretungen ist die Möglichkeit der Gefahr lediglich das Motiv der Pönalisierung[213])."

Ist aber die der Zuwiderhandlung möglicherweise innewohnende Gefährlichkeit lediglich Motiv des Gesetzgebers, so ist Rechtsgrund der Bestrafung allein die schlichte Normübertretung. Auch über den Begriff des abstrakten Gefährdungsdelikts gelangt man deshalb zu dem schon unter Unrechtsgesichtspunkten erarbeiteten Ergebnis, daß die Zuwiderhandlung in erster Linie ein Ungehorsamsdelikt ist.

IV. Goldschmidts Verwaltungsstrafrechtstheorie[214])

1. Die falsche Antithese von Rechtswidrigkeit und Verwaltungswidrigkeit

Hinsichtlich der verwaltungsrechtlichen Seite der Verwaltungsstrafrechtstheorie ist bereits oben S. 24 ff eingehend Stellung bezogen worden. Was nun die strafrechtsdogmatische Seite der Lehre betrifft, so ist unschwer erkennbar, daß sie sich in ihren wesentlichen Grundzügen mit der hier vertretenen Auffassung vereinbaren läßt.

Freilich, in einem Punkte ist eine Korrektur vorzunehmen. Es handelt sich um die Antithese von Rechtswidrigkeit und Verwaltungswidrigkeit. Sie hat mit Recht lebhaften Widerspruch gefunden[215]). Ihre Fehlerquelle liegt in der unglücklichen Gegenüberstellung von Rechtsordnung und Verwaltung, wie sie *Goldschmidt* seiner ganzen Lehre als Ausgangsbasis zugrunde gelegt hat. Mit dieser Gegenüberstellung wird der Anschein erweckt, als stehe die Verwaltung außerhalb der Rechtsordnung. Doch auch die Verwaltung ist ein Teil der Rechtsordnung. Auch in ihrem Bereich gründet sich das Handeln nach dem Grundsatz der gesetzmäßigen Verwaltung auf die Befolgung von Rechtssätzen oder zumindest von Verwaltungsverordnungen im Rahmen gesetzlicher Ermächtigung. Die verwaltungswidrige Handlung richtet sich also nicht nur gegen die Verwaltung, sondern auch gegen das Verwaltungsrecht, das aber eben auch genetisch Recht ist. Auch die verwaltungswidrige Handlung ist also rechtswidrig und die begriffliche Gegenüberstellung von Rechtswidrigkeit und Verwaltungswidrigkeit somit unhaltbar.

---

[213]) aaO. 19. Man kann deshalb nicht, wie Dalcke - Fuhrmann - Schäfer aaO, im Gefährdungsgedanken das Verbindende zwischen Kriminal- und Verwaltungsunrecht sehen; so auch R. Lange aaO.

[214]) Vgl. oben S. 9 ff.

[215]) Beling, Lehre vom Verbrechen, 36; M. E. Mayer, Kulturnormen, 110 Anm. 3; Frank, StGB, 790; Graf Dohna, VA 30, 238; Wachenfeld aaO; Roeder 26; Arthur Kaufmann, 188; auch Hans Peters, 186.

Allerdings muß hier gerechterweise darauf hingewiesen werden, daß die Kritiker insoweit bei *Goldschmidt* offene Türen einreißen. *Goldschmidt* hat nämlich in seinen späteren Arbeiten die von ihm in dieser Form wohl selbst nicht beabsichtigte Gegenüberstellung der beiden Begriffe richtiggestellt und wiederholt erklärt, „daß der Verwaltungsstrafrechtssatz ein Mixtum-Kompositum von Verwaltungsvorschrift und Rechtssatz sei, daß hierin sein Unterschied von den Justizstrafrechtssätzen wurzele[216]". Der Gegensatz lautet also nicht: formelle und materielle Rechtswidrigkeit bei den Justizdelikten, Verwaltungswidrigkeit bei den Verwaltungsdelikten, sondern: formelle und materielle Rechtswidrigkeit bei den ersteren, formelle Rechtswidrigkeit und materielle Verwaltungswidrigkeit bei den letzteren.

2. Die spätere Korrektur der Verwaltungsstrafrechtstheorie durch Einbeziehung eines ethischen Moments

Nun könnten doch Bedenken bestehen, ob dieses Ergebnis noch mit der im Text vertretenen Auffassung zu vereinbaren ist, wonach die Zuwiderhandlungen sich primär im bloßen Ungehorsam gegen staatliche Vorschriften erschöpfen; denn die Verwaltungsstrafrechtstheorie will die Verwaltungswidrigkeit ja gerade als ein der formellen Rechtswidrigkeit gegenüber materielles Element aufgefaßt wissen. — Doch die im Text entwickelte Theorie hat den Zuwiderhandlungen keinesfalls den Bezug auf ein materielles Element abgesprochen. Vielmehr ist mehrmals ausdrücklich erklärt worden, daß jedem einzelnen Zuwiderhandlungstatbestand die Förderung bestimmter Verwaltungs- oder Ordnungsinteressen zugrunde liegt. Diese Interessen entbehren aber — und das ist das Wesentliche — des materiellen Gehalts, wie ihn die Rechtsgüter des Kriminalstrafrechts enthalten; sie sind keine Rechtsgüter im materiellen Sinne, sondern lediglich Satzungsmotiv[217]). Nichts anderes aber meint *Goldschmidt* mit „der Förderung des öffentlichen oder Staatswohls" als Zweck der Verwaltungsstrafrechtssätze. Er grenzt diesen „Förderungszweck" ganz scharf gegen den „Schutzzweck" des Justizstrafrechts ab. Abgrenzungsmaßstab hierzu aber ist auch ihm der materielle Rechtsgutsbegriff, wie er oben dargestellt wurde. Die Verwaltungswidrigkeit

---

[216]) Festgabe Koch, 416; ebenso in MIKV XII, 226; GA 54, 35 ff; DStrZ 1914, 223; völlig verkannt von Beling aaO 34, 132, u. Graf Dohna aaO, vgl. auch oben S. 31.

[217]) Vgl. Arthur Kaufmann, 185: „Auch das Ordnungsdelikt hat seine materielle Grundlage, aber diese bleibt gewissermaßen latent." — Wenn demgegenüber Jescheck, JZ 59, 461, behauptet, die sog. „unterlassene Förderung der Verwaltungstätigkeit" sei nicht bloß ein formelles, sondern ein materielles Unrecht, so ist dagegen allein noch nichts einzuwenden. Nur läßt sich dieser materielle Unrechtsgehalt nicht in einem sozialethisch orientierten, d. h. materiellen Rechtsgutsbegriff erfassen, er bleibt vielmehr als ratio legis außerhalb der Strafsatzung und ist für die Bestrafung im einzelnen Fall ohne Bedeutung; vgl. dazu oben Anm. 200.

bei den Verwaltungsdelikten ist also auch nach *Goldschmidt* keineswegs ein der Rechtsgutsbeeinträchtigung bei den Kriminaldelikten gleichzusetzendes materielles Element.

Goldschmidt hat dies leider in seinem „Verwaltungsstrafrecht" nicht deutlich genug zum Ausdruck gebracht. Er sprach hier nur vom Schutz menschlicher Willenssphären, d. h. der Rechtsgüter als Zweck des Justizstrafrechts. In einer anderen Arbeit hat er seine Gedanken jedoch im Sinne eines materiellen Rechtsgutsbegriffs und damit einer material, und zwar sozialethisch begründeten Unrechtsauffassung unmißverständlich präzisiert[218]). Seine Worte seien, da sie den eigenen Standpunkt mustergültig formulieren, auszugsweise wiedergegeben[219]):

„Hiernach ist der Unterschied der Norm des Verwaltungsstrafrechtssatzes und der des Justizstrafrechtssatzes zu bestimmen. Beides sind Willensabgrenzungen. Aber lediglich die Norm des letzteren ist als echter Rechtssatz Vernunftaussage, Überzeugungserklärung. Diese ihre Natur offenbart sich darin, daß jede einzelne dieser Normen ein Verbot, Schaden zuzufügen oder Gefahren heraufzubeschwören (von Binding sogen. Verletzungs- und Gefährdungsverbote genannt), enthält, d. i. in ihrer von der herrschenden Ansicht sogen. konkreten, materiellen Rechtsgüterschutzfunktion."

„In ihr zeigt sich das ethische Moment jener Normen, für welche — wenn auch nicht unbedingt für das ganze Recht — Jellineks Wort von dem ‚ethischen Minimum' zutrifft. Dieses ethische Moment, in dem sich die Vernunftaussage spiegelt, fehlt der Norm des Verwaltungsstrafrechtssatzes, es ruht hier nur mittelbar in der Person des Normierenden, des Staates."

„. . . das Justizstrafrecht ahndet die Übertretung von Normen, welche sich nicht an die Gliedpersönlichkeiten, sondern an die Individualpersönlichkeiten richten. Es sind das die oben charakterisierten Verletzungs- und Gefährdungsverbote, deren Übertretung stets eine Rechtsgüterverletzung oder -gefährdung einschließt und sich daher als ethisch-rechtliche Pflichtverletzung darstellt."

„Das Verwaltungsstrafrecht des Staates dagegen richtet sich gegen die Übertretung von Normen, welche nicht die innere ethische Überzeugung der Gemeinschaft, sondern der Wille des Staates erzeugt hat. In ihnen spricht nicht die innere Macht gemeinsamer Überzeugung zu dem Individuum, sondern die äußere Macht des Verbandes zu dem Gliede."

„Die auch bei letzterem infolge der sittlichen Natur des befehlenden Staats verletzten ethischen Individualpflichten, z. B. bei den Polizei-

---

[218]) Hier liegt auch der eigentliche Grund der schroffen Ablehnung durch Trops. Er lehnt Goldschmidts materiellen Rechtsgutsbegriff ab, „weil er geradewegs zu der Theorie von der materiellen Rechtswidrigkeit führt" (aaO 53); vgl. oben Anm. 196. Demgegenüber Kohlrausch-Lange, Vorbem. III 1: „Im Begriff des Rechtsguts selbst liegt das sozialethische W e r t moment."

[219]) Festgabe Koch, 422 ff.

> befehlen, ‚Störungen der guten Ordnung zu vermeiden', verschwinden und müssen aus diesseits wiederholt angeführten Gründen verschwinden hinter der Verletzung der gliedschaftlichen Gehorsamspflicht."
> „Ihre Übertretung ist . . . reiner Ungehorsam gegenüber den rechtlich sanktionierten Verwaltungsbefehlen."

Darin liegt das bleibende Verdienst *Goldschmidts*, daß er als erster die maßgebenden juristischen Gesichtspunkte erarbeitet hat, die das Kriminal- und Verwaltungsdelikt voneinander trennen.

V. Kritik an Max Ernst Mayers Kulturbegriff als tauglichem Abgrenzungskriterium[220])

Von der letzten Ausgestaltung der *Goldschmidt'schen* Lehre bis zur Kulturnormentheorie *M. E. Mayers* ist kein weiter Schritt. *Mayer* war es jedoch, der als erster die Verschiedenheit der Wertbeziehung beider Deliktsgruppen auf das vorjuristische Substrat der Kulturwidrigkeit gründete. Das war sicherlich ein großer Fortschritt, wenn auch die Kultur, so wie sie *Mayer* definiert, alles andere als eine normative Einheit bedeutet. Vielmehr muß er selbst zugeben, daß sein Kulturbegriff mannigfach differenzierte Kulturen deckt: „Es gibt prinzipiell so viel Kulturwerte als Gesellschaften[221])." Selbst das Gebot in einer Räuberbande, jedes Beutestück zur Verteilung unter die Genossen abzuliefern, sei in diesem Sinne Kulturnorm[222]). In seinem Lehrbuch[223]) zählt *Mayer* in Ergänzung zur Definition in seiner Monographie[224]) zu den Kulturnormen außer den Normen der Religion und der Moral denn auch „die Normen des Verkehrs im örtlichen und geistigen, im wirtschaftlichen und geselligen Sinne, die Normen der agrarischen, militärischen, technischen, akademischen Kultur usw. und natürlich auch die Rechtsnormen". Damit aber hebt *Mayer* die von ihm zunächst vorbildlich vollzogene Differenzierung zwischen Kriminal- und Verwaltungsunrecht wieder auf; denn Kulturnormen in einem solchen Sinne sind in Wirklichkeit nichts weiter als die sozialen Regeln einer jeden Gemeinschaft. *Sauer* sagt deshalb mit Recht[225]): „Diese sozialen Regeln sind nun aber weit entfernt davon, den Inhalt der Kultur wiederzugeben . . . Denn ein großer Teil dieser Kulturnormen steht zweifellos nicht nur nicht neben, sondern unter dem Recht. Ja, manche sind der typische Ausdruck für den Gegenstand der rechtlichen Regelung, so der Verkehr . . ." Und in der Tat bezeichnet *Mayer* die polizeiliche Vorschrift, rechts auszuweichen und links vorzufahren, als in Deutsch-

---

220) Vgl. oben S. 11.
221) AT, 42.
222) aaO 44.
223) aaO.
224) Vgl. oben S. 11.
225) Grundlagen, 270 f; ähnlich v. Hippel I, 24.

land durch Rezeption seitens der Nation gewordene Kulturnorm[226]). Und die Fragen: „Sind nicht im Wechselrecht, in den Gesetzen über das Versicherungswesen, in der Gewerbeordnung, in den Nahrungsmittelgesetzen usw. Bestimmungen enthalten, die man einzig und allein aus dem Gesetz kennen lernen kann? Ist es nicht eine Ungeheuerlichkeit, zu behaupten, der Margarinefabrikant werde von der Kultur über seine Pflichten belehrt[227])?" stellt er nur rhetorisch und findet auch hier die zugehörige Kulturnorm. In Wirklichkeit handelt es sich bei diesen Materien jedoch um positiv gesetzte Zweckvorschriften, die mit einem wertbetonten Kulturbegriff nichts zu tun haben[228]). *Mayer* übersieht, daß solche bloßen Konventionalregeln vielleicht inzwischen Kulturnorm geworden, es aber vor der gesetzlichen Regelung nie gewesen sind und es bei Aufhebung der gesetzlichen Regelung mit einem Schlage nicht mehr sein würden. Sein Kulturbegriff ist — das wird hier deutlich — zu komplexer Natur. Es fehlt ihm die Verklammerung im Sozialethos.

Demgegenüber ist *Mayer* vom hier vertretenen Standpunkt aus aber wieder voll zuzustimmen, wenn er sagt[229]): „Dem den Verwaltungsinteressen des Staats widersprechenden Verhalten fehlt die Beziehung zu einer präexistierenden Kulturnorm, es ist Unrecht nur kraft Gesetzes. Die häufiger gebrauchte Kennzeichnung, diese Unrechtsart habe keinen ‚materiellen Gehalt' oder sei ‚reiner Ungehorsam', besagt dasselbe und ist einwandfrei, wenn man sie nicht dahin mißverstehen will, daß das Verwaltungsdelikt kein Angriffsobjekt habe oder nicht gegen Interessen gerichtet sei[230])." Das aber ist im Text nie behauptet worden[231]).

VI. Die Einbeziehung der sozialethischen Wertordnung in das Abgrenzungsproblem

1. Die Gründung des Kriminaldelikts auf die präexistente sozialethische Wertwidrigkeit kein außerrechtliches oder naturrechtliches Kriterium

Die im Text entwickelte und in ihren Grundlagen heute wohl auch herrschend vertretene Theorie[232]), wonach kriminelle Straftaten und Zuwiderhandlungen nach ihrem in besonderen Gesetzesstrukturen zum Ausdruck kommenden Verhältnis zur vorgegebenen sozialethischen Wert-

[226]) aaO 55.

[227]) Kulturnormen, 22.

[228]) So auch Weinberg, 42, insbes. Anm. 2.

[229]) AT, 56.

[230]) Mayer sieht die Verwaltungsinteressen allerdings als Rechtsgüter an. Insoweit gilt das oben S. 62 ff Gesagte.

[231]) Vgl. oben S. 69 ff, 75.

[232]) Vgl. oben S. 11.

ordnung unterschieden werden, ist verständlicherweise dem Bedenken ausgesetzt, daß sie die Grenzziehung zwischen den beiden Unrechtsbereichen auf ein nicht mehr dem Recht angehörendes Gebiet verlagere, daß das Abgrenzungskriterium also ein „außerrechtliches", „suprarechtliches", „metajuristisches" sei. *Welzel* geht sogar noch einen Schritt weiter, indem er der vom positiven Recht heute selber vorgeschriebenen Differenzierung zwischen delicta per se, den Verletzungen der lebendigen Sittenordnung, und delicta mere prohibita, den Verstößen gegen positiv geschaffene Gebote oder Verbote im wertneutralen Bereich, „eine Anleihe aus dem naturrechtlichen Gedankenkreis" vorwirft[233]). Im gleichen Sinne hat sich in besonders prägnanter Weise *Adolf Arndt* „für ein Überwinden dieses gespaltenen Denkens" eingesetzt[234]). Seine Worte seien hier ihrer grundsätzlichen Bedeutung wegen wörtlich angeführt. Er geht aus von *Aristoteles* klassischer Definition in seiner Nikomachischen Ethik, daß es Recht gebe kraft Natur sowie kraft positiver Satzung und fährt dann fort:

„Dieser aristotelische Dualismus wirkt sich bis in die Gegenwart äußerst folgenschwer beispielsweise darin aus, daß — a priori und axiomatisch — zweierlei Qualität unserer Rechtssätze unterstellt wird: ein gleichsam ursprünglicher, traditioneller, klassischer Kernbestand, zu dem insbesondere die Eigentumsordnung und bestimmte Teile des Strafrechts gehören, die in einer wesenhaften und radikalen Weise als moralgeladen behandelt werden, andererseits ein Neubestand an vermeintlichem Kunstrecht, namentlich Wirtschaftsbestimmungen, Steuervorschriften, Verkehrsregelung, nicht zuletzt aber die Staatsverfassung. An dieser Stelle begegnen wir jener doppelten Rechtsmoral, die den großen Steuerbetrüger so anders ansieht als den kleinen Dieb, den gewissenlosen „Verkehrsmörder" soviel glimpflicher als den tragisch verzweifelten Totschläger, den Bankrotteur soviel empörter als den volksverderbenden Feind der Demokratie. Dieser aristotelische Dualismus beruht auf zwei Besonderheiten, der Art, wie Recht und Ethik in der Weise miteinander verknüpft werden, daß ein Teilbereich des gespaltenen Rechts als angewandte Ethik erscheint, und der Art, wie derselbe Teil von der Zeit losgelöst und damit auch von der Frage seiner Anerkennung getrennt wird . . . Der schon in der Nikomachischen Ethik enthaltene Dualismus von natürlichem und positivem Recht entwickelt sich zum Dualismus des entweder Naturrecht oder Positivismus . . .[235])".

[233]) JZ 57, 132; auch 56, 240.

[234]) Rechtsdenken in unserer Zeit, 15 ff.

[235]) Ausführlich mit Arndt setzt sich Hans Dombois (aaO 38 ff) auseinander. Zunächst reduziert er die von Arndt benutzten wenig glücklichen Beispiele auf die eigentlich zentrale Frage. Insbes. ist ihm hinsichtl. Arndts Beispiel vom „volksverderbenden Feind der Demokratie" zuzustimmen, daß das politische Strafrecht zu wesentlichen Teilen dem klassischen Strafrecht angehört. „Daß die Staatsverfassung und ihr strafrechtlicher Schutz dem geringwertigen Kunstrecht angehöre, wie Arndt nach dem Zitat unterstellt, entspricht weder notwendig der ange-

Hier muß zumindest festgehalten werden, was im Text wiederholt zum Ausdruck gekommen ist: daß nämlich die Frage, was rechtlich verboten und was rechtlich erlaubt ist, allein von der positiven Rechtsordnung entschieden wird[236]). Die entscheidende Antithese heißt also nicht: natürliches und positives Recht, sondern positives Recht, das über sich selbst hinaus substantiiert und konkret an eine ihm vorgegebene sozialethische Wertordnung anknüpft, und positives Recht, das aus dem Bereich grundsätzlich freien Verhaltens strafrechtliche Exklaven konstitutiver Ordnungsgebote oder -verbote ausgrenzt[237]).

Aber damit soll nicht ein von allem positiven Recht losgelöstes und ihm gegenüber präeminent geltendes „Naturrecht" im Sinne der alten Naturrechtssysteme erneuert, der kriminelle Kernbereich gleichsam zum Naturrecht erhoben werden[238]). Es würde dem positiv-rechtlichen Charakter des Rechts widersprechen, wollte man einen Katalog positiver Rechtsgesetze aus reiner Vernunft oder auch als „angewandte Ethik" außerhalb der Gesetze anerkennen. Was mit der differenzierenden Lösung vielmehr vollzogen wird, das ist die Einbeziehung des Wertgehalts der Normen aus der zugrunde liegenden Wertrangordnung in die Interpretation des positiven Rechts. Damit werden in gewisser Hinsicht zwar außergesetzliche Quellen für die Unrechtsbewertung in Anspruch genommen. Aber — und hier liegt der Unterschied zum an sich seienden, ewigen und absoluten Naturrecht eigentlicher Prägung — diese übergesetzlichen Quellen werden nur insoweit herangezogen, als sie vom positiven Recht legitimiert, als immanente Wertentscheidungen in es selbst eingegangen sind[239]). Indem auf die Gesamtheit der Kultur- und Wertvorstellungen, die vom Recht geschützt werden, zurück-

---

griffenen Theorie noch der rechtsgeschichtlichen Entwicklung." Dombois stellt dann der Arndt'schen Auffassung „Norm gleich Norm" den Wesens- und Strukturunterschied zwischen Status- und Funktionsstrafrecht gegenüber, vgl. oben Anm. 162.

[236]) Vgl. oben S. 42 zu Anm. 130, S. 46.

[237]) Gewiß ist Arndt darin zuzustimmen, daß die im Laienbewußtsein vorhandene Unterscheidung zwischen in diesem Sinne „natürlichen und künstlichen" Delikten oftmals mit einer ungerechtfertigten Abwertung der letzteren gegenüber den ersteren Hand in Hand geht. Nichts ist in der Tat ungeeigneter, den wertmäßigen und strukturellen Qualitätsunterschied beider Bereiche zu erfassen, als die Auffassung: „Nur eine Ordnungswidrigkeit!", „Es ist ja nicht so schlimm!", „Einmal ist keinmal!". Gegen die Notwendigkeit qualitativer Abschichtung beider Bereiche sagt diese falsche Schlußfolgerung jedoch nichts. Im Gegenteil! Die heute weit verbreitete Gleichgültigkeit gegenüber Ordnungszuwiderhandlungen jeder Art ist vielmehr die Frucht gerade jener Auffassung, die den materialen Qualitätsunterschied zum kriminellen Unrecht leugnet und im Ordnungsunrecht lediglich das „kleine" Unrecht mit „Bagatellcharakter" sieht; vgl. Erik Wolf aaO 531 f; vor allem R. Lange, Nur eine Ordnungswidrigkeit?, JZ 57, 233 ff.

[238]) Über die heute aktuelle Problematik des Naturrechtsgedankens in diesem Sinne vgl. Würtenberger, Die geistige Situation, 19 ff.

[239]) Karstedt, Rechtswert und positives Recht, 90, sagt mit Recht: „Ist es nicht besser, ein solches relatives, weil aus einer konkreten Wertrangordnung folgendes

gegriffen wird, wird zwar ein übergesetzlicher, aber damit noch kein außerrechtlicher, metajuristischer oder naturrechtlicher Maßstab benutzt, „sondern lediglich das Recht selbst in seiner letzten Substanz entfaltet".[240]) Erst die Verklammerung mit den im Volke herrschenden sozialethischen Wertvorstellungen füllt die Formen, die das Gesetz in diesem Bereich anbietet, mit materiellem Gehalt aus[241]).

„Wenn man unter Begriff die genaue Bestimmung der Bedeutung eines Gegenstandes oder Sachverhalts versteht, so handelt es sich bei einem Rechtsbegriff um einen zum Recht gehörenden Sachverhalt. Dem Recht kann man einen Sachverhalt aber nicht nur dann zurechnen, wenn er Bestandteil einer Rechtsnorm ist, sondern auch dann, wenn er notwendige Voraussetzung einer Rechtsnorm ist. Denn die Rechtsnorm kann ja ohne ihre notwendigen Voraussetzungen nicht gedacht werden[242])." Es handelt sich also in Wahrheit bei dem Rückgriff auf die sozialethische Wertordnung um durch und durch rechtliche Erwägungen; sie sind dem Recht nicht transzendent, vielmehr in ihm selbst immanent enthalten[243]). Damit aber ist wenigstens in diesem Bereich die sterile Antithese von Naturrecht und Positivismus überwunden[244]). Durch die Einbeziehung des sozialethisch vorgegebenen Wertgehalts der Norm in die Interpretation des positiven Rechts wird einerseits am Positivismus festhalten, andererseits aber der positive Rechtssatz über seine formalen Grenzen hinaus mit materialem Inhalt ausgefüllt. „Vermöge der Einverleibung der Sozialethik in das Rechtssystem bleibt das Recht

‚Naturrecht' wirklich zu besitzen, als von einem ewigen und absoluten zu träumen ...?"

[240]) Nowakowski, SchwZStr. 65, 311 f. Die Wahrheit liegt eben, wie Hegler (ZStW 36, 19 ff, 28 Anm. 29) sagt, „weder in einer positiv-rechtlichen-formalen Auffassung, noch in einer überpositiv-rechtlichen materiellen, noch in einer Kombination von beiden, sondern in einer materiellen und doch aufs positive Recht begründeten Betrachtungsweise".

[241]) Auf die qualitative Durchdringung von Recht und Sittlichkeit haben kürzlich erst wieder hingewiesen: Karstedt, 82; Wilhelm Oswald, Formalismus in der Jurisprudenz und materielle Rechtsethik, Freiburg/Schweiz 1957, S. 14; Jescheck, GA 56, 97.

[242]) So argumentiert Nawiasky, Allg. Staatslehre, 1. Teil, Einsiedeln/Köln 1945, S. 52.

[243]) Zum Teil ist sogar auch schon das positive Recht selbst dazu übergegangen, die Rechtswidrigkeit unmittelbar durch Verweisung auf die Sozialethik zu bestimmen, vgl. §§ 240 Abs. 2, 253 Abs. 2, 226a StGB.

[244]) Bei einer solchen Auffassung wird sogar eine Übereinstimmung mit erbittertsten Gegnern einer materiellen Rechtswidrigkeit hergestellt; vgl. z. B. Nagler, Frank-Festg. I, 347: „Soweit allerdings die materielle Widerrechtlichkeit nicht contra legem, also nicht zur Berichtigung des positiven Rechts, sondern nur zu dessen Auslegung Verwendung finden soll, lenkt sie in die richtigen Bahnen ein und kann an der organischen Fortentwicklung der längst noch nicht abgeschlossenen Rechtswidrigkeitslehre den verdienstvollsten Anteil nehmen." Ähnlich entgegenkommend: Beling, Rechtswissenschaft und Rechtsphilosophie, Augsburg 1923 S. 38 ff; v. Hippel II, 192.

das ausschließliche Bezugszentrum; die materielle Rechtswidrigkeit ist zwar außergesetzlich, aber nicht außerrechtlich (metajuristisch) . . . Wo immer Wertkonflikte zu lösen sind, bewährt sich die materielle Widerrechtlichkeit als der große, unentbehrliche Regulator bei Ermittlung des richtigen Wertverhältnisses[245])."

2. Die geschichtliche Bedingtheit des Rechts und der Abschichtungsprozeß zwischen beiden Unrechtsbereichen

Der Gegenüberstellung von Delikten, die bereits durch eine „vorgegebene" Wertordnung mit sozialethischem Unwertgehalt behaftet sind, zu solchen, die in diesem Sinne „neutral" und „wertindifferent" sind, wird nun weiterhin vorgeworfen, sie verkenne die geschichtliche Bedingtheit allen Rechts. Wie die Geschichtlichkeit vom Wesen des Menschen unabtrennbar sei, so sei auch der Kernbestand unseres Strafgesetzbuches wesentlich geschichtlicher Natur[246])[247]).

Gewiß ist der Gegensatz zwischen in diesem Sinne kriminellem Unrecht und Verwaltungsunrecht einem zwar langsamen, aber doch stetigen geschichtlichen Wandel unterworfen[248]), und gerade die Vertreter einer differenzierenden Lösung haben auf einen derartigen „Abschichtungsprozeß" immer wieder hingewiesen[249]). „In dem Hinweis auf seine Geschichtlichkeit", so

---

[245]) Mezger, LK Bem. 9 f. vor § 51; ebenso in Studienbuch § 33 II; Lb § 26 II. Im Ganzen ähnlich: Heinitz, 94 f; Karstedt, 81 ff; Arthur Kaufmann, 101; Nowakowski aaO; ders., ZStW 65, 381 f.

[246]) Welzel, JZ 56, 240; 57, 132; Boldt, ZStW 68, 370; auch Arndt aaO 17.

[247]) Über den im übrigen nur scheinbaren Gegensatz zwischen geschichtlicher Bedingtheit des Rechts und Naturrecht vgl. Arthur Kaufmann, Naturrecht und Geschichtlichkeit, Tübingen 1957 S. 31: „Naturrecht und Geschichtlichkeit des Rechts sind sich also einander nicht feind, Geschichtlichkeit des Rechts heißt vielmehr Offenheit des Rechts zum Naturrecht hin . . ."

[248]) Vgl. z. B. die Entwicklung des § 330 c StGB vom ethisch-neutralen Formaldelikt des reinen Ungehorsams in das extreme Gegenteil ethisierenden Gesinnungsstrafrechts; ähnlich auch bei § 138 StGB; zu beiden R. Lange, GA 53, 5 ff, 13; vgl. auch oben Anm. 148. — Natürlich kommt hier immer nur ein grundsätzlicher Wandel in der Unrechtsqualität, nicht nur ein Wandel in der Auffassung über die Schwere eines Gesetzesverstoßes in Betracht. Dieser letztere Vorgang betrifft lediglich die quantitative Beziehung von „schwererer" zu „leichterer" Straftat, das, was Kern „Grade der Rechtswidrigkeit" nennt, ZStW 64, 255 ff. Der hier gemeinte Unterschied ist aber kein „gradueller", sondern ein Unterschied der „Art", vgl. Kern aaO 263: „Innerhalb des bei Strafe Verbotenen läßt sich dann noch weiter zwischen den bei echter Strafe und dem bei bloßer Verwaltungsstrafe Verbotenen ein Unterschied feststellen. Dieser Unterschied wird aber nicht nur einen Unterschied des Grades, sondern einen Unterschied der Art ergeben."

[249]) Insbes. Goldschmidt, Verwaltungsstrafrecht, 854 ff; GA 49, 89; M. E. Mayer, Kulturnormen, 24; Umhauer, 40.

muß *Richard Lange* wortwörtlich gefolgt werden[250]), „liegt aber zugleich die Anerkennung der Existenz jenes Gegensatzes. Auch sie ist eine geschichtliche Tatsache, jedenfalls in unserer Kultur. Die geschichtliche Bedingtheit der Inhalte berührt die Unbedingtheit der Denkform nicht. Gerade aus der Besinnung auf die geschichtliche Wandelbarkeit der Grenzlinien innerhalb der Bereiche des delictum per se und des delictum mere prohibitum erschloß sich das Kriterium der Grenzziehung. Die Frage kann nicht mit allgemeiner Gültigkeit inhaltlich ein für allemal entschieden werden. Sie entzieht sich in diesem Sinne letzter theoretischer Begründung. Vielmehr ist die Grenze jeweils nach den geistigen und äußeren Gegebenheiten und den praktischen Zielen und Erfordernissen zu ziehen."

Die Trennung zwischen Kriminal- und Verwaltungsstrafrecht erweist sich daher in der Praxis infolge des ständigen Abschichtungsvorgangs als flüssig und es gibt Grenzerscheinungen, die Charakteristiken sowohl des einen als des anderen Bereichs aufweisen[251]). Die Flüssigkeit der Grenze tut aber der grundsätzlichen Berechtigung der Unterscheidung gerade ebensowenig Abbruch, wie wenn jemand — um ein oft gebrauchtes Beispiel zu zitieren[252]) — den Unterschied von Pflanzen und Tieren leugnen wollte, weil man bei einigen Lebewesen im unklaren ist, ob sie Pflanzen oder Tiere sind. Und *Frank* sagte schon 1898: „Ich halte es nun für einen großen Fehler, Unterschiede, die jedermann fühlt, deshalb hinwegzuleugnen, weil wir sie nicht formulieren können und weil es eine Stelle gibt, an der die Grenze flüssig zu werden beginnt[253])."

3. Die Abgrenzungsfrage als ein Wertungsproblem in der ausschließlichen Zuständigkeit des Gesetzgebers und die Grenzen seiner Entscheidungsfreiheit

Die jeweils nach Ort, Zeit und Verhältnissen dem Wechsel unterworfene Abgrenzung zwischen Kriminal- und Verwaltungsunrecht ist also insoweit keine mit mathematischer Genauigkeit beantwortbare Frage formaler Logik, sondern ausschließlich das Ergebnis normativer Bewertung. Niemnd anderes

---

250) JZ 57, 238.

251) In den meisten Fällen setzt die Kritik an der theoretischen Begründung eines Unterschieds zwischen den beiden Unrechtsbereichen an diesem Punkt an, ohne damit allerdings die ganze Tiefe der Wesensunterscheidung zu erfassen. Vgl. nur Trops, der Goldschmidt zu widerlegen glaubt, indem er sich (aaO 37) folgendes Ziel absteckt: „. . . Hier kommt es nur darauf an zu zeigen, wo die Grenze" (zwischen Kriminal- und Verwaltungsstrafrecht) „flüssig ist und wo sie es begrifflich sein kann."

252) So Goldschmidt, Verwaltungsstrafrecht, 529; GA aaO; Roeder, 36. Vgl. R. Lange, ZStW 73, 107: „Aber eben, was nahe beeinander liegt, bezeigt damit in der Welt der Wirklichkeit häufig, in der der Begriffe notwendig, daß es sich um zweierlei handelt."

253) ZStW 18, 742. — Das ist Bockelmann, ZStW 70, 644, entgegenzuhalten.

aber ist berufen, dieser Wertung verbindlichen Ausdruck zu geben, als der Gesetzgeber selbst[254]). Ihm allein obliegt die Aufgabe, zu „bestimmen", ob er das Unrecht an einen in der sozialethischen Wertordnung bereits vorgeformten Unwert des Verhaltens anknüpft, d. h. die Handlung in ihrer von ihm anerkannten spezifischen Deliktstypik beschreibt und daran notwendig „Strafe" knüpft, oder ob er eine neue Ordnung konstitutiv schafft, d. h. das Unrecht auf die Gebots- bzw. Verbotszuwiderhandlung gründet und diese in der Regel mit Geldbuße oder unter besonderen Umständen sogar mit „Strafe" ahndet. Doch dieses „Bestimmen" darf nicht als ein willkürliches, sondern eben nur als „bewertendes" aufgefaßt werden[255]). Der Gesetzgeber ist insofern nicht völlig frei in der Einordnung der Tatbestände. Er ist gebunden an den wesensmäßig vorgegebenen, seit Erlaß des OWiG von ihm selbst positiv anerkannten Unterschied zwischen dem sozitalethisch begründeten und dem bloß verwaltungs- oder ordnungwidrigen Unrecht. An diesem „im Wesen der Sache" liegenden Gegensatz hat er sich bei der Einteilung eines Verhaltens in diesen oder jenen Bereich zu „orientieren"; er bietet die Bewertungsgrundlage[256]). Wie der Gesetzgeber hingegen ein konkretes Verhalten bewertet, daß bleibt allein ihm überlassen. Seine Freiheit besteht also nicht darin, festzulegen, wo die Grenze zwischen kriminellem Unrecht und bloßem Verwaltungsungehorsam verläuft — denn das ist ihm vorgegeben und dem kann er nur Rechnung tragen —, sondern darin, wie

---

[254]) So auch Anders aaO oben Anm. 7. Gerner, NJW 52, 521 f; R. Lange, JZ 57, 237 f; M. E. Mayer, aaO 127; Kleinknecht—Müller—Reitberger aaO oben S. 15 Anm. 17; Rotberg, 31; Stoecker, OWiG Vorbem. III; Eb. Schmidt, Niederschriften I, 317, 336; Krille, Baldus, Resch, alle ebenda, 85; Schwalm, MDR 59, 799; DRiZ 60, 278; auch OLG Karlsruhe, NJW 55, 1200; BGH, NJW 56, 433.

[255]) Das verkennt Bockelmann, ZStW 66, 122; auch Sauer, Grundlagen, 318.

[256]) So auch Eb. Schmidt aaO 337; ders., Lehrkomm. zur StPO Teil II Göttingen 1957, Anm. 11 zu § 153. Ebenso Patzig, VA 59, 341 und R. Lange, GA 53, 3 f, insbes. 11 f: Man kann nicht „positivistisch und voluntaristisch Recht in dieser oder jener Weise machen". Das verstößt „gegen die durch das OWiG deutlich gezogene Schranke der Absage an einen derartigen Voluntarismus. Danach hat der Gesetzgeber zunächst einmal das im Volke lebendige Sittengesetz zu ergründen und ihm deutlich Ausdruck zu geben." — Wenn Lange später mehr die positivistischen Züge der Unrechtserfassung betont — vgl. JZ 57, 238 oben: der Gesetzgeber könne „aus Gründen, über die *er* entscheidet", das Unrecht so oder so fassen — so soll damit, wenn Lange richtig verstanden wird, nicht die Bindung des Gesetzgebers an den vorgegebenen — wie noch Kohlrausch-Lange, Vorbem. IV 4 b sagt — „in der Natur der Sache begründeten" Wesensunterschied aufgegeben und die Deklarierung des Verhaltens als Kriminal- oder Ordnungsrecht auf ein rein willkürliches Moment abgestellt, sondern lediglich auf die Freiheit des Gesetzgebers in der Bewertung der konkreten Verhaltensweisen hingewiesen werden. Andernfalls würde die vom OWiG mit der Herauslösung der Ordnungswidrigkeiten beabsichtigte schärfere sozialethische Profilierung des kriminellen Strafrechts wieder rückgängig gemacht werden. Die Beschränkung der „Strafbarkeit auf sozialethisch verwerfliches Handeln" wird aber gerade von Lange nachdrücklich gefordert, vgl. Hundert Jahre Deutsches Rechtsleben, Karlsruhe 1960, Bd. I S. 351 f.

er im einzelnen ein bestimmtes Verhalten bewertet, ob als kriminelles oder als bloßes Ordnungsunrecht. Erst hier beginnt in diesem Bereich das Problem des Positivismus[257]).

Der Gesetzgeber muß sich also bei jeder Vertatbestandlichung praktisch drei Fragen vorlegen.

1. Ist das Verhalten bereits seinem So-Sein nach als sozialethisch unerträglich zu bewerten? Wenn ja, kann er es nur in seiner typischen Verhaltensweise erfassen und nur mit „Strafe“ bedrohen.
2. Ist das Verhalten als an sich wertneutral und nur als Verstoß gegen eine von ihm selbst konstituierte Ordnungsvorschrift zu bewerten? Wenn ja, kann er es nur als „Zuwiderhandlung“ erfassen und in der Regel nur mit „Buße“ belegen.
3. Kann in Fall 2 durch das Hinzutreten bestimmter objektiver oder subjektiver Momente das „Zuwider-“handeln als sozialethisch relevant in einem Maße bewertet werden, daß „Buße“ als Sanktion allein nicht ausreicht? Wenn ja, kann er das Verhalten ebenfalls nur als „Zuwiderhandlung“ erfassen, kann aber neben „Buße“ unter genau festzulegenden Voraussetzungen auch „Strafe“ androhen[258]).

Wie der Gesetzgeber sich innerhalb dieses Rahmens entscheidet, ist seine Sache. Er mag ein Verhalten so oder so, falsch oder richtig bewertet haben, und gerade im kritischen Zwischenbereich ist die Entscheidung nicht immer leicht: stets jedoch ist für alle weitere Dogmatik verbindlich, ob er das Unrecht auf die vorgegebene sozialethische Unerträglichkeit der unrechtstypischen Handlung oder auf den Verstoß gegen neu errichtete Ordnungen und die sie schützenden Gebote oder Verbote gründet[259]).

---

[257]) „Aber Positivismus ist etwas sehr Vernünftiges und Unentbehrliches und ist das einzige, was hier weiter hilft. Voraussetzung ist nur, daß die positivrechtlichen Entscheidungen des Gesetzgebers aus einem Bemühen um ‚materielle Gerechtigkeit‘ entstammen und damit die Tendenz zum Gerechten haben“; so Eb. Schmidt, Niederschriften I, 336. — Das zugrunde liegende materiale Trennungsprinzip muß also, will die positive Entscheidung nicht den Anschein der Willkür haben, feststehen.

[258]) Hierzu zählen sinngemäß auch alle übrigen strafbaren Zuwiderhandlungen außerhalb der Mischtatbestände, Zuwiderhandlungen also, wo der Gesetzgeber von vornherein nur mit „Strafe“ droht. Es handelt sich hierbei um die „Nebenform der Straftat“ im Sinne Wimmers, vgl. oben zu Anm. 177, 178 und 179. Auf eine „Nebenform der Ordnungswidrigkeit“, vgl. oben Anm. 17, kann dagegen verzichtet werden, weil der Gesetzgeber auf ein „an sich böses“, bereits vorrechtlich sozialethisch strikt verbotenes und von ihm in dieser Weise bewertetes und erfaßtes Verhalten auch nur mit einem sozialethischen Verdikt, also mit „Strafe“, reagieren kann.

[259]) R. Lange hat nachgewiesen, daß der Gesetzgeber bisweilen sogar in derselben Materie an beide Unrechtsbegründungen anknüpft: Im Preisrecht vgl. § 2 a WiStG 1954: das Fordern „unangemessen hohen Entgelts“; demgegenüber § 2:

4. Die legislatorische Praktikabilität der auf den sozialethischen Unrechtsgehalt des Verhaltens abstellenden Theorie

Die auf den sozialethischen Unrechtsgehalt des Verhaltens-an-sich abstellende und in besonderen Gesetzesstrukturen verbindlich zum Ausdruck kommende Grenzziehung zwischen Kriminal- und Verwaltungsstrafrecht bleibt also bei aller Positivität letztlich eine Frage der Wertung durch den Gesetzgeber, die infolge des historischen Prozesses der „Umwertung der Werte" notwendig gewissen Schwankungen unterworfen ist. Dennoch ist sie für die Lösung der legislativen Aufgaben praktikabel. Der Gesetzgeber selbst hat sie am Beispiel des Gesetzes gegen Wettbewerbsbeschränkungen vom 27. 7. 1957 (BGBl I 1081 ff.) vorbildlich praktiziert. Seine Begründung hierzu sei, da sie für die im Text vertretene Theorie einen beispielhaften praktischen Anschauungsunterricht bedeutet, wörtlich zitert[260]):

> „Der Gesetzgeber hatte zunächst folgende Vorfrage zu entscheiden: Ist ein Verstoß gegen das Gesetz eine strafbare Handlung und demgemäß mit einer der Bedeutung eines solchen Verstoßes entsprechenden Rechtsfolge (Freiheitsstrafe, Geldstrafe) zu ahnden? Oder ist ein Verstoß nur als Ordnungswidrigkeit, also als Verwaltungsunrecht, anzusehen, die eine Geldbuße nach sich zieht? Oder ist es schließlich erforderlich, sogenannte „Mischtatbestände" zu bilden, die — nach besonderen, näher festzulegenden Maßstäben — entweder eine kriminelle Strafe oder eine Geldbuße zur Folge haben? Diese Fragen drängen sich insbesondere deshalb auf, weil ein Gesetz gegen Wettbewerbsbeschränkungen Wirtschaftsrecht schafft, und weil gerade auf dem Gebiete des Wirtschaftsrechts vielfach von dieser Dreiteilung in Kriminalstrafen, Mischtatbestände und Verwaltungsunrecht ausgegangen wird (s. z. B. WiStG).
>
> Der Entwurf schlägt vor, alle Verstöße nur als Ordnungswidrigkeit zu behandeln. Hierfür waren folgende Überlegungen maßgeblich: Weder in der deutschen Öffentlichkeit noch in den beteiligten Wirtschaftskreisen ist bisher ein lebendiges Gefühl dafür verbreitet, daß wettbewerbsbeschränkende Verträge und Geschäftspraktiken unerlaubt und ethisch verwerflich seien. Das beruht letzthin darauf, daß in der Vergangenheit

„Zuwiderhandeln" gegen Preisvorschriften. Im Arbeitsschutz: § 24 Abs. 1 und 2 des Ges. über Kinderarbeit usw. vom 30. 4. 1938 (RGBl I 448): „Zuwiderhandeln" gegen eine Vorschrift; demgegenüber Abs. 3: Gewissenlose Gefährdung einer Person unter 18 Jahren durch Überanstrengung in ihrer Arbeitskraft. Vgl. zum Ganzen R. Lange, JZ 57, 237 ff und Kohlrausch—Lange, § 59 V 3 d a. E. — Die Bewertungsfreiheit des Gesetzgebers ist, also entgegen Dalcke—Fuhrmann—Schäfer, 455, kein Argument gegen die grundsätzliche Wesensverschiedenheit der beiden dem Gesetzgeber wahlweise zur Verfügung stehenden Unrechtsbegründungen.

[260]) Deutscher Bundestag, 2. Wahlperiode, Drucksache Nr. 1158 S. 21 f. — Vgl. auch Begründung zum Jugendarbeitsschutzgesetz, Drucksache Nr. 3286 S. 47 f.

die allgemeine Einstellung der Öffentlichkeit, des Gesetzgebers und der Gerichte in starkem Maße von den Lehren der historischen Schule der Nationalökonomie beeinflußt waren. Es fehlte also eine in die Breite dringende Aufklärung über die Grundlagen einer von den Grundsätzen des freien Wettbewerbs beherrschten Wirtschaftsordnung . . Unter diesen Umständen erscheint es nicht angemessen, die diesem Gesetz zugrunde liegende geänderte wirtschaftspolitische Auffassung schon jetzt durch Strafbestimmungen zu sanktionieren, deren Übertretung einen kriminellen Verstoß darstellen würde. Man wird, ohne damit die wirtschaftspolitische und rechtliche Grundauffassung des Gesetzes zu verlassen, davon auszugehen haben, daß weite Kreise der Betroffenen eine Zuwiderhandlung gegen das Gesetz nur als kaufmännisch unlauteres Verhalten und als Verstoß gegen gewisse Ordnungsprinzipien der Wettbewerbswirtschaft auffassen werden. Spätere Zeiten, denen der Gedanke des freien Wettbewerbs lebendiger und werterfüllter scheinen wird, als das heute schon der Fall ist, mögen davon abgehen und die Ordnungswidrigkeiten zu echten Straftaten verschärfen . . ."

Dem ist nichts mehr hinzuzufügen. Deutlicher kann das Bewußtsein des Gesetzgebers von der doppelten Möglichkeit der Unrechtskonstituierung nicht zum Ausdruck kommen. So wie hier im Kartellrecht wird sich der Gesetzgeber bei seiner zukünftigen Arbeit stets darüber klar werden müssen, ob er ein in der sozialethischen Wert- und Wirklichkeitswelt bereits existentes Gut bloß anerkennt oder Recht neu schafft.

VII. Die grundsätzliche Gemeinsamkeit aller positiven Abgrenzungstheorien

Als Ergebnis des Streifzugs durch die zum Abgrenzungsproblem aufgestellten Theorien kann also festgehalten werden, daß der wie ein roter Faden sich überall hindurchziehende Gegensatz von formellem und materiellem Element (Antithese von Rechtsverletzungen und Gesetzesverletzungen bei *Feuerbach*, von Material- und Formalgrund bei *Merkel*, von formeller Rechtswidrigkeit und materieller Verwaltungswidrigkeit bei *Goldschmidt)* bei näherem Zusehen letzten Endes immer wieder auf ein verstecktes sozialethisches Kriterium hinausläuft. Steht somit fest, daß im Kriminalstrafrecht die vorgegebene sozialethische Wertordnung das Material liefert, aus dem der Gesetzgeber die Strafrechtssätze macht, so kann kein Zweifel bestehen, daß diese Wertbezogenheit bei den Zuwiderhandlungen, und zwar auch bei den strafbaren, nicht gegeben ist. Sie sind die unterlassene Unterstützung zweckgebundener staatlicher Ordnungs- und Verwaltungsinteressen, die ihre Unrechtsqualität erst und ausschließlich aus dem Zuwiderhandeln gegen eine vom Gesetzgeber selbst konstitutiv begründete Ordnung, d. h. aus der formellen Verbots- oder Gebotswidrigkeit beziehen.

Sechstes Kapitel

Typische Strukturelemente eines nur positiv begründeten Ordnungsunrechts

Vorbemerkungen:

Der Grundverschiedenheit zwischen wertwidrigem Sein an sich, d. h. Verhaltensweisen, „die schon von Hause aus deliktischer Natur sind", und formal geschaffenem Sollen, d. h. Verhaltensweisen, „die grundsätzlich erlaubt und nur kraft positiven Gebots oder Verbots widerrechtlich geworden sind[261])", trägt die Rechtsordnung insbesondere seit Erlaß des OWiG auch strukturell überall Rechnung.

I. Das Überwiegen der Gebotszuwiderhandlungen

Der Gegensatz zwischen der Vertypung bereits wertwidrigen Verhaltens und der positiven Errichtung neuer Ordnungsschranken im grundsätzlich wertneutralen Bereich wirkt sich unter anderem auch auf den Normcharakter aus. Es fällt nämlich auf, daß sich die Zuwiderhandlungen meist gegen Gebote richten, z. B. Zuwiderhandeln gegen Auskunfts-, Mitteilungs-, Melde-, Buchführungs-, Liefer-, Bezugs- oder sonstige Pflichten[262]). Im StGB bleibt das echte Unterlassungsdelikt dagegen die Ausnahme[263]). Das hat seinen guten Grund: Die Verpflichtung der Glieder einer Gemeinschaft, Schädigungen dieser oder einzelner ihrer Glieder zu unterlassen, ist in ihrer konkreten Ausgestaltung meist so elementar, daß sie von vornherein in der Form eines „Verbots" auftritt[264]). Je komplizierter aber eine Gemeinschaft wird, je

[261]) Kohlrausch—Lange, Vorbem. III 1.

[262]) Hierauf hat R. Lange hingewiesen, JZ 56, 75.

[263]) Doch auch hier verraten die meisten echten Unterlassungsdelikte infolge ihrer Einordnung in den Übertretungsabschnitt ihren Charakter als reines Verwaltungsunrecht. Die in §§ 138, 330 c zum Ausdruck gekommenen Pflichten haben sich hingegen inzwischen im allgem. Rechtsbewußtsein sozialethisch verankert, so daß insoweit ihr krimineller Charakter gerechtfertigt erscheint; vgl. oben Anm. 148 und 248.

[264]) Nach Theodor Litt, Einleitung in die Philosophie, 2. Aufl. Stuttgart 1949 S. 237, liegt es „in der Natur der Sache, daß, wo immer Menschen ein dem Naturzustand überlegenes Leben aufzubauen und zu erhalten bemüht sind, ein gewisser Grundstock von elementaren Forderungen sich wie von selbst Achtung ver schafft . . ." "Für den Charakter dieser Forderungen ist nichts so bezeichnend wie dies, daß sie häufiger die Form eines Verbots als diejenige eines Gebots haben." Oder Nicolai Hartmann, Ethik 3. Aufl. Berlin 1949 S. 606: „. . . nur die niedersten sittlichen Werte als an den Menschen gestellte Anforderung" können „die Form des Gebots" annehmen. „Und doppelt charakteristisch ist es, daß diese Gebote, je

mehr sie das Leben der einzelnen Gemeinschaftsglieder organisieren und ordnen muß, umso häufiger ist sie verpflichtet, in den grundsätzlich freien Bereich der Glieder einzubrechen und sie in Form von „Geboten“ zu positivem Tun zu verpflichten. Daher hat das positive „Gebot“ im Bereich des Verwaltungsstrafrechts seine eigentliche Domäne[265]).

II. Der verwaltungsbehördliche Erlaubnisvorbehalt als typisches Zeichen sozialethisch wertneutraler Verhaltensweisen

Die grundsätzliche Wertneutralität der Zuwiderhandlungen wird weiterhin auch durch ein Institut bestätigt, das im Bereich des Verwaltungsunrechts häufig anzutreffen ist. Es handelt sich um den verwaltungsbehördlichen Erlaubnisvorbehalt. Oftmals ist eine Handlung nur dann verboten, wenn sie ohne verwaltungsbehördliche Erlaubnis vorgenommen wird; mit dieser Erlaubnis dagegen bleibt die Vornahme der Handlung völlig legal[266]). Nun können aber die Verwaltungsbehörden offensichtlich nicht solche Handlungen erlauben, die an und für sich bereits sozialethisch verwerflich erscheinen. Sie würden dann die Rolle eines Sittenrichters spielen, was ihnen — gelinde gesprochen — weder zu- noch ansteht. Nur sozialethisch wertneutrale Verhaltensweisen können je nachdem, ob die behördliche Erlaubnis erteilt wird oder nicht, straflos oder strafbar sein. Hier tritt die besondere Eigenart eines nur von der positiven Gesetzesnormierung abhängigen Unrechts klar zutage[267]).

III. Blankettgesetze als typisches Zeichen für den bloßen Ordnungscharakter einer Vorschrift

Liegt dem sozialethisch fundierten Strafrecht im großen und ganzen ein fester, zeit- und ortsungebundener Normenbestand zugrunde, der Niederschlag derjenigen Rechtsbedürfnisse, „welche die primitivste mit der entwickeltsten Gesellschaft teilt“[268]), so gilt dies für das unter rationalen Zweckgesichtspunkten stehende Ordnungs- oder Verwaltungsstrafrecht keineswegs. Sein Wesenselement ist nicht das „Verharren in einem Zustand“,

---

elementarer sie sind, um so mehr negativ, als Verbote, auftreten (nicht töten, nicht stehlen, nicht ehebrechen, nicht falsches Zeugnis ablegen usw.).“

[265]) Vgl. auch v. Weber, 53.

[266]) Statt vieler vgl. § 35 Abs. 1 Buchstabe a WohnBewG; zitiert oben Anm. 190.

[267]) Ähnlich schon M. E. Mayer, Kulturnormen, 117, allerdings auf seinen Kulturbegriff abstellend.

[268]) Binding, Normen I, 167.

sondern, wie *Goldschmidt* sagt, „stete Bewegung, stetes Handeln“[269]). In der Tat unterliegen in einer hochzivilisierten Gesellschaft die mannigfaltigen Verwaltungs- und Ordnungsinteressen des Staates einem ständigen örtlichen und zeitlichen Wandel, und zwar sowohl hinsichtlich der Ahndungsbedürftigkeit als auch hinsichtlich des Anwendungsbereichs. Sie tragen das „Siegel des Vergänglichen aufgeprägt“, haben Sinn „nur für einen Gegenwartsmoment“, sind „stets nur unter einmalig gelagerten, ‚historischen‘, nicht unter dauernden, ‚vernünftigen‘ Umständen“, „fast immer geltungsbegrenztes, ‚temporäres‘ Recht“[270]). Und zwar gilt das nicht nur für die Ordnungswidrigkeiten, sondern auch für die strafbaren Zuwiderhandlungen, heute also vornehmlich für die Wirtschaftsstraftaten. Solche Delikte „tragen den Termin oder die Tendenz zur Selbstaufhebung an der Stirn und nehmen, selbst soweit sie einmal als Dauerrecht auftreten sollten, ausgesprochenermaßen eine bloße Reservestellung ein“[271]).

Mit der ein für allemal gültigen Schilderung eines Unrechtssachverhalts ist dem Gesetzgeber daher in diesem Bereich nicht gedient. Er muß sich vielmehr die Möglichkeit offen halten, der Wandelbarkeit und vielfach ephemeren Natur seiner Ordnungs- und Verwaltungsinteressen jederzeit Rechnung tragen zu können. Als technisches Mittel hierzu dienen ihm die Blankettgesetze[272]). Darunter versteht man solche Gesetze, die ihre Strafdrohung auf ein ganz oder teilweise durch andere Rechtsquellen tatbestandlich umschriebenes Verhalten beziehen[273]). Es handelt sich also im Prinzip um Gesetze, die nur eine Strafdrohung enthalten, hinsichtlich dessen aber, was ver- oder geboten ist, auf andere Gesetze oder Verordnungen verweisen. Zwei Voraussetzungen müssen demnach gegeben sein: die blankettausfüllende Norm muß erstens durch eine andere Stelle erlassen worden sein; das Blankettgesetz muß zweitens auf andernorts tatbestandlich umschriebenes Verhalten konstitutiv Bezug nehmen.

Die erste Voraussetzung schließt aus, daß zu den Blankettgesetzen im streng-begrifflichen Sinne auch solche Strafbestimmungen gerechnet werden, bei denen die notwendige Ergänzung im gleichen Gesetz enthalten ist (z. B. §§ 49 StVO, 71 StVZO). Zwar ist die Strafbestimmung auch hier unvollständig, doch dies nur, weil sie aus Gründen gesetzestechnischer Verein-

---

[269]) Verwaltungsstrafrecht, 533.

[270]) So Erik Wolf, 524; ähnlich Kohlrausch-Lange aaO; Arthur Kaufmann, 195; Roeder, 133; Dombois, 42.

[271]) R. Lange, JZ 56, 77.

[272]) Vgl. hierzu Goldschmidt aaO 182; GA 54, 37; Frank, StGB, 3 f; Kohlrausch—Lange, § 59 II 2 i, V 3 d a. E., VI; Rotering, GA 58, 147 ff; Erik Wolf aaO Anm. 4.

[273]) So Warda, 5, mit weiteren Angaben. Als Ergänzung der Blankettnorm kommen in Betracht: Gesetze, Rechtsverordnungen, Verwaltungsvorschriften, aber auch Einzelverfügungen, vgl. Warda, 14 ff. Auf die aus Art. 20 Abs. 2 und Art. 103 Abs. 2 GG sich ergebenden rechtsstaatlichen Bedenken gegenüber Blankettstrafgesetzen kann hier nicht näher eingegangen werden; näher hierzu Warda, 10 mit weiteren Nachweisen.

fachung gleichsam vor die Klammer gezogen wurde. Mit der für Blankettgesetze charakteristischen konstitutiven Ergänzung durch eine vom Blankettgesetzgeber verschiedenen Stelle hat dies jedoch nichts zu tun[274]).

Die zweite Voraussetzung schließt aus, daß zu den Blankettgesetzen solche Strafbestimmungen gerechnet werden, die normative, d. h. wertausfüllungsbedürftige Merkmale verwenden (z. B. „fremde" oder „gepfändete" Sache, „unangemessene" Entgelte, „pflichtwidriges" Dienen)[275]. In diesen Fällen nimmt das Strafgesetz zwar auch auf andere Gesetzesbestimmungen Bezug, aber nicht zur konstitutiven tatbestandlichen Ergänzung, sondern nur deklaratorisch zur Wertung und näheren Inhaltsbestimmung seiner eigenen Tatbestandsmerkmale. Es ist ein Unterschied, ob der Gesetzgeber in § 2 a WiStG 1954 das Fordern „unangemessenen Entgelts" oder in dessen § 2 den Verstoß gegen Preisvorschriften schlechthin bestraft. Im ersten Fall wird nur deklaratorisch, lediglich zur besseren Beurteilung der wertwidrigen Unangemessenheit des Entgelts auf die geltenden Preisvorschriften Bezug genommen; maßgeblich jedoch bleiben letztlich die verbindlich vorgegebenen sozialethischen Mindestanforderungen. Im zweiten Fall dagegen wird die Strafwürdigkeit erst und ausschließlich von den die Preisvorschriften erlassenden Verwaltungsbehörden konstitutiv begründet[276]).

---

[274]) So auch Schönke-Schröder, § 59 VIII; aA Mezger, Lb, 196; Frank aaO; Warda aaO 11, die auch diese Gesetze zu den Blankettgesetzen — allerdings im weiteren Sinne — zählen, weil die Strafsatzung hier ebenfalls der tatbestandlichen Ergänzung durch die äußerlich davon getrennte Ausfüllungsvorschrift bedürfe. Doch muß Warda (aaO 8) selbst zugeben, daß die wichtigsten und eigentlich problematischen Blankettstrafgesetze diejenigen sind, „mit denen der Gesetzgeber nicht die von ihm selbst, sondern von anderen Organen erlassenen oder erst in Zukunft zu erlassenden Anordnungen unter Strafschutz stellt".

[275]) Während hinsichtl. der Begriffe „fremd" und „gepfändet" kein Streit darüber besteht, daß sie lediglich normative Tatbestandsmerkmale darstellen, ist dies hinsichtlich der „Pflichtwidrigkeit" in § 356 StGB heftig umstritten. Normatives Tatbestandsmerkmal nehmen u. a. an: Schönke-Schröder aaO; Welzel, JZ 54, 277; Kohlrausch-Lange, § 356 I 3; R. Lange, JZ 56, 75; auch BGHSt 5, 287, 311. Blankettvorschrift mit § 32 Abs. 1 Rechtsanwaltsordnung als ausfüllende Norm nehmen an: Warda aaO 14, 37; BGH 3, 400; 4, 80.

[276]) Gerade an Hand der §§ 2, 2 a WiStG 1954 hat R. Lange (JZ 57, 237) den Unterschied einprägsam formuliert: „Hier zeigt sich deutlich, daß das Blankettgesetz die charakteristische Form für die Unrechtsbegründung bei Zuwiderhandlungen gegen eine positiv geschaffene Ordnung ist, während das normative Tatbestandsmerkmal die Aufnahme vorgefundenen materiellen Unwerts als Unrechtssubstanz charakterisiert — hier ein wucherähnliches Handeln. Auch die Instanz, die das Unrechtsurteil konkretisiert und substantiiert bzw. perfiziert, ist in beiden Fällen verschieden. Beim normativen Tatbestandsmerkmal überläßt es der Gesetzgeber dem Richter, den vorfindlichen Unrechtsgehalt näher zu deklarieren (in § 2 a WiStG: das „unangemessen hohe Entgelt" . . .). Beim Blankettgesetz überläßt er es der Verwaltung, ob und in welchem Umfange sie einen Ordnungsbereich abstecken (in § 2 WiStG: Preisvorschriften erlassen) will. Der Begründung des Un-

Erst mit dieser Erkenntnis bekommt man die spezifische Eigenart der Blankettgesetze in den Griff. Weder die tatbestandliche Unvollständigkeit noch die lediglich deklaratorische Verweisung auf eine andere Norm sind das wesentliche Kriterium; andernfalls müßten sowohl die Fälle, in denen lediglich aus Gründen gesetzestechnischer Vereinfachung die Strafbestimmung von den Einzelnormen ausgeklammert ist, als auch die Strafgesetze mit normativen Tatbestandsmerkmalen zu den Blankettgesetzen im begrifflichen Sinne gerechnet werden. Ihre spezifisch dogmatische und rechtspolitische Eigenart besteht vielmehr allein darin, daß eine andere Stelle als der Blankettgesetzgeber die Strafbarkeit konstitutiv begründet[277]).

Und hier wird nun ersichtlich, daß die Blankettgesetze ihre Existenz nicht nur einer mehr oder minder zufälligen Gesetzestechnik verdanken[278]), sondern geradezu typischer Ausdruck eines nur positiv begründeten Ordnungsunrechts sind. Sie bieten die geeignete Form an, um den „temporären" Ordnungs- und Verwaltungsinteressen des Staats jederzeit Rechnung tragen zu können; denn der Verwaltung bleibt nicht nur vorbehalten, wie sie das Blankett ausfüllt, sondern auch, ob sie es überhaupt ausfüllen will. Bis zur Ausfüllung des Blanketts durch die konstitutiv ordnende Verwaltung ist das Verhalten objektiv kein Unrecht und wird es unter Umständen auch nie werden[279]).

---

rechts aus der ratio steht die aus der voluntas, dem Rechtsobjektivismus der Rechtspositivismus, dem richterlichen Ermessen das Schöpferische der Verwaltung gegenüber."

[277]) So schon R. Lange, JZ 56, 75.

[278]) So aber v. Weber, 26; auch Welzel, MDR 52, 586.

[279]) Auch Warda hat (aaO 10) das Wesen der Blankettstrafgesetze, bei denen der Gesetzgeber die Ausgestaltung des Tatbestandes anderen Stellen überläßt, in ihrer „Abhängigkeit von positiv-rechtlichen, möglicherweise erst in Zukunft zu erlassenden Ge- oder Verboten" und ihren Zweck in der „Angleichung der Strafnorm an zeitlich oder räumlich wechselnde Verhältnisse" gesehen. Doch schon eine Seite weiter verläßt er diese allein richtige Wesenserfassung, indem er als entscheidendes Kriterium der Blankettstrafgesetze die „tatbestandliche Ergänzung durch die äußerlich davon getrennte Ausfüllungsvorschrift" ansieht und insoweit folgerichtig die Fälle der §§ 49 StVO, 71 StVZO in den Blankettgesetzbegriff mit einbezieht. Demgegenüber schon M. E. Mayer, Kulturnormen, 117 f: „Der innere Grund dafür, daß die gesetzgebenden Körperschaften . . . nicht selbst den Tatbestand festgelegt haben, ist aber der, daß hier nicht die Aufgabe zu lösen war, aus einer Kulturnorm eine Entscheidungsnorm zu machen, sondern die andere, auf kulturell indifferentem Gebiet Verhaltungsmaßregeln aufzustellen, . . ." Oder R. Lange, JZ 57, 238: „Wo der Gesetzgeber Recht und Unrecht erkennt: den sozialethischen Unwert als solchen erfaßt und für strafbedürftig erklärt, da kann er die Strafbarkeit nicht in suspenso lassen. Er würde damit das lebendige Gerechtigkeitsgefühl verletzen." Oder Erik Wolf, 562: das tatsächliche Geschehen bei Blankettnormen „ist ethisch-kulturell farblos, nur juristisch vorgeformt: es handelt sich um spezifische Ordnungsdelikte, die an den Lebensraum einer nationalen Rechtsordnung, ja oft nur eines temporären Gesetzes gebunden sind". Und in auffälliger Diskrepanz zur grundsätzlichen Haltung, Hellm. Mayer, § 39 III 1 b: „In der Tat zeugt es für den

Von hier aus ist auch allein die Grenze zwischen Strafgesetzen mit normativen Tatbestandsmerkmalen und Blankettgesetzen mit konkludenter Normverweitung zu gewinnen, die bei *Warda* völlig offen bleibt[280]). Gewiß bedeutet der Ausdruck „bezugsbeschränkte Erzeugnisse" sachlich dasselbe wie „Erzeugnisse, die nach den geltenden Bewirtschaftungsbestimmungen einer Bezugsbeschränkung unterliegen". Doch mit gleichem Grunde kann man den Ausdruck „fremde Sache" umformulieren in „Sachen, die nach der geltenden Eigentumsordnung in eines anderen Eigentum stehen". Damit ist also noch nicht viel gewonnen. Das Entscheidende liegt vielmehr darin, daß das Tatbestandsmerkmal „fremd" inhaltlich durch einen Rückgriff auf den vorgegebenen, wenn auch positiv geordneten, sittlichen Wert der Eigentumsordnung, also normativ zu gewinnen ist, während das Merkmal „bezugsbeschränkt" inhaltlich nicht durch einen deklaratorischen Rückgriff auf einen vorgegebenen Wertbestand, sondern allein durch Bezugnahme auf die konstitutive, positive Ordnung der Bewirtschaftungsbestimmungen gewonnen werden kann[281]). Allein deshalb handelt es sich bei den konkludenten Normverweisungen um Blankettstrafgesetze[282]). Sie sind eben typischer Ausdruck derjenigen Bestimmungen, „die nur ein äußerer Ordnungs-, kein innerer Kulturbestandteil unseres Rechtes sind"[283]).

IV. Der Ersatz der unrechtstypischen Handlung durch „künstliche Indizien"

Baut das Kriminalstrafrecht seine Tatbestände strukturell auf der von Hause aus unrechtstypischen Handlung auf, ist diese also das „natürliche" Indiz für die Rechtswidrigkeit, so gilt das nicht, wie die Arbeit gezeigt hat, für den Bereich der Zuwiderhandlungen. Hier wird allein auf das formelle Element der Verbotswidrigkeit abgestellt. Bisweilen jedoch ist das dem Gesetzgeber, besonders bei blankettausfüllenden Einzelanordnungen, zu wenig. Er schaltet deshalb in solchen Fällen zwischen Norm und Sanktion ein weiteres formales Element — gleichsam ein „doppeltes Signal" — der-

bloßen Ordnungscharakter einer Vorschrift, wenn sie in ein blankettausfüllendes Gesetz oder eine Verordnung verwisen wird." — Eigentlich hat auch Binding schon das Problem latent aufgezeigt, indem er (vgl. oben S. 39 f) der Umwandelbarkeit des Grundstocks der Normen die polare Gegensätzlichkeit der Normwidrigkeit bei den Blankettgesetzen gegenüberstellte; hierzu vgl. R. Lange, ZStW 68, 639; GA 53, 3 und ZStW 73, 90, 107.

280) Einerseits „fremde" Sache in § 242 StGB (aaO 7), andererseits „bezugsbeschränkte" Erzeugnisse in § 8 Nr. 1 WiStG (aaO 13).

281) Das gleiche gilt für andere konkludente Normverweisungen, wie z. B. „bewirtschafteter Wohnraum", „Jahressoll an Landwirtschaftserzeugnissen" usw.

282) Und nicht um normative Tatbestandsmerkmale, so aber Schönke-Schröder aaO; Eb. Schmidt, SJZ 50, 837.

283) So R. Lange, JZ 56, 75; ähnlich auch JZ 57, 236, 238.

gestalt ein, daß die Gebote und Verbote ausdrücklich auf die Sanktionen verweisen müssen[284]). Damit wird das „natürliche" Indiz der unrechtstypischen Handlung hier durch das „künstliche" des ausdrücklichen Hinweises auf die Strafbarkeit ersetzt und auf diese Weise zwischen den positiv geschaffenen Zuwiderhandlungen und den deliktstypischen Unrechtshandlungen in besonders augenfälliger Weise unterschieden[285]).

---

[284]) Grundlegend § 2 Abs. 2 WiStG 1954. Aus dem reichen Material der neueren Gesetzgebung vgl. nur: § 9 Abs. 1 Getreidegesetz v. 19. 8. 57 (BGBl I 1239 ff); § 15 Abs. 2 Saat- und Pflanzenschutzgesetz v. 25. 9. 57 (BGBl I 1388 ff); § 34 Abs. 1 Zivilbevölkerungsschutzgesetz v. 9. 10. 57 (BGBl I 1696 ff) und viele andere.

[285]) Vgl. zum Ganzen: R. Lange, JZ 56, 76, 521 zu Anm. 20, 522; Kohlrausch-Lange, Vorbem. II A.

Zweiter Teil

Die Stellung der Zuwiderhandlungen im strafrechtlichen System

Vorbemerkungen:

Die formal-kategoriale Einordnung des Verwaltungs**straf**rechts einschließlich des Ordnungswidrigkeitenrechts unter den Oberbegriff des „Strafrechts“ im weiteren Sinne[286]) macht es erforderlich, daß auch die Tatbestände der Zuwiderhandlungen den Grundelementen des formalen Deliktsbegriffs entsprechen müssen. Auch der Täter einer bloßen Ordnungswidrigkeit muß tatbestandsmäßig-rechtswidrig und schuldhaft gehandelt haben, ehe ihm eine Geldbuße auferlegt werden darf. Beide Unrechtsbereiche stimmen also in den formalen Beziehungen der Tatbestandsmäßigkeit, Rechtswidrigkeit und Schuld voll überein, müssen es sogar, soll nicht — wie *Trops* es dem Verwaltungsstrafrecht zu Unrecht vorwarf — „die logische Einheit des Strafrechtssystems“ zerstört werden[287]). Doch die formale Gleichheit der Deliktsmerkmale läßt die verschiedene materiale Ausgestaltung ihrer Inhalte völlig unberührt. Die formelle Gleich**artig**keit bedeutet nicht eine materielle Gleich**wertig**keit. Nicht die Gleichheit in der äußeren Erscheinung ist das Entscheidende, sondern die Verschiedenheit der materiellen Wesenselemente.

Die Arbeit hat oben gezeigt, daß diese materiale Verschiedenheit in der besonderen Struktur der „Zuwiderhandlung“ ihren positiven Ausdruck findet. Diese eigene Struktur der Zuwiderhandlung muß sich aber auf Grund der ihr zugrunde liegenden materiellen Wertverschiedenheit von der genuin kriminellen Handlung im gesamten Bereich des Verbrechenssystems grundlegend verschieden auswirken. Das, was wir im klassichen Strafrecht gemeinhin unter Handlung, Tatbetand, Rechtswidrigkeit und Schuld verstehen, kann nicht ohne weiteres auf die Zuwiderhandlungen übertragen werden. Überall müssen vielmehr die formalen Kategorien in ihrer materialen Ausgestaltung der besonderen Struktur und Werthaftigkeit der Zuwiderhandlungen Rechnung tragen.

---

[286]) Vgl. oben S. 30 ff.

[287]) So auch Erik Wolf, 520, 522, 547, 560; v. Liszt—Schmidt, 146; Eb. Schmidt, SJZ 48, 230. Vgl. auch Dalcke—Fuhrmann—Schäfer, 459, und Bockelmann, NJW 60, 1284.

Dieser Frage nach der Stellung der Zuwiderhandlungen im strafrechtlichen System will sich der nun folgende Teil der Arbeit widmen. Er beschränkt sich dabei auf eine Erörterung lediglich der allgemeinen Verbrechensmerkmale. Aber auch insoweit wird nicht erwartet werden können, daß eine erschöpfende Darstellung darüber geboten wird, was Unrecht und Schuld, Tatbestandsmäßigkeit und Handlung ist. Dies würde eine Darstellung des gesamten Strafrechtssystems voraussetzen, die nicht Aufgabe dieser Monographie sein kann. Nur soweit es die besondere Struktur der Zuwiderhandlung erfordert, soll an Hand der jeweils geltenden Grundauffassungen ihre spezifische Eigenart und Stellung im System herausgearbeitet werden.

Erstes Kapitel

Tatbestandsmäßigkeit und Rechtswidrigkeit

I. Die Entwicklung der Tatbestandslehre vom wertfreien Tatbestand Belings bis zur Auffassung des Tatbestands als „vertypter Rechtswidrigkeit"

Die Arbeit ist in ihrem ersten Teil zu dem Ergebnis gekommen, daß sich die „Rechtswidrigkeit" bei Zuwiderhandlungen und echten Straftaten angesichts der völlig verschiedenartigen Unrechtsbegründung beider Bereiche nicht in gleicher Weise „material" erfassen läßt. Das an sich wertneutrale Verhalten und seine tatbestandliche Erfassung als „Zuwiderhandlung" gegen eine positive Ordnungsnorm muß sich daher von der per se unrechtstypischen und tatbestandlich deshalb in ihrer natürlichen Verhaltensweise erfaßten Handlung über die besondere formale gesetzliche Struktur hinaus auch in einer Verschiedenheit der inneren Beziehung von Tatbestand und Unrecht ausdrücken; denn Tatbestand ist — das muß heute als herrschende Meinung angesehen werden — die Vertypung strafrechtlichen Unrechts[288]).

---

[288]) Allerdings dienen innerhalb der gesetzlichen Deliktgruppen einzelne Tatbestände nicht der Unrechts-, sondern der Schuldtypisierung, und auch innerhalb des gleichen Tatbestandes können beide Arten von Merkmalen vorkommen. In dieser Richtung wegweisend: Kohlrausch—Lange, Vorbem. II B; Gallas, ZStW 67, 18, 31, der den „ganzheitlich verstandenen Tatbestand" in „Unrechts- und Schuldtatbestand" zergliedert. Auch Mezgers „Handlungstatbestand" (NJW 52, 2) umfaßt das „Ganze der Straftat", also auch die „tatbestandliche Schuld"; vgl. auch Studienbuch § 51; ebenso Sauer, Strafrechtslehre § 9 II 1 und Engischs „Verbrechenstatbestand, Mezger-Festschr., 130, Kritisch zum Ganzen: Welzel, Strafrecht, § 10 III. — Im Text interessiert allerdings nur der „Unrechtstatbestand".

Das ist nicht immer so gewesen und zum Teil auch heute noch bestritten. Für *Beling*, den Begründer der modernen Tatbestandslehre, war „im Tatbestande selber eine rechtliche Bedeutung nicht erkennbar"; der Tatbestand sei vielmehr „rein beschreibenden Charakters", „schlechthin rechtsfolgelos", ein „Typus", eine „Figur", ein „abstraktes juristisches Formgebilde", das über Rechtswidrigkeit und Schuld der Tat nichts aussage. In ihm würden lediglich „rein deskriptiv" die Objekte umrissen, „normative Bestimmungen knüpfen nur an ihn an"[289]).

Dieser rein objektiv-deskriptive Tatbestand *Belings* wurde in der folgenden Entwicklung einerseits durch die Entdeckung der subjektiven Unrechtselemente (*Nagler, Hegler, M. E. Mayer, Mezger*), andererseits durch die Entdeckung normativer Tatbestandsmerkmale (*M. E. Mayer, Mezger*) auch subjektiven und normativen Elementen geöffnet. Der nächste Schritt war dann, daß der Tatbestand nicht mehr wertfrei, sondern wenigstens als „Indiz", als „Erkenntnisgrund", als „ratio cognoscendi" der Rechtswidrigkeit aufgefaßt wurde[290]). Noch einen Schritt weiter ging die zur materiellen Unrechtsauffassung führende teleologisch-wertbeziehende Betrachtungsweise: Der Tatbestand ist nicht bloßer Erkenntnis-, sondern echter Geltungsgrund, nicht bloße ratio cognoscendi, sondern echte ratio essendi der Rechtswidrigkeit[291]). Er ist „typisiertes Unrecht", „vertypte Rechtswidrigkeit", eine „Erscheinungsform des Unrechts".

Eine Mittelstellung zwischen den beiden letzten Ansichten bezieht dagegen *Gallas*[292]). Nach ihm umfaßt der Tatbestand als Verkörperung des Delikts t y p u s den typischen Strafwürdigkeitsgehalt der jeweiligen Verbrechensart[293]). Die Tatbestandsmäßigkeit muß sich danach — unabhängig von der Rechtswidrigkeit der konkreten Tat — lediglich auf den für die betreffende Deliktsart typischen materiellen Unrechtsgehalt beziehen. „Die

---

[289]) Lehre vom Verbrechen, 112, auch 20 ff, 116 f, 145 ff. — Gegen Ende seines Lebens hat Beling jedoch als systematischen Grundbegriff nicht mehr den Tatbestand als „Leitbild", sondern den diesem übergeordneten „Deliktstypus" angesehen. In: Die Lehre vom Tatbestand, Tübingen 1930 S. 19 f definiert er das Verbrechen als „eine Handlung, die typisiert rechtswidrig und entsprechend schuldhaft ist". Vgl. hierzu Gallas, ZStW 67, 29.

[290]) So als erster M. E. Mayer, AT, 10 Anm. 21, 52, 182, vgl. auch v. Liszt—Schmidt, 185 mit weiteren Nachweisen.

[291]) So vor allem Mezger, Lb, 182 ff; LK Einleitung III 2, Bem. 3 c vor § 51; Studienbuch § 34 II; NJW 53, 2 ff u. Sauer, Grundlagen, 307 ff, 339; Strafrechtslehre § 14 I; Mezger-Festschr., 118 f. Ebenso Bockelmann, Täterschaft, 56; Bemmann, 20; Engisch, Untersuchungen, 12; Frank, StGB, 2; v. Hippel II, 188; Arthur Kaufmann, 164 ff; JZ 54, 657; R. Lange, Der moderne Täterbegriff und der deutsche Strafgesetzentwurf, Berlin/Leipzig 1935 S. 8 f; Lang-Hinrichsen, JR 52, 184 ff, 302 ff, 356 ff; JZ 53, 366; Schröder, ZStW 65, 185 ff.

[292]) ZStW 67, 1 ff.

[293]) aaO 17.

Tatbestandsmäßigkeit ist also . . . ratio essendi für die Zugehörigkeit der Tat zum Unrechtstypus, dagegen nur ratio cognoscendi für deren Rechtswidrigkeit im konkreten Fall[294])."

II. Alle unrechtskonstituierenden Merkmale sind Tatbestandsmerkmale

Dem Für und Wider einer Orientierung des Tatbestandes am Unrechtstypus, wie *Gallas* sie vornimmt, oder an der Rechtswidrigkeit schlechthin, wie sie *Lang-Hinrichsen* mit seinem Gesamttatbestand[295]), *Mezger*[296]) und *Engisch*[297]) mit ihrem Unrechtstatbestand vornehmen, braucht hier nicht weiter nachgegangen zu werden. Meist sind es Sonderintentionen, wie z. B. die Standortbestimmung der sogen. negativen Tatbestandsmerkmale oder die generelle Unterscheidbarkeit zwischen Tatbestandsirrtum und Verbotsirrtum, die hier maßgebend sind. Eine Erörterung würde daher insoweit über die im Text zu lösende Aufgabe hinausführen. Aber es kann hier auch dahingestellt bleiben, ob man die Tatbestandsmäßigkeit als ratio essendi der Zugehörigkeit der Tat zum Unrechtstypus oder als ratio essendi der Rechtswidrigkeit schlechthin auffaßt; in beiden Fällen gelangt man bei materieller Unrechtsbetrachtung zu dem Ergebnis, daß alle Merkmale, die den Strafwürdigkeitsgehalt der jeweiligen Deliktsart bestimmen, Tatbestandsmerkmale sein müssen. Daß die an der Rechtswidrigkeit schlechthin orientierte Tatbestandsauffassung über die typischen Unrechtsmerkmale hinaus auch noch die konkreten, z. B. die negativen, in ihren Tatbestandsbegriff aufnimmt, kann insoweit unberücksichtigt bleiben. In jedem Falle ist nach beiden Auffassungen für unrechtsbegründende Merkmale außerhalb des Tatbestandes kein Raum[298]). Alle Merkmale, die für das typische Unrecht konstitutiv sind, sind Tatbestandsmerkmale, mögen sie ihrer Natur nach „deskriptiv" oder „normativ", „objektiv" oder „subjektiv", „geschrieben" oder „ungeschrieben" sein.

III. Die Tatbestandslehre Welzels und seine Lehre von den „speziellen Rechtswidrigkeitsmerkmalen"

Dem widerspricht heute vor allem *Welzel*, der den Tatbestand als „begriffliches Gebilde", als „Verbotsmaterie strafrechtlicher Bestimmungen", d. h. als die „sachliche, gegenständliche Beschreibung des verbotenen Ver-

[294]) aaO 23 Anm. 53 a.
[295]) JR 52, 356; JZ 53, 363.
[296]) NJW 53, 2.
[297]) Mezger-Festschr., 132.
[298]) So im Ergebnis auch Gallas aaO 25, 28; Bemmann, 13, 17; Schweikert, 69, 155.

haltens" bestimmt[299]). Nur soweit ein Merkmal das verbotene Verhalten sachlich-gegenständlich umschreibe, könne es Tatbestandsmerkmal sein. Da es aber kein schlechthin verbotenes Verhalten gebe, sei der Tatbestand — obgleich Materie eines Rechtsverbots — nur Indiz der Rechtswidrigkeit.

An anderer Stelle muß *Welzel* jedoch selbst einräumen, daß die Verwirklichung des Tatbestandes oft die Rechtswidrigkeit des Verhaltens nicht indizieren könne, da der Tatbestand in vielen Fällen das verbotene Verhalten nicht durch sachlich-gegenständliche Merkmale erschöpfend umschreibe[300]). Das sei bei den sogen. „offenen" Tatbeständen der Fall[301]) und bei allen Strafbestimmungen mit „speziellen Rechtswidrigkeitsmerkmalen", wie z. B. „rechtsgültig" (§ 110 StGB), „rechtmäßig" (§ 113), „zuständig" (§§ 110, 116, 137, 153 ff.), „unbefugt" (§§ 123, 136, 168, 290, 300). Diese Merkmale seien deshalb keine Tatbestandsmerkmale, weil sie nicht sachlich-gegenständlich die Tathandlung oder das Tatobjekt, sondern die Rechtspflicht des Täters, also ein rechtliches Sollen oder Dürfen, beschreiben[302]).

Doch alle diese Merkmale sind dennoch t y p i s c h e Unrechtsmerkmale. Es kann aber nicht anerkannt werden, daß es außerhalb des Tatbestandes Merkmale gibt, die für das Unrecht der Tat wesentlich sind. Andernfalls würde durch den Tatbestand kein strafrechtliches Unrecht, sondern ein strafrechtlich irrelevanter Vorgang typisiert werden. Das Unrecht wird nämlich, beschränkt man den Tatbestand lediglich auf die sachlich-gegenständliche Umschreibung des verbotenen Verhaltens, in seinen konstitutiven Merkmalen nur unvollkommen erfaßt. Darum trifft auch die Kritik von *Gallas* zu, daß der Tatbestand als Verbotsmaterie im Sinne *Welzels* eine recht „formale Kategorie" sei: „Der besondere Strafwürdigkeitsgehalt der Tat, durch den sich überhaupt erst das verbrecherische vom sonstigen Unrecht unterscheidet, läßt sich mit der formalen Kategorie eines bloßen Verbotenseins nicht erfassen . . . Will man daher nicht auf die systematische Erfassung gerade der Momente verzichten, die die Tat sachlich zum Delikt machen, so darf man im Tatbestand nicht nur die Umschreibung einer Verbotsnorm, muß in ihm vielmehr zugleich das Ergebnis einer materiellen Wertung sehen[303])."

Welzel hat diesen Vorwurf des „Rückschritts zum Belingschen wertfreien Tatbestand" als unbegründet zurückgewiesen und erwidert, daß die Ausdeutung des Tatbestandes als Materie eines Rechtsverbots offensichtlich eine

---

[299]) Strafrecht § 10 I 1, 3.

[300]) aaO § 10 I 2; § 14 I 2 b, c.

[301]) z. B. §§ 240, 253 StGB.

[302]) Kritisch hierzu Kunert, Die normativen Merkmale der strafrechtlichen Tatbestände, Berlin 1958, S. 63 ff; Hirsch, Die Lehre von den negativen Tatbestandsmerkmalen, Bonn 1960 S. 289 ff, 296 ff; Roxin, Offene Tatbestände und Rechtspflichtmerkmale, Hamburg 1959, S. 97 f, 167 ff.

[303]) aaO 23.

s a c h l i c h e Kennzeichnung des tatbestandsmäßigen Verhaltens enthalte, und zwar nicht nur dessen rechtliche Relevanz (Wertdifferenz), sondern sogar den Hinweis (das Indiz) auf die Rechtswidrigkeit[304]).

Es muß jedoch verneint werden, daß der Tatbestand bei Aussonderung der Merkmale, die nach *Welzel* besondere Rechtswidrigkeitsmerkmale sind, noch fähig ist, Ausdruck der „rechtlichen Relevanz", d. h. der „Wertdifferenz" eines Verhaltens zu sein. Vielmehr bringt das gegenständlich Umschriebene einer Verbotsnorm — wie sich noch zeigen wird — allein oftmals weder die strafrechtliche Relevanz noch — wie *Welzel* bei den „offenen" Tatbeständen selbst zugibt — den Hinweis, das Indiz auf die Rechtswidrigkeit zum Ausdruck. Versteht man jedoch unter Tatbestand die Beschreibung typischen Unrechts, dann müssen zum Tatbestand alle Merkmale gehören, die das jeweilige Unrecht als solches konstituieren. *Gallas* hat das klar formuliert: „Jedes Merkmal, das den Unrechtsgehalt der betreffenden Deliktsart mitbestimmt, ist also für uns Tatbestandsmerkmal, gleichgültig, wie weit dabei der Gesetzgeber den Verbotsgehalt gegenständlich näher umschrieben hat[305])." Danach zählen zum Tatbestand nicht nur die deskriptiven, sondern auch die normativen Elemente des Deliktstypus, insbesondere auch die Rechtswidrigkeitsmerkmale im Sinne *Welzels* — kurz: alle unrechtskonstituierenden Merkmale sind Tatbestandsmerkmale.

IV. Bei den echten kriminellen Straftaten ist die formelle Rechtswidrigkeit kein Tatbestandsmerkmal

Hinsichtlich der klassischen, echten Kriminaldelikte bereitet dieser Tatbestandsbegriff nach der vorangegangenen Klärung keine grundsätzlichen Schwierigkeiten mehr. Zum Tatbestand gehören alle Merkmale, die den typischen materiellen Unrechtsgehalt der betreffenden Tat konstitutiv begründen. Die formale Rechtswidrigkeit als Umwerteigenschaft, die der Tat wegen ihres Widerspruchs mit der rechtlichen Ordnung anhaftet, bleibt dabei außerhalb des Tatbestandes. Sie ist kein Tatbestandsmerkmal[306]), weil im klassischen Strafrechtsbereich — wie oben dargelegt wurde[307]) — die Tat bereits, ehe sie noch verboten ist, in sich typischen Strafwürdigkeitsgehalt trägt. Die formale Rechtswidrigkeit begründet nicht konstitutiv das Unrecht in diesem Bereich, sondern setzt es materiell bereits voraus. Das echte kriminelle Strafrecht trifft vielmehr nur eine Auswahl aus dem Bereich des Unrechts;

---

[304]) aaO § 10 III.

[305]) aaO 25; ebenso Jescheck, MDR 56, 448; Arthur Kaufmann, JZ 56, 354 zu Anm. 26; Bemmann, 16 f; Schweikert, 116 ff. Gegen Welzels Tatbestandsbegriff ferner: Bockelmann, ZStW 69, 272 ff; R. Lange, ZStW 63, 471 f; Schönke-Schröder, § 59 V 7 b u. c; Schmidthäuser, 151.

[306]) Vgl. hierzu auch Mezger in LK, Anm. I 4 zu § 59.

[307]) Vgl. oben S. 45 ff.

Unrecht ist hier nicht, weil es verboten ist, sondern es wird verboten, weil es Unrecht ist. Das Verhalten trägt schon unabhängig von jeder gesetzlichen Regelung in sich typische Unrechtsqualität. Zwar begründet die formale Rechtswidrigkeit die straf rechtliche Relevanz des Verhaltens, nicht aber die Unrechtsrelevanz; an diese knüpft sie vielmehr erst deklaratorisch an. „Das formale Unrecht prägt das materiale in Typen aus[308]." Dabei läßt die Tatsache der gesetzlichen Normierung den materiellen Unrechts- und Strafwürdigkeitsgehalt der betreffenden Tat völlig unberührt.

V. Bei den Zuwiderhandlungen ist die Tatsache des gesetzlichen Verbots oder Gebots als unrechtskonstituierendes Merkmal Tatbestandsmerkmal

Im Bereich der Zuwiderhandlungen muß das anders sein. Hier sind die Tatbestände im Gegensatz zum klassischen Strafrecht nicht ein Ausschnitt aus dem schon vor der formellen Erfassung materiell Unrechten, sondern der Gesetzgeber schafft das Recht durch die Aufstellung positiver Ordnungsschranken selber. Nicht die präexistente Wertwidrigkeit, sondern die Tatsache des formellen Verbots oder Gebots selbst ist hier das eigentlich unrechtskonstituierende Merkmal[309]. Gehören aber, wie oben festgestellt worden ist, alle unrechtskonstituierenden Merkmale zum Tatbestand, so muß im Bereich der Zuwiderhandlungen die Tatsache des Ge- oder Verbotenseins als Tatbestandsmerkmal angesehen werden.

Das kann gar nicht anders sein; denn das Verhalten in diesem Bereich ist in seiner natürlichen Verhaltensweise völlig wertneutral, unter Unrechtsgesichtspunkten völlig nichtssagend und ambivalent. Wie sollte das Vermieten von Wohnraum, das Anbauen von Kartoffeln, das Abliefern von Milch, das Parken oder Fahren eines Wagens ohne Koppelung mit der Tatsache des Verbots oder Gebots unrechtsindizierend wirken? Unrecht wird das Verhalten erst in seiner „Zuwider"-handlung gegen die rechtliche Ordnung. Erst das Verhalten und die Existenz der Norm zusammen begründen die strafrechtliche Relevanz und können als Indiz für Unrecht funktionieren. Die an sich wertneutralen Verhaltensweisen der Zuwiderhandlungen lassen sich nämlich nicht wie das Töten oder Mißhandeln im klassischen Bereich ihrer Natur nach, sondern nur als „gebotene" oder „verbotene", d. h. also als „gewertete" zu einer strafrechtlich relevanten Sinneinheit zusammenfassen. Jedenfalls könnte ein lediglich auf dem äußeren Verhalten als solchem aufbauender „Tatbestand" — der ein Tatbestand in Wirklichkeit gar nicht wäre — weder als ratio cognoscendi noch als ratio essendi des

[308]) So Sauer, Strafrechtslehre § 9 II 1; ähnlich auch Kohlrausch—Lange, Vorbem. II A.

[309]) Vgl. oben S. 48 ff.

Unrechts funktionieren. Man mag den Tatbestand mit *Beling* als „Leitbild", mit *Welzel* als „sachlich-gegenständliche Beschreibung des verbotenen Verhaltens", mit *Gallas* als „Deliktstypus", mit *Lang-Hinrichsen* als „Gesamttatbestand" bestimmen: in jedem Falle kann der Tatbestand bei den an sich wertneutralen Verhaltensweisen der Zuwiderhandlungen die ihm von allen zugebilligte Funktion, das strafrechtlich Verbotene vom strafrechtlich Erlaubten abzugrenzen, nur erfüllen, wenn das normative Element schon in den Tatbestand mit einbezogen wird. Denn selbst *Welzel*, der den Tatbestand lediglich auf die gegenständliche Beschreibung des Verbotenen beschränkt wissen will, räumt ein, daß der Tatbestand die „strafrechtliche Relevanz (Wertdifferenz) eines Verhaltens" zum Ausdruck bringen und grundsätzlich als Indiz für das Unrecht funktionieren müsse[310]). Doch das sachlich-gegenständliche So-Sein des Verhaltens allein macht die Zuwiderhandlung noch nicht zu einem sinnfälligen und sozial bedeutsamen Ereignis, macht noch nicht die strafrechtliche Relevanz der Zuwiderhandlung aus, sondern dies bewirkt erst die Verbindung von „Handlung" und „Zuwider", von „Sein" und „Sollen", von „tatsächlichem" Verhalten und „rechtlicher" Normierung. Zusammengefaßt: Die Tatsache der Ordnungsstörung, d. h. das „Zuwider" gegen ein formelles Verbot oder Gebot, gehört als eigentlich unrechtskonstituierendes Merkmal zum Tatbestand der Zuwiderhandlungen[311]).

---

[310]) aaO.

[311]) So vor allem R. Lange, JZ 56, 77, 78; 57, 235; im Ergebnis auch Maurach, § 24 I B; Jescheck, GA 57, 6; JZ 59, 457 Anm. 3; Schwarz-Dreher, B II 1 c vor § 1. Hinsichtlich der Blankettgesetze: Schröder, MDR 51, 389; Schönke-Schröder, § 59 VIII; aA Warda aaO 27 ff; Welzel, MDR 52 , 586. —
Oben S. 72 Anm. 206 ist festgestellt worden, daß Bindings Normentheorie, für die das Recht des Staats auf Botmäßigkeit den Angelpunkt der Deliktslehre darstellt, im wesentlichen auf die Zuwiderhandlungen des Verwaltungsstrafrechts zutrifft. Für Binding aber ist die Aufstellung eines allein auf das äußere Geschehen abstellenden Tatbestandsbegriff ohne die nähere Charakterisierung, daß der Norm z u - w i d e r gehandelt wird, „kaum begreiflich", vgl. Normen II, 161; III, 302, 309; GS 76, 11. —
Soweit es sich um Gebotszuwiderhandlungen handelt — die auf Grund der ordnungsgestaltenden Funktion dieses Bereichs vorherrschen, vgl. oben S. 88 f — ergibt sich die Lösung der Frage bereits daraus, daß der Unterlassungstäter seine Pflicht zum Handeln und damit das Bestehen des Gebots kennen muß. Nach der herrschenden Meinung wird daher bei den Unterlassungsdelikten, und zwar sowohl den echten als auch den unechten, die Rechtspflicht zum Handeln zum Tatbestand und nicht zur Rechtswidrigkeit gezogen; so Gallas, JZ 52, 373; ZStW 67, 26 f; R. Lange, JZ 56, 76; Kohlrausch—Lange, § 59 VI, Engisch, Mezger-Festschr., 158; Dreher—Maaßen, § 59 I 1; Mezger, Studienbuch § 28 III; NJW 53, 5; Hellm. Mayer, § 17 I; vor allem Nagler, GS 111, 54 u. LK in Anhang 2 S. 32 ff; Schönke—Schröder, § 59 III 8; Schröder, ZStW 65, 203; Hardwig, GA 56, 373; auch BGHSt 3, 89; 4, 22, 330; NJW 53, 591; Bay ObLG, NJW 57, 354; OLG Celle, GA 58, 152 ff; aA vor allem Welzel Strafrecht § 22 A II 3 a β, der die Rechtspflicht bei den Unterlassungsdelikten als ein Moment der Rechtswidrigkeit ansieht. Abschwächend bei § 26 II und § 27 Vorbem. 2, wo er unter Verweisung auf Armin Kaufmann

VI. Die Tatsächlichkeit des positiven Ordnungsaktes

Welzel wendet hiergegen nun ein, daß das Verbotensein schon aus logischen Gründen nicht Merkmal des Tatbestandes sein könne, weil ja doch gerade die Verwirklichung des Tatbestandes Gegenstand des Verbots sei[312]. Wer jedoch *Graf Dohnas* scharfe Trennung zwischen „Objekt der Wertung" und „Wertung des Objekts" auch bei den Zuwiderhandlungen glaubt durchführen zu können[313], der darf den Tatbestand nicht mehr als Beziehungsgegenstand jeglichen strafrechtlich relevanten Verhaltens auffassen. Beschränkt man nämlich den Tatbestand auf das „Objekt der Wertung", so würden die im Tatbestand der Zuwiderhandlungen versammelten Merkmale nicht mehr ein strafrechtliches Unrecht, sondern einen strafrechtlich irrelevanten Vorgang typisieren. Aber nicht das „Parken" schlechthin ist strafrechtlich relevant, sondern erst das „verbotswidrige Parken". Erst als „gewertetes" erhält das Verhalten strafrechtliche Unrechtsrelevanz. Es muß deshalb auch tatbestandlich als „gewertetes" erfaßt werden.

Darüber hinaus verkennt der Einwand die Tatsächlichkeit des positiven Ordnungsaktes. Natürlich wird hier nicht die Rechtswidrigkeit — verstanden als Unwerturteil, das die Rechtsordnung über die Tat als ganze fällt — zum Tatbestand geschlagen. Das wäre in der Tat logisch unhaltbar. Gegenstand dieses Unwerturteils ist aber — und hier liegt das Entscheidende — nicht die Tat „an sich", d. h. das Parken als solches, sondern die Tat als „Zuwiderhandlung", d. h. das „verbotswidrige Parken"! Erst die Tatsache, daß geparkt wird, und die Tatsache, daß das Parken hier und jetzt verboten ist, geben gemeinsam den Gegenstand, die „Materie" für das Rechtswidrigkeits- und auch das Schuldurteil ab. „Wer hier die Zauberformel von dem Objekt der Wertung einerseits, der Wertung des Objekts andererseits anwenden wollte, der hätte die Teile in der Hand, aber ohne das geistige Band zwischen dem Verhalten und der Norm, den vom Gesetz gemeinten eigentlichen Inhalt[314]."

(Die Dogmatik der Unterlassungsdelikte, Göttingen 1959) die Garantenstellung des Unterlassenden zwar als täterschaftliches Merkmal innerhalb des Tatbestands, nicht aber als Merkmal der Tatbestandshandlung betrachtet. Ein spezielles Rechtswidrigkeitselement in der aus der Garantenstellung sich ergebenden Pflicht zum Handeln sehen weiter Maurach, § 46 III A 3, wohl auch Busch, Mezger-Festschr., 176 f; Börker, JR 56, 87. Näher kann hierauf nicht eingegangen werden. Grundsätzlich zu den Rechtswidrigkeitsmerkmalen vgl. oben S. 98 ff, im übrigen R. Lange, JZ 56, 75 f; Schönke—Schröder, § 59 V 7 c.

[312]) Strafrecht, § 22 A II 3 d; ebenso Boldt, ZStW 68, 369; Warda, 28, 37; Hirsch aaO 279 Anm. 10; grundsätzlich schon Graf Dohna, Der Aufbau der Verbrechenslehre, 4. Aufl. Bonn 1950 S. 49. Vgl. hierzu Bockelmann, ZStW 70, 644 f.

[313]) Dohna selbst aber hat an anderer Stelle (Rechtswidrigkeit, 38) gesagt: „Es ist vorweg zu prüfen, ob ein rechtswidriges Verhalten vorliegt; danach erst kann überhaupt die Frage nach dem Vorliegen eines strafbaren Tatbestandes aufgeworfen werden."

[314]) So mit Recht R. Lange, JZ 56, 77.

Zweites Kapitel

Die Schuld

Vorbemerkungen:

Auch im folgenden Abschnitt soll nicht eine erschöpfende Darstellung aller mit der Schuldlehre zusammenhängenden Fragen gegeben und damit ein Weg eingeschlagen werden, den schon Berufenere vorher beschritten und geebnet haben. Vielmehr ist beabsichtigt, aus dem weiten Gebiet ohne detaillierte Berücksichtigung der wahrhaft verwirrenden Fülle von Meinungen nur die Punkte herauszugreifen, in denen die Zuwiderhandlungen auf Grund ihrer besonderen Eigenart vom System der echten Kriminaldelikte in besonders auffälliger Weise abweichen.

I. Die Schuld als Vorwerfbarkeit

Schuld ist ihrem Begriffe nach eine bestimmt geartete Beziehung zwischen Täter und Tat, welche die Verantwortlichkeit des Täters für sein rechtswidriges Verhalten begründet und es ermöglicht, ihm daraus einen persönlichen Vorwurf zu machen. Schuld im normativen Sinne ist Vorwerfbarkeit[315]).

Vorgeworfen wird dem Täter seine pflichtwidrige Motivation, nämlich „daß er sich nicht rechtmäßig verhalten, daß er sich für das Unrecht entschieden hat, obwohl er sich rechtmäßig verhalten, sich für das Recht hätte entscheiden können" (BGHSt 2, 200)[316]). In dieser Relation des „Nichtrechtswidrig-sein-sollens" weil „Rechtmäßig-sein-könnens" liegt der spezifische Vorwurfscharakter der Schuld[317]). Von Schuld kann daher nur dann die

---

[315]) Über das Wesen der Schuld als Vorwerfbarkeit besteht grundsätzlich Einmütigkeit, vgl. Maurach, § 30 I 2; § 35 I; Kohlrausch—Lange, Vorbem. IV, § 59 IV a; Mezger, Studienbuch § 51; LK Einleitung IV 2; Schönke—Schröder, Vorbem. V 1 zu § 51; Welzel, Strafrecht § 19 II; Bemmann, 21 mit weiteren Angaben.

[316]) Bisweilen wird an Stelle des Motivationsvorgangs als solchen die darin dokumentierte Gesinnung zum Gegenstand der Schuldbewertung gemacht, so Gallas, Mezger-Festschr., 323; ZStW 67, 45; neuerdings vor allem Schmidthäuser, 168 ff. Damit tritt neben den sozialethisch wertwidrigen Sachverhalt des Unrechts der weitere sittlich wertwidrige Sachverhalt der unrechtlichen Gesinnung in der Schuld (vgl. Schmidthäuser, 178). Dem kann zugestimmt werden, solange nicht der „Schuldsachverhalt" vom „Unrechtssachverhalt" völlig isoliert wird. Auch die sittlich-verwerfliche Gesinnung des Schuldsachverhalts muß auf die objektiv unrechte Tat bezogen bleiben. „Eine tatgelöste Schuld ist dem Strafrecht unbekannt", so mit Recht Maurach, § 32 I 2.

[317]) So Welzel, Strafrecht § 19 I; kritisch hierzu allerdings Schmidthäuser, 155.

Rede sein, wenn der Täter unter den speziellen Umständen des konkreten Falls hätte anders handeln „können"[318]). Das wiederum setzt voraus, daß er die Bedeutung seiner Tat als etwas Unrechtes erkannt hat oder doch hätte erkennen können, weil ja nur dann von ihm ein anderes, nämlich rechtmäßiges Handeln erwartet werden konnte. Dabei muß der Täter nicht nur die Tat in ihrer tatbestandlichen Seinsbeschaffenheit, sondern auch in ihrem rechtlichen Unwertgehalt richtig erkennen oder erkennen können. Denn nur dann, wenn er die Rechtswidrigkeit seines Verhaltens kannte oder in der Lage war, sich ihrer bewußt zu werden, kann man gegen ihn den Vorwurf erheben, daß er sich anders, nämlich für das Recht hätte entscheiden können.

II. Der Vorsatz und sein Verhältnis zum Bewußtsein der Rechtswidrigkeit

Hinter dieser seit BGHSt 2, 194 ff. zum gesicherten Bestand des geltenden Rechts gewordenen Einsicht setzt der wissenschaftliche Streit ein. Es geht dabei zunächst vornehmlich um die Frage, welche Umstände der Vorsatz des Täters zu umfassen hat und in welchem Verhältnis dieser zum Bewußtsein der Rechtswidrigkeit steht.

1. Der Vorsatz hat sich auf alle unrechtskonstituierenden Umstände zu erstrecken

Aus § 59 Abs. 1 StGB folgt, daß der Vorsatz sich auf alle zum gesetzlichen Tatbestand gehörenden Umstände zu beziehen hat. In den vorangegangenen

[318]) Auf das Problem von Determinismus und Indeterminismus kann hier nicht näher eingegangen werden. Es wird verwiesen auf die gerade im jüngsten Schrifttum vertretene Konzeption eines „Menschenbildes", das sich unter Überwindung des Naturalismus in seinen wesentlichen Zügen auf Freiheit und Verantwortlichkeit des Menschen gründet. In diesem Sinne: Engisch, Vom Weltbild des Juristen, 28; Jescheck, Menschenbild, 13 ff; insbes. R. Lange, SchwZStR. 70, 378 ff; Grundfragen der Bereinigung des StGB, in: Verhandlungen des 39. DJT, Tübingen 1952 C 16 ff; Materialien I, 73; Niederschriften I, 117, 259; Rechtsidee und Rechtsideologie in West und Ost, in: Verhandlungen des 42. DJT, Tübingen 1958, II C 20 f (gegenüber Lange z. T. kritisch: Dombois, 143 ff); Hellm. Mayer, 21, 36; Mezger, Kriminalogie, München/Berlin 1951 §§ 30 ff; Neumayer, DRiZ 57, 149; Nowakowski, Rittler-Festschr. 1957 S. 56 ff; Wilh. Oswald, Formalismus in der Jurisprudenz und materiale Rechtsethik, Freiburg (Schweiz) 1957 S. 50 ff; Peters/Lang-Hinrichsen, Grundfragen der Strafrechtsreform, Paderborn 1959, insbes. S. 96 ff; Sax, JZ 57, 5; Weischedel, 11; Welzel, ZStW 60, 428 ff; Strafrecht §§ 20, 21; Würtenberger, JZ 55, 4; grundlegend auch für das Strafrecht: Wieacker, Privatrechtsgeschichte der Neuzeit, Göttingen 1952 S. 346 ff. Ganz im naturalistischen Denken verhaftet dagegen: Bauer, Das Menschenbild im Strafrecht, in: Die neue Gesellschaft, 1956 S. 333 ff.

Ausführungen aber ist gezeigt worden, daß zum Tatbestand alle Merkmale gehören, die für das Unrecht der betreffenden Tat konstitutiv sind[319]). Dieser Tatbestandsbegriff muß aber auch § 59 zugrunde gelegt werden; folglich hat sich der Vorsatz auf alle Umstände zu erstrecken, die das Unrecht der betreffenden Tat konstituieren.

Das kann auch gar nicht anders sein; denn welche Funktion sollte ein Vorsatz ausüben, der sich nur auf einen Teil der unrechtserheblichen Merkmale zu beziehen brauchte? Ein solcher Vorsatz wäre als Schuldindiz — und das ist er wohl auch nach denjenigen, die ihn zur Unrechtshandlung ziehen[320]) — völlig ungeeignet, da er dem Täter noch nicht einmal das erforderliche Wissensmaterial an die Hand gäbe, auf Grund dessen er sich der Rechtswidrigkeit seines Tuns bewußt werden könnte. Diese Funktion vermag der Vorsatz vielmehr nur dann zu erfüllen, wenn er dem Täter die richtige Vorstellung von der sozialen Bedeutung seines Verhaltens vermittelt. Der Täter muß wissen, „was" er tut, d. h. er muß seine Tat in ihren einzelnen Merkmalen als sinnfälliges und sozial bedeutsames Ereignis begreifen. Das aber kann er nur dann, wenn seine Kenntnis alle unrechtskonstitutiven Merkmale umfaßt. Erst wenn er diese „Einsicht in die lebensmäßige Bedeutung seines Tuns" hat, kann er darüber hinaus zu dem Bewußtsein gelangen, daß seine Tat rechtswidrig ist. Beides ist, wenngleich das letztere auf dem ersteren aufbaut, scharf zu unterscheiden: Zum Vorsatz gehört die richtige „Sinnerfassung" der Tat durch den Täter. Er muß wissen, „was" er tut, und zwar in der ganzen sinnfälligen Bedeutung des vom Gesetz gemeinten Inhalts[321]). Das Bewußtsein der Rechtswidrigkeit dagegen bedeutet die durch den Täter vorgenommene oder von ihm zu erwartende abschließende „Unrechtsbewertung" der in ihrem sozialen Sinn richtig erkannten „Gesamttat". So braucht grundsätzlich der Täter, der alle unrechtserheblichen Momente seiner Tat „kennt", deshalb noch nicht in jedem Falle die Tat auch als Unrecht zu „bewerten"[322]). Es ist längst nicht so,

---

[319]) Vgl. oben S. 98 ff.

[320]) Auf den diesbezügl. Streit zwischen finaler und sogen. kausaler Handlungslehre kann hier nicht näher eingegangen werden. Immerhin wird in letzter Zeit immer mehr die Doppelbewertung des Vorsatzes zum Unrecht und zur Schuld für möglich gehalten, vgl. Mezger. LK Einl, 15; R. Lange, ZStW 68, 608, 612; Hardwig, GA 56, 375; Nowakowski, JZ 58, 340 Anm. 70 mit weiteren Nachweisen. Selbst Welzel spricht neuerdings ausdrücklich aus, daß „der Vorsatz auch zur Schuld gehört", Strafrecht § 19 II 3; hierzu Nowakowski, JZ 58, 392 f.

[321]) „Erst der Täter, der die gesamte Situation, in und aus der heraus er handelte, als Lebensvorgang übersah und durchschaute, der ‚im Bilde war', der ‚sah, was gespielt wurde', — erst der wußte, w a s er tat"; — so R. Lange, JZ 53, 15.

[322]) Anders aber Arthur Kaufmann (aaO 171), wonach mit der Kenntnis und richtigen Bewertung sämtlicher Tatbestandsmerkmale zugleich immer auch das Unrechtsbewußtsein vorliege. Ähnlich, stellvertretend für alle Vertreter der sogen. Vorsatztheorie, Lang-Hinrichsen (JZ 53, 362 ff.), wonach infolge der „Strukturverschlingung von Sein und Sollen" die Einzelbewertung zugleich immer auch die Gesamtbewertung voraussetze. Damit wird aber der eigene normative Charakter

daß derjenige, der weiß, „was" er tut, immer zugleich auch weiß, daß er so etwas nicht tun darf. Seine Tat kennen heißt noch nicht seine Tat richtig bewerten. Aber gerade dies letztere, die durch das Unrechtsbewußtsein erzeugte innere, wenn auch unter Umständen nur potentielle Beziehung des Täters zum Unrecht seiner Tat ist es — wie oben dargelegt wurde —, was einen Schuldvorwurf überhaupt erst möglich macht.

2. Vorsatztheorie und Schuldtheorie

Damit entsteht die weitere — und eigentlich entscheidende — Frage nach dem Verhältnis zwischen Vorsatz und Bewußtsein der Rechtswidrigkeit; ob nämlich dieses Bewußtsein zum Vorsatz gehört oder ob seine bloße Möglichkeit genügt.

In dieser Hinsicht stehen sich bekanntlich zwei Auffassungen gegenüber, für die sich im Anschluß an *Welzel* die Bezeichnungen „Vorsatztheorie" und „Schuldtheorie" eingebürgert haben[323]). Nach der Vorsatztheorie ist das Bewußtsein der Rechtswidrigkeit Vorsatzelement, und zwar ein solches konstitutiver Art: Vorsatz verlangt wesensmäßig Aktualität des Unrechtsbewußtseins. Der Tatbestandsirrtum, d. i. der Irrtum über das Vorliegen von Tatbestandsmerkmalen, und der Verbotsirrtum, d. i. der Irrtum über die Rechtswidrigkeit der Tat bei voller Tatbestandskenntnis, schließen daher in gleicher Weise den Vorsatz aus. War der Irrtum fahrlässig und steht ein entsprechender Fahrlässigkeitstatbestand zur Verfügung, so tritt Bestrafung nach diesem ein[324]).

Demgegenüber begnügt sich die Schuldtheorie mit der Potentialität des Unrechtsbewußtseins. Sie betrachtet dieses, da keine aktuelle innere Beziehung des Täters zum Unrechtsgehalt seiner Tat, sondern nur die richterliche

des Unrechtsbewußtseins als eines selbständigen Urteils über die Gesamtheit verkannt. Kaufmann (aaO 145) betrachtet dementprechend das Unrechtsbewußtsein auch nicht als ein normatives, sondern nur als ein psychologisches Schuldelement. Es muß aber zwischen „sinnhafter Einzelzuordnung einerseits und Unwertsaldo andererseits" scharf unterschieden werden, und zwar gilt das „auch für die Auffassung des Tatbestandes als Unrechtstypisierung", so zutreffend Kohlrausch-Lange, Anm. V 2 und III 2 zu § 59. Gegen Kaufmann und damit wie im Text: Engisch, JZ 52, 350; ZStW 66, 373; Mezger-Festschr., 161 f.; Hartung, NJW 53, 495; sinngemäß auch Hellm. Mayer, § 34 I; Jescheck, JZ 57, 551 und stellvertretend für die Schuldtheorie: Busch, Mezger-Festschr. 165 ff.

[323]) Doch schon in den Reformentwürfen traten beide Auffassungen klar hervor. Die Entwürfe 1925 u. 1936 folgten im wesentl. der Vorsatztheorie, die Entwürfe 1927 und 1930 im wesentl. der Schuldtheorie.

[324]) Hauptvertreter sind Lang-Hinrichsen, JR 52, 184 ff; JZ 53, 362 ff; Mezger, LK § 59 II 17; Schönke-Schröder, § 59 V. — Auf die Unterscheidung von strenger und eingeschränkter Vorsatztheorie (Rechtsfeindschaft) kann hier nicht näher eingegangen werden. Insoweit und hinsichtl. weiterer Literaturangaben wird verwiesen auf Mezger aaO; Schönke-Schröder aaO; Maurach, § 37; Welzel, Strafrecht § 22 A II 2.

Erwartung einer solchen Beziehung vorausgesetzt wird, nicht als Bestandteil des Vorsatzes, sondern als selbständiges Schuldmerkmal. Von ihrem Standpunkt aus läßt deshalb der Verbotsirrtum im Gegensatz zum Tatbestandsirrtum den Vorsatz unberührt. Er schließt aber, wenn er unvermeidbar ist, die Schuld aus, während er bei Vermeidbarkeit einen möglichen Schuldmilderungsgrund bildet[325]).

Die Frage, welcher von beiden Theorien der Vorzug zu geben ist, kann nicht pauschal für den gesamten Strafrechtsbereich in dem einen oder anderen Sinne beantwortet werden. Vielmehr muß sich auch hier die im ersten Teil der Untersuchung herausgearbeitete Verschiedenheit zwischen echten kriminellen Straftaten und Zuwiderhandlungen in einer entsprechend differenzierenden Irrtumslösung auswirken.

III. Für die echten kriminellen Straftaten gilt die Schuldtheorie

1. Es genügt die Erkennbarkeit des materialen Unrechts

Die Untersuchung hat ergeben, daß zum Tatbestand eines Delikts alle Merkmale gehören, die das Unrecht der betreffenden Tat konstituieren[326]), und daß der Vorsatz des Täters alle diese Merkmale zu umfassen hat[327]). Die Untersuchung hat aber ebenfalls ergeben, daß im Bereich der echten Kriminaldelikte die formelle Rechtswidrigkeit nicht unrechtskonstituierend und somit kein Tatbestandsmerkmal ist, weil das formelle Verbot des Gesetzgebers in diesem Bereich den materiellen Unrechtsgehalt der Tat völlig unberührt läßt, vielmehr nur deklaratorisch an eine im sozialen Leben bereits wirkende Wertwidrigkeit anknüpft[328]). Folglich braucht der Täter in diesem Bereich nicht das Bewußtsein der formellen Rechtswidrigkeit, des gesetzlichen Verbotenseins, zu haben[329]); es genügt vielmehr, wenn er den

---

[325]) Herrschend seit BGHSt 2, 194 ff. Hauptvertreter in der Literatur sind Welzel aaO § 22 A II 3 und durchweg alle weiteren Anhänger der finalen Handlungslehre; aber darüber hinaus auch Kohlrausch-Lange, Vorbem. IV 4 a; Hartung, NJW 51, 209 ff; Bockelmann, NJW 50, 830. Hinsichtl. weiterer Angaben vgl. Verweisungen oben in Anm. 324. Auch der Entwurf 1960 stellt sich in § 21 auf den Boden der Schuldtheorie. Allerdings soll es für den Schuldausschuß nicht genügen, wenn der Täter nicht weiß, daß er Unrecht tut. Vielmehr fordert § 21, daß der Täter annimmt, das heißt in dem Bewußtsein handelt, kein Unrecht zu tun; vgl. Begründung S. 127.

[326]) Vgl. oben S. 98.

[327]) Vgl. oben S. 105 ff.

[328]) Vgl. oben S. 100 f.

[329]) Hier wird ersichtlich, daß der Terminus „Bewußtsein der Rechtswidrigkeit" nicht sonderlich glücklich gewählt ist. Besser ist „Unrechtsbewußtsein". Vollends irreführend ist die Bezeichnung „Verbotsirrtum", weil sie den entscheidenden

unabhängig vom formellen Verbot bestehenden materialen Unrechtsgehalt der Tat kennt oder — wie noch zu prüfen sein wird — kennen konnte, wenn er sich auf Grund der Kenntnis vom sozialen Sinn seines Tuns sagt — oder sagen konnte —, daß er so etwas nicht tun darf, daß er Unerlaubtes tut[330]). Die Kenntnis des materialen Unrechts reicht aus[331]). Es gilt hier der bekannte Satz: „Unkenntnis des Gesetzes schützt vor Strafe nicht."

Doch im sozialethisch fundierten Strafrecht der echten kriminellen „Taten" muß noch ein Schritt weiter gegangen werden. Kennt der Täter alle unrechtskonstituierenden Merkmale seiner Tat, dann kennt er zwar alle Merkmale in denen der Gesetzgeber den wertwidrigen, antisozialen Strafwürdigkeitsgehalt dieses Verhaltens erblickte und an das er bei der Pönalisierung anknüpfte. Auf einer völlig anderen Ebene liegt es dagegen — wie oben gezeigt wurde[332]) —, ob der Delinquent mit dieser Kenntnis auch seine Verpflichtung kannte, so nicht handeln zu dürfen, ob er das in seinem sozialen Sinn richtig erkannte Tun in gleicher Weise bewertete, wie es der Gesetzgeber tat, als er die Tat mit Strafe belegte. Doch man würde der sozialethischen Werthaftigkeit, wie sie sich in den echten kriminellen Straftaten ausprägt, nicht gerecht werden, wollte man vom Täter derartiger schon an sich sozialethisch verwerflicher Taten aktuelles Unrechtsbewußtsein verlangen; denn derjenige, der in diesem Bereich die Tat ihrem sozialen Sinne nach kennt, müßte sie auch, wäre er ein rechtstreuer Bürger, auf dem Wege laienhafter „Parallelbewertung" zur Wertung des Gesetzgebers als Unrecht erkennen. Das gesetzliche Verbot mag oft nicht bekannt sein; die Kenntnis der durch den formellen Rechtssatz lediglich ins Rechtliche transformierten sozialethischen Wertwidrigkeit darf und muß dagegen bei jedem geistig gesunden Mitglied der Gemeinschaft, das schon seiner Natur nach an der sozialen Wertwelt teil hat, vorausgesetzt werden[333]). Deshalb darf, wenn der Gesetzgeber ein Verhalten auf Grund seiner sozialethischen Wertwidrigkeit als strafrechtliches Unrecht bewertet und demzufolge mit Strafe bedroht, erwartet werden, daß derjenige, der das Verhalten seinem sozialen Sinn nach kennt,

Unterschied zwischen formellem Verbot und materiellem Unrecht unerkennbar läßt; so schon R. Lange, JZ 56, 522.

[330]) Kennt der Täter die formelle Rechtswidrigkeit, so ist das Bewußtsein der materiellen natürlich entbehrlich. Wichtig beim Überzeugungstäter! Vgl. BGHSt 4, 3.

[331]) Kohlrausch, 23 ff; M. E. Mayer, Kulturnormen, 74 ff; Radbruch, SJZ 47, 634; Hartung, DRZ 49, 345; R. Lange, SJZ 48, 310; Kohlrausch-Lange, § 59 II 2 k; Jescheck, JZ 57, 551; Sauer, Strafrechtslehre § 21 II 3. Zum Teil wird unmittelbar das Bewußtsein der Sozialschädlichkeit gefordert, so vor allem von Arthur Kaufmann, 147, 153 mit weiteren Literaturnachweisen. Das stimmt, sofern die Sozialschädlichkeit in sozialethischem Sinne verstanden wird (vgl. oben S. 43 f, insbes. Anm. 139), mit dem Text überein; nur darf man nicht mit der Tatbestandskenntnis zugleich immer auch schon das Bewußtsein der Sozialschädlichkeit als gegeben ansehen; vgl. oben Anm. 322.

[332]) Vgl. oben S. 106 f.

[333]) Vgl. oben S. 47.

auch die vom Gesetzgeber vorgenommene Unrechtsbewertung auf Grund des gemeinschaftlichen Wertgefüges und Werterlebens — wenn auch laienhaft — nachvollzieht. Es ist dies die Fähigkeit des Menschen, die *Goethe* im Prolog zum Faust mit den Worten umschreibt: „Ein guter Mensch in seinem dunklen Drange, ist sich des rechten Weges wohl bewußt." Dasselbe drückt *Jescheck* aus, wenn er sagt[334]): „Vielmehr ist das ‚persönliche Rechtsgewissen des Menschen in seiner transzendenten Herkunft' (Franz Wieacker) dazu aufgerufen, jederzeit den rechten Weg zu weisen und den Forderungen des rechtlichen Sollens auf dem Gebiete des Strafrechts Gehör zu schaffen."

Hier in der zur Kollektivüberzeugung verdichteten Wertwelt des vorgesetzlichen Raums ist dem Menschen also durchaus die Fähigkeit gegeben, vom sozialethischen auf den rechtlichen Unwert zu schließen, jedenfalls soweit ihm eine sozialethische Anstrengung in Form von Gewissensanspannung nach allgemeinen Maßstäben zugemutet werden kann[335]). Es genügt natürlich nicht, „daß der Täter sich bewußt ist, sein Tun sei sittlich verwerflich. Vielmehr muß er, zwar nicht in rechtstechnischer Beurteilung, aber doch in einer seiner Gedankenwelt entsprechenden allgemeinen Wertung das Unrechtmäßige der Tat erkennen oder doch bei gehöriger Gewissensanspannung erkennen können[336]) [337])".

Vorsätzlich handelt daher im Bereich der echten Straftaten immer schon derjenige, der die unrechtstypische Handlung mit Wissen und Wollen verwirklicht. Diese Kenntnis vermittelt ihm genügend Hemmungsvorstellungen, auf Grund deren er normalerweise das Unrechtmäßige seines Tuns hätte einsehen können. Ein aktuelles Unrechtsbewußtsein ist deshalb nicht erforderlich. Es genügt vielmehr die Erkennbarkeit der materiellen Rechtswidrigkeit, wenn der Täter objektiv bei Anwendung der erforderlichen Sorgfalt und subjektiv nach seinen persönlichen Fähigkeiten positive Unrechtskenntnis hätte erlangen können[338]).

---

[334]) Menschenbild, 21.

[335]) Sehr nahe kommt der Text Nowakowskis Ansicht (ZStW 65, 380, ebenso 63, 305), daß das „Wesen der Schuld in einem Mangel an Verbundenheit mit einem rechtlich geschützten Wert und damit mit der Wertordnung des Rechts" besteht. „Der Schuldige hat nicht im Sinne des Rechts wertbestimmt gehandelt. Bei richtiger Wertverbundenheit hätte er die Handlung um ihrer Unwertbedeutung willen unterlassen."

[336]) BGHSt 2, 202; ebenso 10, 41.

[337]) Vorbildlich Nowakowski, ZStW 65, 382: „Nicht auf die kulturelle Wertung kommt es an, sondern nur auf die rechtliche. Aber diese liegt sehr oft in der kulturellen beschlossen. Dann kann sie von da aus unmittelbar gewonnen werden. Dabei muß es sich nicht notwendig um eine klare Vorstellung des Widerspruchs zum Recht handeln . . . Es genügt also, wenn die Vorstellungen des Täters bei richtigem Wertgefühl das Empfinden erwecken würden, daß dieses Verhalten nach der herrschenden, also der vom Recht approbierten Wertordnung mißbilligt ist . . ."

[338]) Bei den sozialethisch fundierten Straftaten wird die nach der Sachlage objektiv zu fordernde Sorgfalt natürlich meist in einer Gewissensanspannung liegen, ausgerichtet selbstverständlich an einem generellen Maßstab.

2. Die verantwortungsethische Fundierung des Schuldvorwurfs

Es ist also im Bereich der echten kriminellen Straftaten von der Schuldtheorie auszugehen[339]). Der tiefere Grund hierfür liegt in einer „verantwortungsethischen" Fundierung des Schuldvorwurfs, wonach „die Person die Verantwortung für die Rechtmäßigkeit ihrer Tatentschlüsse in den Grenzen ihrer sozialethischen Einsichtsfähigkeit trägt[340])." „Der Mensch ist, weil er auf freie, sittliche Selbstbestimmung angelegt ist, auch jederzeit in die verantwortliche Entscheidung gerufen, sich als Teilhaber der Rechtsgemeinschaft rechtmäßig zu verhalten und das Unrecht zu vermeiden[341])". Der Grad der zu verlangenden Einsichtsfähigkeit darf also nicht individuell, d. h. gesinnungsethisch, sondern muß generell, d. h. sozialethisch bestimmt werden; denn die von der Mehrheit der Gemeinschaftsglieder getragene Wertordnung ist für ein geordnetes Zusammenleben so lebensnotwendig, daß ihre Einhaltung gefordert werden muß ohne Rücksicht darauf, ob der einzelne im konkreten Fall die erforderliche Einsichtsfähigkeit gehabt hat; es genügt vielmehr, wenn er sie nach generellen Maßstäben hätte haben können. Das ist ein Schuldbegriff, dem wahrlich ein gewisser Zug zum Rigorismus nicht ganz abzusprechen ist; denn Voraussetzung des Vorwurfs ist das „generelle Können", „das individuelle Können aber wird zu einer staatsnotwendigen Fiktion", wie *Kohlrausch* sagt[342]). Dennoch ist eine solche Schuldauffassung — soweit sie das sozialethisch fundierte Strafrecht betrifft — gerechtfertigt, und zwar in Anbetracht der ihr zugrunde liegenden sozialethischen Erziehungsaufgabe. *Kohlrausch* drückt das so aus: „Sie verwertet den großen Grundsatz aller Erziehung, daß der Mensch vor Forderungen und Aufgaben gestellt werden muß, damit seine Kräfte daran wachsen. Das Sollen hat die Kraft des Könnens zu stählen. Du kannst, denn du sollst; du sollst eben können[343]!" *R. Lange* argumentiert demgegenüber anthropologisch vom modernen Bild des Menschen her, wie wir es nach dem neuesten Stande der Wissenschaft heute sehen: „Das Strafrecht darf nicht bloß Maß nehmen am Menschen ..., sondern es muß Maß geben ...[344])" — „Wir müssen von jedem verlangen, daß er nach Kräften das Beste in sich bewußt macht und

---

[339]) Über weitere Gründe, besonders ihrer kriminalpolitischen Notwendigkeit vgl. die oben in Anm. 324 angegebenen Literaturquellen u. BGHSt 2, 205 ff. — Natürlich wird der Verbotsirrtum bei den Delikten des kriminellen Kernbereichs i. d. R. weniger die Norm selbst als das Eingreifen von Gegennormen betreffen. Das ändert aber am Grundsatz nichts.

[340]) So vor allem Welzel, Strafrecht § 22AII 2; Neues Bild, 64; ZStW, 201; Materialien I, 47 ff.

[341]) BGHSt 2, 201.

[342]) Sollen und Können als Grundlagen der strafrechtlichen Zurechnung, in: Festgabe für Güterbock, Berlin 1910 S. 26.

[343]) aaO 27.

[344]) Niederschriften I, 117.

aus sich herausholt[345]." — „Schuld ist daher in ihrem Kern nicht an einem psychischen Sachverhalt registrierbar, sondern bedeutet den Vorwurf einer mangelnden sozialethischen Anstrengung. Jede Schuld ist letzten Endes Unterlassungsschuld: sei es mangelnde Einschaltung der positiven, sei es mangelnde Ausschaltung der negativen Persönlichkeitskräfte. Der Normale ist normalerweise solcher Selbstbestimmung fähig. Das ist heute nicht nur ethisches Postulat („Du kannst, denn Du sollst"), sondern auch anthropologisch begründet[346]." Und dasselbe sagt das Goethewort: „Wenn wir die Menschen behandeln, wie sie sind, so machen wir sie schlechter, wenn wir sie behandeln, wie sie sein sollten, so machen wir sie zu dem, was sie werden können[347]."

IV. Für die Zuwiderhandlungen gilt die Vorsatztheorie

1. Das Erfordernis des aktuellen Bewußtseins der formellen Rechtswidrigkeit als unrechtskonstitutives Merkmal

Im Bereich der Zuwiderhandlungen stellt sich das Problem jedoch ganz anders dar. Hier ist die Arbeit zu dem Ergebnis gelangt, daß die Tatsache des gesetzlichen Verbots oder Gebots unrechtskonstituierendes Merkmal des Tatbestandes ist[348]. Der zuwiderhandelnde Täter muß also, um vorsätzlich „zuwiderzuhandeln", das „Zuwider", die Tatsache des Verstoßes gegen eine gesetzliche Norm, gekannt haben[349].

Das kann in diesem Bereich gar nicht anders sein, wenn der Vorsatz auch hier dem Täter als Grundlage für die eigene Unrechtsbewertung dienen soll. Ohne Kenntnis der Tatsache, daß sein Verhalten rechtlicher Regelung unterworfen ist, weiß der Täter überhaupt nicht, daß er Unrecht tut; denn das Verhalten ist seiner Natur nach nicht schon unrechtstypisch, sondern an sich erlaubt und wertindifferent. Ohne Verbotskenntnis „existiert das Unrecht für ihn überhaupt nicht". Erst wenn er die Tatsache der Ordnung und ihrer Normierung kennt, erst dann weiß er, „was" er tut, weiß er, was „gespielt" wird, begreift er den sozialen Sinn der Tat in dem vom Gesetz gemeinten Bedeutungsgehalt. Erst dann hat er das erforderliche Wissensmaterial, auf Grund dessen er anders, nämlich rechtstreu handeln könnte. Wer hier den

---

345) SJZ 48, 311.

346) SchwZStr. 70, 394; ähnlich schon DRZ 47, 201. Zum modernen anthropologischen Menschenbild vgl. oben Anm. 318.

347) Zitiert nach Jescheck aaO 9.

348) Vgl. oben S. 101 f.

349) Soweit es sich um Gebotszuwiderhandlungen handelt, ergibt sich das bereits aus der hM zum Unterlassungsdelikt, vgl. oben Anm. 311.

Vorsatz auf das Verhalten an sich beschränkt wissen will[350]), darf ihn weder als Grundlage für das richterliche Schuldurteil noch als Grundlage für die eigene Unrechtsbewertung durch den Täter verwenden. Was soll Vorsatz dann aber heißen?!

Das hat schon *Zimmerl*[351]) deutlich gesehen: „Bei dieser Gruppe von Delikten kommt dem auf den bloßen objektiven Tatbestand bezogenen Vorsatz oft überhaupt keinerlei Bedeutung zu. Er kann im Gegensatz zu der anderen Gruppe und zur Masse des kriminellen Unrechts hier vernünftigerweise nicht einmal als Indiz für das Bewußtsein der Rechtswidrigkeit oder des Unerlaubten angesehen werden. Die Tat erhält hier häufig ihren spezifischen Unrechtsgehalt nicht durch den Gehalt des objektiven Tatbestandes, sondern erst durch das rechtliche Verbot; hier kann der Vorsatz daher auch nur auf das Verbot, nicht auf den objektiven Tatbestand bezogen werden. Wir können zwar von demjenigen sagen, er habe vorsätzlich gehandelt, der mit Wissen und Willen einen Menschen getötet hat; wir können aber nicht sagen, jemand habe die Verkehrsvorschriften vorsätzlich nicht eingehalten, weil er mit Wissen und Willen rechts statt links gefahren ist."

Im gleichen Sinne fragt *R. Lange*[352]): „Ist die Feststellung vorsätzlichen Parkens die gleiche unmittelbare Schuldgrundlage wie die vorsätzlichen Tötens?" — Daß das nicht sein kann, leuchtet ein. Erst wenn der Vorsatz die Tatsache der Ordnung und ihrer Normierung umfaßt, kann er als Schuldindiz oder gar als Schuldgrundlage funktionieren. „Erst dann gibt es etwas, dessen Kenntnis dem Täter den sozialen Sinn seines Verhaltens unter strafrechtlichen Wertgesichtspunkten erschließen kann. Erst dann kann er sich ein Bild machen[353])." Mit Recht ruft *Lange* deshalb aus. „Eine vorsätzliche Zuwiderhandlung muß eine vorsätzliche Z u w i d e r handlung sein[354]) [355])."

---

[350]) So aber vor allem Welzel, JZ 56, 238 ff; 57, 130 ff; abschwächend Strafrecht § 22 A II 3 d; zum letzteren vgl. Kohlrausch-Lange, § 59 V 3 d und Bockelmann, ZStW 70, 644 ff. Wie Welzel: Boldt, ZStW 68, 368 ff; Dalcke-Fuhrmann-Schäfer, 468; Hirsch aaO oben Anm. 312; Maurach, § 1 III B 2 b; § 37 I B 3; Rotberg, § 11 Anm. 2. Ebenso, allerdings auf den konkreten Fall beschränkt, BGHSt 9, 358 = JZ 57, 129 mit zust. Anm. Welzel; hiergegen eingehend, R. Lange, JZ 57, 233 f.

[351]) GS 98, 314.

[352]) JZ 56, 519.

[353]) R. Lange, JZ 56, 76, 79; ebenso in JZ 56, 523; 57, 234 f, 237 ff, 59, 562 f; Niederschriften II, 37, 53; andeutungsweise schon in SJZ 48, 310; Kohlrausch-Lange, § 59 II 2 i, V 3 d.

[354]) JZ 56, 519.

[355]) BGHSt 9, 358 ff bezieht sich zum Beweise des Gegenteils auf § 11 Abs. 1 OWG, wo nicht von einem vorsätzlichen Zuwiderhandeln, sondern nur von einem „vorsätzlichen H a n d e l n" die Rede sei. — Das ist kein schlüssiges Argument; denn § 11 Abs. 1 gibt keine Begriffsbestimmung der Zuwiderhandlung, sondern nur eine Beschränkung der Fahrlässigkeitsbestrafung. Was Zuwiderhandlung begrifflich ist, sagt § 1 Abs. 4 OWG und § 3 WiStG.

Und schon *Gleispach* sagte 1909 vor dem 29. DJT[356]): „In letzterer Beziehung dürfen wir jedenfalls soviel sagen: der Satz: ‚Unkenntnis des Gesetzes entschuldigt nicht‘ darf hier nicht gelten[357]).“

Der Täter muß also mit dem aktuellen Bewußtsein der formellen Rechtswidrigkeit handeln. Die Potentialität eines Unrechtsbewußtseins reicht dagegen nicht aus. Es gilt hier in vollem Umfange die Vorsatztheorie: Tatbestandsirrtum und Verbotsirrtum fallen zusammen, beide schließen den Vorsatz aus.

2. Die Unmöglichkeit einer verantwortungsethischen Fundierung des Schuldvorwurfs

Im Bereich der echten Straftaten wird die fehlende Aktualität des Unrechtsbewußtseins durch den Vorwurf mangelnder Gewissensanspannung zur vollen Schuldzurechnung ergänzt. Der Schuldvorwurf bedeutet in diesem Bereich geradezu eine Art von „Lebensführungsschuld“[358]): die unter Umständen schon vor der Tat versäumte Möglichkeit der Unrechtserfassung

---

[356]) Verhandlungen V, 453.

[357]) So und wie R. Lange in grundsätzlicher Übereinstimmung:

Aus dem älteren Schrifttum außer Zimmerl aaO:

v. Bar, Gesetze und Schuld im Strafrecht, Bd. II, Berlin 1907 S. 411; Goldschmidt, Verwaltungsstrafrecht, 578; GA 49, 90; MIKV XII, 246; bedenklich allerdings ebenda, 241 f; Hofacker, VA 15, 420; Kadêcka, SchwZStr. 53, 60; Köhler, Deutsches Strafrecht, Leipzig 1917 S. 296 f; Umhauer, 62 f; Weinberg, 54 ff; Erik Wolf, 525, 574 f; Roeder, 139 f, 141 mit weiteren Quellenangaben.

Aus dem jüngeren Schrifttum:

Bindokat, JZ 53, 74; Hartung, DRZ 49, 345; JZ 55, 665; Jagusch, SJZ 49, 330; insbes. Arthur Kaufmann, 70, 100, 191 f; JZ 54, 654 Anm. 15; Nowakowski, ZStW 65, 381, 400; Schröder, MDR 51, 389.

Aus dem jüngsten Schrifttum mit ausdrücklichem Bezug auf R. Lange:

Hardwig, GA 56, 372, 375; Lang-Hinrichsen, Gutachten für den 43. DJT, Tübingen 1960 S. 104 ff; ZStW 73, 231 f; GA 57, 228; Maihofer, ZStW 70, 192 ff; Mezger, LK § 59 Anm. I 6 aE; Schönke-Schröder, § 59 VIII, IX; Schlegtendahl, 133 ff; wohl auch Gallas, Niederschriften XII, 186.

Zu dieser Gruppe gehören bezeichnenderweise auch solche Autoren, die im Bereich des Unrechts eine qualitative Differenzierung ablehnen:

Jescheck, GA 58, 6; JZ 59, 457 Anm. 3; Hellm. Mayer, § 39 III 1 b; wohl auch Bockelmann, ZStW 70, 644 f; Sauer, ZStW 69, 13; Trops, 79, 84, 87.

Schwierigkeiten für die Schuldtheorie auf dem Gebiet des Nebenstrafrechts sehen Schwarz-Dreher, Anm. 3 C zu § 59; Heinitz, JR 59, 287 Anm. 25; vgl. auch Baldus, Niederschriften I, 85.

Außer der interessanten Rechtsprechung zu den Blankettgesetzen, auf die gesondert eingegangen wird, vgl. RVG in DR 1943, 1011 f, auch SchwBGE 60, I 418.

[358]) Vgl. Bockelmann, Materialien I, 35 f; zustimmend R. Lange, SchwZStr. 70, 395.

durch mangelnde Gewissensschärfung stellt das eigentliche normative Vorwurfselement dar; denn „die sogen. ‚Stimme des Gewissens' ist" — wie *Nicolai Hartmann* sagt[359]) — „eine Grundform des primären Wertbewußtseins, ist die — vielleicht urwüchsigste — Art und Weise, wie das Wertgefühl im Menschen sich Geltung schafft".

Im grundsätzlich wertneutralen Bereich der Zuwiderhandlungen aber hat die „Stimme des Gewissens" keinen Platz; denn der Gesetzgeber knüpft mit seiner Norm nicht an eine vorgegebene sozialethische Wertwidrigkeit deklaratorisch an, sondern schafft selbst konstitutiv neue Ordnungswerte. Wer hier die gesetzliche Norm nicht kennt, der mag zwar die äußere Handlung mit Wissen und Willen begehen, aber er begeht nicht wissentlich und willentlich Unrecht[360]). Zutreffend sagt daher *Nowakowski:* „Dem Täter ist jene Einsicht anzulasten, die sich für rechtsrichtiges Wertgefühl aus seinem Wissen (und intellektuellem Begreifen) der Tatsachen ergibt. Danach schließt Unkenntnis des Gesetzes den Vorsatz dann aus, wenn auch ein richtiges Wertgefühl den Unwert des Verhaltens nur auf Grund der Gesetzesbestimmung erkannt hätte; dann waren die Vorstellungen des Täters nicht derart, daß sein Handlungsentschluß einen Mangel an Verbundenheit mit der Wertordnung des Rechts erweist[361]." Das aber ist immer dann der Fall, wenn der Täter einer Zuwiderhandlung das gesetzliche Gebot oder Verbot nicht kennt. Die „innere Stimme des Gewissens", das „natürliche Rechts-, Pflicht- oder Wertgefühl", die „Einsicht des Normalmenschen", das „Verantwortungsbewußtsein" helfen dem Täter hier zur Unrechtserfassung nicht weiter. Was allein hilft, ist das Wissen, nicht das Gewissen[362]).

---

[359]) Ethik, 3. Aufl. Berlin 1949 S. 135.

[360]) Für Binding, der das Wesen des Verbrechens durchweg im Ungehorsam gegen die Gesetze sieht (vgl. oben S. 38 ff; 72 Anm. 206; 102 Anm. 311), ist das nichts Besonderes: „Wenn das Recht Gehorsam fordert, so setzt es auf Seite des Gehorchenden notwendig die Vorstellung voraus, aus welcher der Gehorsam allein entspringen kann: die Vorstellung eben, daß ein solcher autoritativer Wille bestimmten Inhalts existiere ... Vor dieser Wissenschaft Gehorsam von den Individuen fordern, heißt von ihnen verlangen, wozu sie erst nach dieser Wissenschaft im Stande sind. Das Unmögliche zu fordern ist aber das Recht, weil es vernünftig ist, selbst außer Stande. Die Möglichkeit zu gehorchen, und somit die individuelle Gehorsamspflicht entsteht also erst mit der Kenntnis des pflichtbegründenden Rechtssatzes und durch dieselbe"; Normen II, 144 ff, ebenso 140, 146 f. — Das trifft auf die Zuwiderhandlungen, aber auch nur auf sie, haarscharf zu. Angesichts solcher und anderer Äußerungen (vgl. Normen II, 955; III, 172, 183, 305, 391) erscheint es wenig überzeugend, wenn Armin Kaufmann (aaO 165, 286) den „Dogmatiker" Binding für die Schuldtheorie in Anspruch nehmen will. Hiergegen scharf R. Lange, ZStW 68, 640.

[361]) ZStW 63, 306; ebenso in ZStW 65, 381, 400.

[362]) Im Ergebnis ebenso Baumann, 26; AcP 155, 505; Bindokat, JZ 53, 750; Hartung, JZ 55, 665; NJW 52, 761; Arthur Kaufmann, JZ 54, 654 Anm. 15; R. Lange, NJW 53, 688; JZ 57, 233; Roeder, 137; auch Welzel, JZ 52, 342.

Aus diesen Gründen kann die Schuldtheorie mit ihrer Beschränkung der Vorsatzstrafe auf potentielles Unrechtsbewußtsein im Recht der Zuwiderhandlungen nicht gelten. *Welzel* sagt selbst: „Der Schuldbegriff der Schuldtheorie beruht auf dem Verantwortungsprinzip, wonach die Person die Verantwortung für die Rechtmäßigkeit ihrer Tatentschlüsse in den Grenzen ihrer sozialethischen Einsichtsfähigkeit trägt[363].“ Die Unrechtserfassung bei den positiven Zuwiderhandlungen liegt aber außerhalb der sozialethischen Einsichtsfähigkeit. Eine Theorie, die hier das potentielle Unrechtsbewußtsein für den Schuldvorwurf genügen läßt und als vorsätzlichen Täter schon den abstempelt, der die äußeren Merkmale seiner Tat kennt, ist keine „Schuld-“ theorie mehr. Es wird dann vom Täter etwas verlangt, was ohne Kenntnis der positiven Norm schlechterdings von niemanden erfüllt werden kann. Eine Schuldauffassung jedoch, „die dem Menschen zumutet, über seinen eigenen Schatten zu springen, muß zu einer bloßen Fiktion werden und damit die geistige Macht verlieren, in der letzten Endes die Wirksamkeit des Rechtes als Recht beruht[364]“.

V. Die Wertverschiedenheit von Verbots- oder Rechtsfahrlässigkeit bei echten kriminellen Straftaten und Zuwiderhandlungen

Daß das verschuldete Nichtkennen des Verbots oder Gebots im Bereich der Zuwiderhandlungen lediglich eine Fahrlässigkeitshaftung begründet, ergibt sich auch aus einer grundlegenden Besinnung auf das Wesen des Fahrlässigkeitsbegriffs überhaupt:

Fahrlässig im allgemeinsten Sinne des Wortes handelt derjenige, der eine Sorgfaltspflicht verletzt und deshalb ein Unrecht begeht, das hätte vermieden werden können. Dabei kann sich die Sorgfaltspflicht beziehen auf das Verhalten in seinen äußeren Tatumständen, d. i. die sogen. „Tat-“ oder „Tatsachenfahrlässigkeit“, oder aber auf die Erkenntnis der Rechtswidrigkeit des tatbestandsmäßigen Verhaltens, d. i. die sogen. „Rechts-“ oder „Verbotsfahrlässigkeit“.

Tatfahrlässig handelt derjenige, der die im Verkehr erforderliche und ihm zuzumutende Sorgfalt außer Acht läßt. Hinsichtlich der Rechtsfahrlässigkeit ist jedoch zu unterscheiden:

Im Bereich der echten kriminellen Straftaten muß der Täter zur Prüfung von Recht und Unrecht notfalls sein „Gewissen“ einspannen (BGHSt 2, 194 ff). Das aber verlangt mehr als die Beachtung der im Verkehr erforderlichen Sorgfalt. Mit Recht hat der BGH für diesen Bereich festgestellt: „Hinsichtlich der Erkenntnis der Rechtswidrigkeit eines straftatbestandsmäßigen Sachverhalts werden höhere Anforderungen gestellt als hinsichtlich

[363]) Strafrecht § 22AII 2.
[364]) R. Lange, ZStW 62, 203.

der Erkenntnis der Tatumstände selbst, weil mit der Tatbestandsmäßigkeit eines Verhaltens seine Rechtswidrigkeit in der Regel gegeben und dies allgemein bekannt ist[365])."

Das leuchtet ein: es ist etwas anderes, ob jemand einen anderen aus Unvorsichtigkeit verletzt, oder ob er den anderen mit Wissen und Willen verletzt in der leichtfertigen Annahme, dies tun zu dürfen. Im ersten Fall lautet der Vorwurf: „Du hättest Dich besser in Acht nehmen sollen! Achte besser auf die Umweltwirkung Deiner Handlung!" Im zweiten Fall lautet der Vorwurf: „Wer andere angreift, soll sich ausreichend darum kümmern, ob das erlaubt ist."

Diese verschieden gearteten Anforderungen an den Täter begründen auch einen verschiedenen Schweregrad des Schuldvorwurfs: Den Täter, der leichtfertig Tatumstände verkennt, tadeln wir seiner „Unvorsichtigkeit" halber. Bei Beachtung der ihm zuzumutenden Sorgfaltspflicht hätte er den Erfolg vermeiden können. Dennoch kann man ihm nicht den gleichen Vorwurf machen, wie demjenigen, der den Erfolg bewußt herbeigeführt hat; denn das Verkennen der äußeren Lebenssituation kann jedem einmal passieren, so etwas k a n n vorkommen. Doch da, wo der Täter trotz voller Sachverhaltskenntnis leichtfertig seine Tat nicht wie ein rechtstreuer Bürger bewertet, wo er die Wertungen des Rechts nicht in seiner Laiensphäre getreu nachvollzieht, obwohl das Recht an vorgegebene Wertwidrigkeiten lediglich anknüpft, da muß ihn ein schwererer Vorwurf treffen. Denn so etwas d a r f n i c h t vorkommen. Hier ist der Täter nachlässig und gleichgültig in seinen Pflichten gegenüber der Gemeinschaft, er erscheint als „sozial unzuverlässig". Deshalb hat schon *Weinberg* zu Recht erkannt: „‚Die im Verkehr erforderliche Sorgfalt' ist ein Begriff, der augenscheinlich auf die Verbotsfahrlässigkeit gar nicht paßt[366])." Die Verbotsfahrlässigkeit betrifft also im Bereich der echten Straftaten wertmäßig einen völlig anderen Sachverhalt als die

---

[365]) BGHSt 4, 237, 243; vgl. hierzu auch Boldt, ZStW 68, 367 f; Hardwig, GA 56, 372; Maurach, § 38 III 1; Weinberg, 46 ff. — Gemäß der Begründung zum Entwurf 1960, S. 127 f soll ein Verbotsirrtum jedoch nur dann schuldausschließend sein, „wenn der Täter auch bei Anwendung der Sorgfalt, die nach der Sachlage objektiv zu fordern war und die er auch nach seinen persönlichen Verhältnissen anwenden konnte, nicht zu erkennen in der Lage war, daß er Unrecht tat. Eine darüber hinausgehende besondere Anspannung des Gewissens wird von ihm nicht gefordert". Die Betonung hat hierbei jedoch auf dem Wort „darüber hinausgehend" zu liegen. Bei den sozialethisch fundierten „Straftaten" schließt nämlich die „nach der Sachlage objektive zu fordernde Sorgfalt" notwendig die Gewissensanspannung mit ein; sie ist in diesem Bereich vielmehr geradezu das primäre Sorgfaltselement. Nur „darüber hinaus", d. h. soweit die zu fordernde Gewissensanspannung den objektiv-generellen Maßstab übersteigt, kann sie zur vollen Schuldzurechnung nicht ergänzt werden. Die Begründung des Entwurfs läßt hier also unausgesprochen, was der BGH bereits präzisiert hat; vgl. auch oben Anm. 338.

[366]) aaO 50.

Tatfahrlässigkeit. Das ist auch der Grund, weshalb in diesem Bereich die in ihrer Struktur verschiedenen Schuldsachverhalte, nämlich

1. volle Sachverhaltskenntnis und Unrechtsbewußtsein und
2. volle Sachverhaltskenntnis und verschuldeter Rechtswidrigkeitsirrtum

beide die schwere Schuldform der Vorsatzschuld verdienen, im 2. Falle allerdings mit der Möglichkeit einer Strafmilderung.

Jedoch im Bereich der Zuwiderhandlungen hilft die Gewissensanspannung zur Ermittlung von Recht und Unrecht — wie die Arbeit gezeigt hat — nicht weiter. Die Verbotsfahrlässigkeit muß deshalb hier einen anderen Bezug haben als bei den echten Straftaten. Das ist auch folgerichtig; denn die Begründung für die erhöhten Anforderungen in jenem Bereich, daß nämlich „mit der Tatbestandsmäßigkeit eines Verhaltens seine Rechtswidrigkeit in der Regel gegeben und dies allgemein bekannt ist[367])", trifft auf die Zuwiderhandlungen nicht zu, solange jedenfalls nicht das Verbot in den Tatbestand hineingenommen wird. Deshalb ist die Tatsache des Verbotenseins nach den Ergebnissen dieser Arbeit als ein zum Tatbestand der Zuwiderhandlungen gehöriger Tatumstand betrachtet worden[638]). Handelt der Täter also hier verbotsfahrlässig, so stellt sich sein Verhalten für ihn völlig indifferent dar; er verkennt praktisch einen Umstand, der seine Tat erst zu einer sozial bedeutsamen macht. Die Verbotsfahrlässigkeit besitzt also bei den Zuwiderhandlungen einen spezifischen T a t bezug. *Nowakowski* hat das wiederum klar zum Ausdruck gebracht: „Soweit der Unwert für richtiges Wertgefühl ohne Gesetzeskenntnis nicht evident ist, benötigt es eben die Kenntnis der Rechtsvorschriften, um sich darüber Klarheit zu verschaffen ... Hatte der Täter diese Einsicht nicht, bestand aber für richtiges Wertgefühl bei seinen Vorstellungen Anlaß, an der Zulässigkeit der Handlung zu zweifeln, so hätte er sich die Gesetzeskenntnis zu beschaffen gehabt. Die Unterlassung dessen begründet den Vorwurf der Fahrlässigkeit, nicht anders, wie wenn es sich um T a t u m s t ä n d e handeln würde[369])." Und noch deutlicher argumentiert *Weinberg*[370]): „Die bestehenden Rechtsvorschriften stellen hier gewissermaßen T a t u m s t ä n d e dar, auf deren Vorhandensein und Beschaffenheit der Handelnde sorgsam zu achten hat." Damit wird die Verbotsfahrlässigkeit bei den Zuwiderhandlungen von den erhöhten Anforderungen der „Gewissensanspannung", wie sie bei den echten Straftaten begründet ist, wieder zurückgeschraubt auf die Grundebene der „im Verkehr erforderlichen und dem Täter zuzumutenden Sorgfalt". Wenn sich aber Tat- und Verbotsfahrlässigkeit nicht in den Anforderungen an die vom einzelnen Täter zu beobachtende Sorgfalt unterscheiden, so verdienen beide Arten von

---

[367]) BGH aaO.

[368]) Vgl. oben S. 101 f.

[369]) ZStW 65, 400 (Sperrung hinzugefügt).

[370]) aaO 55 (Sperrung hinzugefügt); aA Boldt, ZStW 68, 368 f. Demgegenüber Lampe, ZStW 71, 586: „... die Fahrlässigkeit muß im Ordnungsrecht notwendig einen anderen Inhalt haben als im rein material-ethischen Bereich."

Fahrlässigkeit auch den gleichen Schuldvorwurf. Auch in den Fällen der Verbotsfahrlässigkeit kann und darf daher der Täter im Bereich der Zuwiderhandlungen nur wegen Fahrlässigkeit bestraft werden[371]).

VI. Kritik an der Irrtumsrechtsprechung des Bundesgerichtshofs

Der Große Senat für Strafsachen des BGH hat diese Konsequenz aus dem qualitativen Unterschied zwischen der Begründung des Unrechts auf vorgegebene sozialethische Unwertsubstanz und den Verstoß gegen neugeschaffene Ordnungswerte in seinem Beschluß vom 18. 3. 1952 nicht gezogen[372]). Ohne auf die gegenteilige ältere Literatur[373]) einzugehen, stellt er die Be-

---

[371]) Salm geht in seinem „Entwurf einer objektivistischen Schuld- und Irrtumstheorie" (ZStW 69, 522 ff) davon aus, daß im Bereich der Ordnungswidrigkeiten die Rechtsfahrlässigkeit die „Grundlage abgeben kann für beide gesetzlich vorgesehenen Begehungsarten, nämlich für die fahrlässige wie für die vorsätzliche Ordnungswidrigkeit ..." (554). Ahndungsbegründender „Vorsatz" müsse dann bejaht werden, „wenn er sich mit einiger Deutlichkeit in einem Handlungsbild äußerlich-einprägsam abgezeichnet hat ..." (555). Dem ist entgegenzuhalten, was schon Erik Wolf (aaO 574) sagte: „Die ‚Vorstellung des Erfolges' besteht hier in aller Regel nicht in der Vorstellung lokalisierter und individualisierter Veränderungen der Außenwelt, sondern lediglich in dem mehr oder minder aufgehellten Bewußtsein vom Unrechten, vom Unerlaubten des eigenen Verhaltens, sei es auch ein Nichttun. Das Wissen vom Unrechttun macht das Hauptelement des verwaltungsstrafrechtlichen Vorsatzes aus." Salm übersieht also, daß der natürliche Handlungswille ohne Einschluß der Verbotskenntnis bei den Ordnungswidrigkeiten nicht ausreicht, um den Täter vom äußeren Tatbild her auf das Unrechtmäßige seines Tuns schließen zu lassen und daß objektivistische Unterstellungen insoweit auf ungerechtfertigte Schuldvermutungen hinauslaufen. Die nach Salm (550) zugrunde zu legende Unterscheidung zwischen „Verbotsgesetzen, deren Unkenntnis als unvermeidlich anerkannt werden darf, gegenüber solchen, die diese Anerkennung nicht dulden", kann deshalb in Anbetracht eines betonten Schuldstrafrechts auch für den Bereich der Zuwiderhandlungen nicht anerkannt werden. — Ähnliches gilt gegenüber der Ansicht Wimmers, NJW 60, 1546, für die Bußgeldahndung einer Ordnungswidrigkeit genüge „generalisierte Schuld". — Demgegenüber wie im Text Maihofer, ZStW 70, 162, 192 ff.

[372]) Heftige Kritik an der Rspr. des BGH übt insoweit R. Lange (JZ 56, 73 ff; 56, 522; 57, 234, 236), der darauf hinweist, daß der BGH (aaO 196) zutreffend von der „nach richtigem allgemeinen Urteil sittlich zu mißbilligenden Verquickung von Mittel und Zweck als Gegenstand des Irrtums über die Rechtswidrigkeit ausgehe, diesen dann aber schon auf S. 197 mit dem Irrtum über das Verbotensein (Verbotsirrtum) gleichsetze. Damit gerate die grundlegende Unterscheidung zwischen dem, „was schon vor dem formellen Verbot (materiell) Unrecht ist, und dem, was erst durch ein Verbot (zu formellem) Unrecht gemacht wird, außer Sicht". Ebenso in Kohlrausch-Lange, Anm. V zu § 240; vgl. auch die Kritik von Hartung, NJW 52, 762.

[373]) Vgl. oben Anm. 357.

hauptung auf, daß das Bewußtsein der Rechtswidrigkeit „überall weder die Kenntnis der Strafbarkeit, noch die Kenntnis der das Verbot enthaltenden gesetzlichen Vorschrift" bedeute[374]). Zwar wird zwischen Verboten, die auf „allgemein sittlichen Anschauungen", und solchen, die „auf Erwägungen sozialer oder rein staatlicher Zweckmäßigkeit" beruhen, unterschieden[375]). Doch gerade auch die „strafrechtlichen Nebengesetze" böten der Möglichkeit des Verbotsirrtums „ein weites Feld"[376]) — und zwar im Sinne der Schuldtheorie, denn die Erkenntnis, „daß die wissentliche und willentliche Verwirklichung der tatbestandsmäßigen rechtswidrigen Tat dem Täter zur Schuld zuzurechnen ist, wenn er das Unrecht dieser Tatbestandsverwirklichung kannte oder bei der ihm zuzumutenden Anspannung des Gewissens hätte kennen können" ... „hat den Gesetzgeber folgerichtig veranlaßt, sie im Wirtschaftsstrafrecht und im Gesetz über Ordnungswidrigkeiten zu übernehmen ...[377])".

In einer den Verstoß gegen eine Polizeiverordnung betreffenden Entscheidung[378]) hat der BGH dann auch ausdrücklich erklärt, daß es sachlich geboten sei, „die Grundsätze des Beschlusses auf alle Strafbestimmungen zu beziehen". Dabei mache es keinen Unterschied, „ob es sich um sogen. sittlich fundierte Strafrechtsnormen oder um Bestimmungen handelt, die aus Erwägungen sozialer oder rein staatlicher Zweckmäßigkeit formale Ordnungsvorschriften aufstellen". Mit den Worten „Anspannung des Gewissens" sei im letzteren Falle aber gemeint, daß der Täter verpflichtet sei, alle „seine geistigen Erkenntniskräfte und alle seine sittlichen Wertvorstellungen einzusetzen", d. h. der Täter hat auftauchende Zweifel durch Nachdenken und gegebenenfalls durch Einholung von Erkundigungen zu beseitigen.

Dem Ersatz des normativen Vorwurfselements der mangelnden „Gewissensanspannung" durch das intellektuelle Moment des Einsatzes der „geistigen Erkenntniskräfte" muß jedoch widersprochen werden. Die Pflicht, sich Werturteile des Allgemeinbewußtseins zu eigen zu machen, ist Teil der sittlichen Existenz des Menschen und ihre Vernachlässigung insofern mit Recht vorwurfsbegründend. Dagegen gibt es niemals eine Pflicht — wie *Hellmuth Mayer* zutreffend sagt[379]) — „sich soziale Lebenserfahrung zu erwerben, oder sich ausgerechnet im Augenblick des Handelns zu informieren". Wie soll ein Bauer, der Kartoffeln anpflanzt oder Milch abliefert, wie soll ein Verkehrsteilnehmer, der ein Verkehrsschild nicht sieht oder vielleicht nicht einmal sehen konnte, auf den Gedanken kommen, sich nach der Rechtmäßigkeit seines Verhaltens zu erkundigen. Ein Anlaß zur Erkundigung ist doch unstreitig nur für den zweifelnden Täter denkbar und eine Pflicht

[374]) aaO 202.
[375]) aaO 203.
[376]) aaO. Hierzu R. Lange, ZStW 73, 109 f.
[377]) aaO 209.
[378]) BGHSt 4, 1, 4 f.
[379]) MDR 52, 393; ebenso R. Lange, JZ 56, 523 zu Anm. 30.

hierzu heutzutage, wo der Gesetzgeber überall unvermittelt in den Bereich sozialadäquaten Verhaltens pönalisierend eingreift, kaum zumutbar, es sei denn, man wolle — wie *Bindokat* treffend bemerkt[380]) — den Zweifel zur ersten Bürgerpflicht erheben. Dann aber würde das eintreten, was schon Binding bewog, vor einem Strafübermaß bei den sogen. „Strafnebengesetzen" zu warnen: „Ständig muß jeder in jeder Minute nach allen Seiten spähen und denken, ob er auch nicht unabsichtlich ein Polizeidelikt verübt: da geht Kraft und Lust zur wertvollen Tat oft genug verloren[381])."

Freilich wird derjenige, der weiß, daß für seine Tätigkeit besondere Anordnungen bestehen, der sich aber dennoch nicht über die einschlägigen Vorschriften informiert, mit Eventualvorsatz handeln; denn mit der Möglichkeit eines Verbots rechnet dieser Täter ganz bewußt und er nimmt die Verbotszuwiderhandlung daher auch in Kauf[382]). Wer aber dieses Bewußtsein, bedingt oder unbedingt, nicht hat, dem kann nicht auf Grund eines „intellektuellen Versagens" die schwerste Schuldform zugerechnet werden; „denn durch Erkundigung ‚vermeidbar' ist in aller Regel auch der beste Glaube"[383]). Was der „intellektuell" versagende Täter vielmehr verdient, ist Fahrlässigkeitsstrafe. Seine Abstempelung als „bewußter" Rechtsbrecher bedeutet dagegen eine ungerechte Diffamierung.

VII. Die Irrtumsrechtsprechung des Reichsgerichts zu den Blankettstrafgesetzen

Gegenüber der undifferenzierten Rechtsprechung des BGH hat das RG mit seiner Judikatur über die Blankettstrafgesetze dem Gegensatz zwischen klassischen Delikten mit vorgegebener Unwertsubstanz einerseits und positiv geschaffenen Zuwiderhandlungen andererseits in logisch zwar nicht folgerichtiger, praktisch aber durchaus zufriedenstellender Weise Rechnung getragen[384]): es behandelte nämlich den Irrtum über das Bestehen oder den Inhalt einer blankettausfüllenden Vorschrift grundsätzlich als vorsatzausschließenden außerstrafrechtlichen Rechtsirrtum[385]). Das ist zwar als forma-

---

[380]) JZ 53, 750; vgl. demgegenüber Kraushaar, GA 59, 333.

[381]) Normen IV, 308.

[382]) Vgl. Urteil des KG in NJW 58, 921, das hier von „bedingtem Verbotsirrtum" spricht; kritisch dazu Schröder, ebendort, und Kohlrausch-Lange, § 59 V 3 d. Im übrigen vgl. R. Lange, JZ 56, 519 ff Anm. 30 und 46; hierzu kritisch Salm aaO 557 N.B. 2.

[383]) So mit Recht R. Lange, JZ 57, 234.

[384]) Dies erkennt selbst Hellm. Mayer an, aaO § 39 III 1 b; besonders aber R. Lange, JZ 56, 74, 76; Kohlrausch-Lange, Vorbem. IV 4 b.

[385]) Statt vieler: RGSt 50, 398, im übrigen: 1, 1; 6, 159; 22, 296; 28, 195; 32, 414; 36, 359; 47, 282; 49, 324; 50, 77; 50, 332; 50, 375; 51, 228; 52, 99; 53, 320; 54, 4; 56, 339; 57, 15; 66, 252; 68, 225; 72, 338; 76, 41. Ausnahmen sind: 44, 386; 45, 381;

listisch bezeichnet worden, weil die äußerliche Trennung von Norm und Strafdrohung nichts daran ändere, daß die zur tatbestandlichen Ausfüllung des Blanketts erlassene Norm stets ein wesentlicher Bestandteil des Strafgesetzes sei[386]). Doch die Blankettform war für das RG ein sicheres Indiz dafür, daß es sich um ein „delictum mere prohibitum" handelte, und es war daher ein „Gebot der Gerechtigkeit", das hier das RG bewog, Vorsatzstrafe auszuschließen. *Warda*, der im übrigen wie *Welzel*[387]) auf dem Boden einer undifferenzierten Irrtumslehre im Sinne der Schuldtheorie steht[388]), hat die Haltung des RG mit treffenden Worten interpretiert: „Das Reichsgericht ging bei seiner Irrtumslehre von der Erwägung aus, daß die Sätze des Strafrechts jedem bekannt sein müßten ... Etwas Gleiches läßt sich jedoch von den zahlreichen zur Ausfüllung von Blankettstrafdrohungen erlassenen Vorschriften nicht sagen. Bei ihnen handelt es sich größtenteils um sittlich neutrale, bloße Ordnungs- oder Zweckmäßigkeitsnormen, die zudem in starkem Maße dem Wandel der Zeiten und Verhältnisse unterliegen. Ihre Zahl hatte bald einen solchen Umfang angenommen, daß es dem Durchschnittsbürger unmöglich zugemutet werden konnte, sie alle zu kennen. Es war deshalb für das Reichsgericht ein Gebot der Gerechtigkeit, dem Irrtum über das Vorhandensein oder die rechtliche Tragweite von blankettausfüllenden Vorschriften Beachtung zu schenken. Das war ihm aber im Rahmen seiner Irrtumslehre nur dadurch möglich, daß es in solchen Fällen — freilich entgegen dem klaren ontischen Befund — einen außerstrafrechtlichen Rechtsirrtum annahm[389])". Das Reichsgericht hat also, um einigermaßen verständige Lösungen zu erzielen, den Irrtum über blankettausfüllende Normen als vorsatzausschließenden Rechtsirrtum behandelt. Daß es sich dabei in Wahrheit um einen Irrtum „über das Verbotensein der Handlung" handelt, hat auch *Warda* zugeben müssen[390]), ohne allerdings den inneren Grund der reichsgerichtlichen Differenzierung seinen eigenen Thesen zugrunde zu legen.

---

vgl. insoweit Warda, 24. Dagegen haben einige OLG im Gegensatz zum RG unbeachtlichen Strafrechtsirrtum angenommen; Nachweise bei Warda, 25; so insbes. OLG München, DStR 1937, 437 f. Hierzu zustimmend Welzel, JZ 56, 240; scharf ablehnend R. Lange, JZ 56, 523 f. In der Nachkriegsrechtsprechung wie das RG: OLG Celle, MDR 48, 25; OLG Kassel, NJW 48, 699; OLG Stuttgart, NJW 50, 160; MDR 51, 757; OLG Hamm, JMBlNRW 52, 78. Die Tradition fortführend: OLG Celle, NJW 54, 1618; BayrObLGSt 1956, 50; GA 56, 90. Demgegenüber bei vermeidbarem Irrtum über die Existenz der blankettausfüllenden Norm wegen vorsätzlicher Tat strafend: BGHSt 9, 358, hiergegen R. Lange, JZ 57, 233 f; ferner auch BGHSt 9, 172, hierzu ders., JZ 57, 239.

[386]) Vgl. Warda, 22 mit weiteren Nachweisen.

[387]) Strafrecht § 22AII 3 ac; MDR 52, 586; JZ 56, 238; 57, 130.

[388]) aaO 36; kritisch hierzu Boldt, ZStW 68, 371 Anm. 127, und Bockelmann, ZStW 70, 643 ff.

[389]) aaO 23; vgl. auch Hartung, DRZ 49, 342 f.

[390]) aaO 25.

Freilich hat das Reichsgericht in all den Fällen, in denen sich die Ausfüllungsvorschrift im gleichen Gesetz wie die Strafdrohung befindet, unbeachtlichen Rechtsirrtum angenommen[391]). Doch in diesen Fällen handelt es sich überhaupt nicht — wie die Arbeit oben Seite 90 f. gezeigt hat — um Blankettgesetze im eigentlichen, engeren Sinne und auch das Reichsgericht sprach hier nie von „bankettausfüllenden Normen", sondern stets nur von „Ergänzung des Tatbestandes", die immer dann gegeben sei, wenn die fehlenden Tatbestandsteile lediglich aus gesetzestechnischen Gründen zwecks übersichtlicher Gestaltung des Gesetzes aus der Strafsatzung herausgenommen worden sind.

VIII. Die Stellungnahme des modernen Strafgesetzgebers im Nebenstrafrecht

1. Die Entscheidung des Gesetzgebers in den Besonderen Teilen der Verwaltungs- und Ordnungsstrafgesetze für die Vorsatztheorie

Nicht nur die reichtsgerichtliche Rechtsprechung zu den Blankettstrafgesetzen hat der besonderen Eigenart positiver Zuwiderhandlungen Rechnung zu tragen gewußt. *Richard Lange* hat den Nachweis erbracht, daß auch der moderne Strafgesetzgeber im Nebenstrafrecht die Rechtsfahrlässigkeit begrifflich wie in den Rechtsfolgen als Fahrlässigkeit behandelt und in bewußten Gegensatz zum Vorsatz stellt[392]). In der Tat handelt es sich in diesem Bereich dort, wo der Gesetzgeber neben Vorsatz auch Fahrlässigkeit unter Strafe stellt, meist um finale Verhaltensweisen, die allesamt nur bewußt und willentlich begangen werden können. Der Gesetzgeber wertet demnach in diesen Fällen Handeln in verschuldetem Verbots- oder Gebotsirrtum nicht als vorsätzliches, sondern als fahrlässiges.

Es soll hier nicht näher auf Einzelheiten eingegangen werden, denn das von *Lange* dargebotene Gesetzesmaterial, das beliebig vermehrt werden kann[393]), reicht völlig aus, um die aufgestellte These zu untermauern. Demgegenüber bleibt es ohne grundlegende Bedeutung, wenn *Welzel*[394]) in einigen

[391]) RGSt 37, 389; 52, 99; 60, 389; 60, 425. Hierauf beruft sich vornehmlich Welzel, JZ 56, 239 zu Anm. 9.

[392]) JZ 56, 73 f, 519 f; andeutungsweise schon in JZ 53, 15; ZStW 65, 75; Kohlrausch-Lange, Vorbem. IV 4 b, § 59 IV 5. Zustimmend Schönke-Schröder, § 59 IX; Mezger, LK § 59 II 6 aE.

[393]) Vgl. Schlegtendahl, 106 ff, 137.

[394]) JZ 56, 238 f; zustimmend Boldt, ZStW 68, 335; vgl. auch Gerner-Winckhler, Wirtschaftsstrafgesetz 1954, § 2 Anm. 2 b. — Neuerdings hat sich Welzel jedenfalls in der Sache der Ansicht R. Langes angenähert, indem er (Strafrecht, § 22 A II 3 d) fordert, daß der Gesetzgeber im Nebenstrafrecht dort, wo er die Strafbarkeit auf das Handeln in Verbotskenntnis beschränken will, nicht mehr das Wort „vorsätz-

Fällen unter teilweiser „Zuhilfenahme einer abenteuerlichen Verknüpfung von Zufällen" auch Tatfahrlässigkeit für denkbar hält. Das hat *Lange* nie bestritten[395]). Aber damit werden die vom Gesetzgeber offensichtlich in erster Linie gemeinten Fälle nicht betroffen. § 2 WiStG 1954, der allgemein den Verstoß „gegen eine Rechtsvorschrift oder eine schriftliche Verfügung" sanktioniert, spricht eine zu deutliche Sprache. Daß der Gesetzgeber hier überall das Bewußtsein der Verbotswidrigkeit zum Vorsatz fordert, hat er aber auch an anderer Stelle klar zum Ausdruck gebracht. In der Begründung zum Kartellgesetz heißt es zu § 31:

> „§ 31 Nr. 3 bedroht Zuwiderhandlungen gegen gewisse Gebote und Verbote der Kartellbehörde oder des Beschwerdegerichts mit einer Geldbuße. In diesen Fällen kann bereits ein fahrlässiger Verstoß zu einer Geldbuße führen. Das ist gerechtfertigt. Alle übrigen Fälle des § 31 betreffen Zuwiderhandlungen gegen die Bestimmungen des Gesetzes selbst. Ein Irrtum über die Tragweite dieser Bestimmungen ist möglich, da es sich um Gebote oder Verbote handelt, denen ein ausgesprochen ethischer Unrechtsgehalt nicht innewohnt ... Es ist deshalb gerechtfertigt, in diesen Fällen Geldbußen nur bei vorsätzlicher Zuwiderhandlung anzudrohen.
>
> In den Fällen des § 31 Nr. 3 liegen dagegen Verfügungen der Kartellbehörde oder des Beschwerdegerichts vor. Sie werden begründet und den Beteiligten zugestellt; sie schreiben dem Betroffenen genau vor, was er zu tun oder zu unterlassen habe. Für die Beachtung derartiger Verfügungen können also höhere Anforderungen gestellt werden als für die Beachtung der gesetzlichen Vorschriften. Es ist deshalb gerechtfertigt, insoweit eine Geldbuße auch für eine fahrlässige Zuwiderhandlung anzudrohen ...[396])"

Aus dieser Argumentation geht zweierlei unwiderleglich hervor: daß der Gesetzgeber einmal im wertneutralen Ordnungsstrafrecht die Verbotsfahrlässigkeit als Fahrlässigkeit bestraft wissen will und daß zweitens der Gesetzgeber sich sehr wohl überlegt, wo Fahrlässigkeit, d. h. hier primär Verbotsfahrlässigkeit, strafwürdig erscheint und wo nicht[397]).

lich" verwenden dürfe, sondern statt dessen etwa die Formulierung: „bewußt verbotswidrig". Das sei erforderlich, nachdem heute das Bewußtsein der Rechtswidrigkeit als ein vom Vorsatz getrenntes selbständiges Schuldelement in der Praxis anerkannt sei. Hier wird ersichtlich, wie sehr von den strengen Vertretern der Schuldtheorie in ihrem Streben nach möglichst einheitlicher Systematik schon terminologisch-begrifflich ein Ausschließlichkeitsanspruch erhoben wird, obwohl es doch, recht besehen, nicht Aufgabe der Wissenschaft sein kann, den Gesetzgeber im vorhinein formal-begrifflich festzulegen; Aufgabe der Wissenschaft ist es vielmehr, die vom Gesetzgeber getroffenen Begriffsordnungs- und Wertentscheidungen material auszuwerten und dogmatisch die Konsequenz daraus zu ziehen. Zur obigen Ansicht Welzels vgl. im übrigen Kohlrausch-Lange, § 59 V 3 d und Bockelmann, ZStW 70, 644 ff.

[395]) Vgl. JZ 56, 519.

[396]) aaO (vgl. oben Anm. 260) 39.

[397]) Interessant in diesem Zusammenhang ist, daß der Gesetzgeber im Recht der Zuwiderhandlungen in Ausübung der Ausnahmebefugnis des § 11 Abs. 1

2. Die Subsidiarität von § 12 Abs. 2 OWiG und § 6 Abs. 2 WiStG 1954.

Der Gesetzgeber geht also in den Besonderen Teilen der Verwaltungs- und Ordnungsstrafgesetze, indem er in den Einzeltatbeständen die verschuldete Verbotsunkenntnis durchgehend als vorsatzausschließende Verbotsfahrlässigkeit behandelt, von der Vorsatztheorie aus. § 395 Abs. 2 RAO[398]) trägt dem für das Steuerrecht auch in grundsätzlicher Hinsicht Rechnung[399]) [400]). §§ 12 OWiG und 6 WiStG 1954 stehen dagegen ihrer äußeren Fassung nach auf dem Boden der Schuldtheorie[401]). Auf den ersten Blick mag es daher so scheinen, als enthielten Ordnungs- und Wirtschaftsstrafrecht eine doppelte, und zwar in sich widerspruchsvolle Regelung des Rechtswidrigkeitsirrtums. Bisweilen ist deshalb auch die Streichung der §§ 12 Abs. 2 OWiG und 6 Abs. 2 WiStG gefordert worden[402]). Bei näherem Zusehen aber wird sich zeigen, daß beide Irrtumsvorschriften bei einer gewissen Einengung ihres Anwendungsbereichs durchaus im Gesetz verbleiben können, ohne mit der durchgehenden Irrtumsregel des jeweiligen Besonderen Teils im Widerspruch zu stehen.

OWiG zunehmend Fahrlässigkeit unter Strafe stellt und daß er diese in den Rechtsfolgen immer deutlicher vom Vorsatz differenziert. Für das Wirtschaftsstrafrecht grundlegend: § 4 WiStG 1954. Von neueren Gesetzen vgl.: § 12 Abs. 2 Mühlengesetz vom 27. 6. 57 (BGBl I 664 ff); § 26 Abs. 2 Unterhaltssicherungsgesetz vom 26. 7. 57 (I 1046 ff); § 14 Abs. 2 Jugendschutzgesetz vom 27. 7. 57 (I 1058 ff); §§ 38 Abs. 2, 39 Abs. 2, 40 Kartellgesetz vom 27. 7. 57 (I 1081 ff); § 41 Abs. 2 Wasserhaushaltsgesetz vom 27. 7. 57 (I 1110 ff); § 17 Abs. 1 Saat- und Pflanzengutgesetz v. 25. 9. 57 (I 1388 ff); § 34 Abs. 2 Zivilbevölkerungsschutzgesetz v. 9. 10. 57 (I 1696 ff) u. v. a. wie das Fisch-, Eier-, Wehrpflicht-, Bundesleistungs-, Atom-, Jugendarbeitsschutz- u. das Schutzbereichsgesetz.

[398]) idF des Ges. v. 4. 7. 1939 (RGBl I 1181).

[399]) Früher für das Devisenstrafrecht auch § 71 DevG vom 12. 12. 1938 (RGBl I 1734) und für Teile des Wirtschaftsstrafrechts die berühmte Bundesrats-Bekanntmachung vom 18. 1. 1917 (RGBl 58).

[400]) Der gelegentlich, so von Welzel (NJW 53, 487) und Warda (aaO 45) geforderten Anpassung des § 395 RAO an die Schuldtheorie muß daher widersprochen werden. Hiergegen ebenfalls R. Lange, JZ 56, 79 Anm. 62, kritisch auch Mattern, ZStW 67, 378 Anm. 59 a. Daß § 395 meist nicht zum Zuge kommt, weil das in Rspr. und Schrifttum anerkannte ungeschriebene Tatbestandsmerkmal der „Steuerunehrlichkeit" praktisch Kenntnis der Steuerpflicht voraussetzt, ist eine andere Frage, auf die hier nicht näher einzugehen ist. Jedenfalls wird dadurch — was aus der Blankettnatur der Steuergesetze ohnehin folgt — das Problem der Kenntnis der gesetzlichen Vorschrift in den Tatbestand verlagert; so auch BGH in JZ 54, 254 mit zust. Anm. von Mattern; Hartung, Steuerstrafrecht § 395 III; auch Welzel aaO, der hier ausnahmsweise kein spezielles Rechtspflichtmerkmal annimmt; aA Glöggler, NJW 53, 489; Warda, 46 ff.

[401]) Daß die Praxis hier jedoch selbst oft im Sinne der Vorsatztheorie abhilft, dazu vgl. Mittelbach, MDR 59, 620.

[402]) R. Lange, JZ 56, 79; Schlegtendahl, 161, 178.

Zunächst ist davon auszugehen, daß die in den einzelnen Tatbeständen durchgängig zum Ausdruck kommende Regelung im Sinne der Vorsatztheorie für jede systematische Grundlegung verbindlich und infolge ihrer Spezialität auch den Regeln des bloß „dienenden" allgemeinen Teils vorgelagert sein muß. Jedenfalls kann die in den Einzeltatbeständen vom Gesetzgeber positiv im Sinne der Vorsatztheorie getroffene Entscheidung nicht vom Allgemeinen Teil her mit einer abstrakt gefaßten Irrtumsformel etwa im Sinne der Schuldtheorie aufgeweicht werden; vielmehr haben sich die abstrakten Bestimmungen des Allgemeinen Teils den konkreten Ausgestaltungen des Besonderen Teils in jeder Hinsicht anzupassen. *Maurach* hat dieses Abhängigkeitsverhältnis zwischen Allgemeinem und Besonderem Teil prägnant zum Ausdruck gebracht[403]): „Historische und systematische Grundlage des Strafrechts sind die einzelnen Verbrechen. Erst aus ihnen hat sich das Substrat eines Allgemeinen Teils entwickelt, und dieser bleibt nur dann lebensvoll und praktikabel, wenn er den engen Zusammenhang mit dem einzelnen Verbrechen nicht verliert; erst an der Vielzahl der Tatbestände findet der Allgemeine Teil die Möglichkeit einer Prüfung und Bewährung in der Wirklichkeit des Rechtslebens." Hat der Gesetzgeber sich also in der Summe der Fälle des Besonderen Teils für die Vorsatztheorie entschieden — woran ihn weder logisch noch ontologisch etwas hindert, denn auch die Schuld ist letztlich ein positiv-rechtlicher Begriff[404]) —, so muß dem auch der Allgemeine Teil, will er den Zusammenhang mit den einzelnen Tatbeständen nicht verlieren, Rechnung tragen.

Der Täter muß also in diesem Bereich, um vorsätzlich zu handeln, das gesetzliche Verbot oder Gebot kennen oder zumindest in Kauf nehmen. Erst jenseits dieser Kenntnis beginnt der Wirkraum von § 12 Abs. 2 OWiG und § 6 Abs. 2 WiStG 1954. Beide Vorschriften greifen erst dann ein, wenn der Täter alle unrechtskonstituierenden Umstände, also auch die Tatsache der rechtlichen Normierung, kennt. Das trifft für die Fälle zu, wo der Täter die gesetzliche Norm bewußt übertritt, weil er rechtsirrig glaubt, er sei hierzu zum Beispiel auf Grund eines übergesetzlichen Notstandes[405]) oder auf Grund einer Verfassungswidrigkeit der Vorschrift[406]) berechtigt. Kennt der Täter dagegen das gesetzliche Verbot oder Gebot nicht, so handelt es sich um einen vorsatzausschließenden Tatbestandsirrtum nach § 59 StGB. Das steht mit § 12 OWiG bei genauerem Zusehen nicht im Widerspruch; denn aus § 11 Abs. 2 OWiG geht eindeutig hervor, daß § 12 OWiG erst in Betracht kommt, wenn feststeht, daß § 59 StGB nicht gegeben ist[407]).

---

[403]) Vorwort zur 1. Aufl. des Allg. Teils seines Lehrbuchs. Er begründet damit die vorweggenommene Bearbeitung des Besonderen Teils. Vgl. auch R. Lange, Niederschriften IV, 296.

[404]) Vgl. Mezger, LK Einl., 15.

[405]) Vgl. OLG Köln, NJW 53, 1844.

[406]) Vgl. OLG Hamm, JMBlNRW 53, 10.

[407]) So auch R. Lange, JZ 56, 74; 57, 234; schon JZ 53, 15; Kohlrausch-Lange, Vorbem. IV 4 b, § 59 V 3 b. Die Forderung auf gänzliche Streichung der Vorschrif-

Drittes Kapitel

Der Handlungsbegriff

Vorbemerkungen:

Auch im Folgenden kann vom gestellten Thema her nicht erwartet werden, daß eine erschöpfende Darstellung und Besprechung aller zum umstrittenen Handlungsbegriff entwickelten Theorien geboten wird. Vielmehr soll hier lediglich im aktuellen Streit zwischen finaler und sogen. kausaler Handlungslehre Stellung bezogen werden, und das auch wiederum nur insoweit, als sich aus der besonderen Eigenart der Zuwiderhandlungen für die betreffende Auseinandersetzung grundlegende Konsequenzen ergeben. Es handelt sich gleichsam also um eine Art von örtlich begrenztem Stoßtruppunternehmen, um — in Anspielung an eine Formulierung *R. Langes* — den Finalismus auch vom Bereich der Zuwiderhandlungen aus dazu zu zwingen, „die uneinnehmbare Bastion des Ontologischen und der Berufung auf sachlogische Strukturen zu verlassen — weil man von da aus nicht in die letzte Entscheidung der Fragen eingreifen kann — und sich im Felde der Wertung zu offener Schlacht zu stellen“[408]).

I. Die Identität von ontologischem und strafrechtlichem Handlungsbegriff bei der finalen Handlungslehre

Die Finalität ist als ein gegenständliches Strukturgesetz menschlichen Handelns ein ontologischer, d. h. seinsgesetzlicher Begriff. Jede menschliche Handlung ist ihrem Wesen nach zweckgerichtet, trägt ihrer Natur nach „finalen“ Charakter. Die finale Handlungslehre überträgt daher den ontologischen Handlungsbegriff ohne jede Umwandlung auch in den Bereich des Strafrechts. Auch hier müsse das Wesen der Handlung, ohne daß es besonderer Bezugnahme auf einen tatbestandsmäßigen Erfolg bedürfe, vom Ontologi-

ten hält Lange damit also wohl nicht mehr aufrecht. Vgl. zum Ganzen auch Hellm. Mayer, § 39 III 1 b.

[408]) ZStW 68, 608. — Gegen die These von der „ontologischen“ Vorgegebenheit rechtlicher Begriffe vom allgemein-wissenschaftlichen Standpunkt aus: Erik Wolf, Naturrecht und Rechtspositivismus, Freiburg 1953 Anm. 62; Engisch, Die Idee der Konkretisierung in Recht und Rechtswissenschaft unserer Zeit, Heidelberg 1953 S. 117 ff (hiergegen Welzel, ZStW 69, 635); Lang-Hinrichsen, Mezger-Festschr., 67; Nowakowski, Rittler-Festschr. 1957 S. 72 Anm. 105; JZ 58, 391; Scheuner, Recht und Gerechtigkeit in der Deutsch. Rechtslehre der Gegenwart, in: Recht und Institution, Witten/Ruhr 1956 S. 34 ff zu Anm. 43; Weischedel, 10; Würtenberger, 14 ff; Sauer, Gerechtigkeit, Berlin 1959 S. 100.

schen her bestimmt werden. Ontologischer und strafrechtlicher Handlungsbegriff seien identisch[409]).

II. Der strafrechtliche Handlungsbegriff als ein positiv-rechtlicher Begriff nach der herkömmlichen Lehre

Daß die Finalität, ontologisch gesehen, ein Wesensmerkmal menschlichen Handelns ist, steht heute außer Streit. Auch die Vertreter der sogen. kausalen oder besser natürlichen Handlungslehre erkennen das uneingeschränkt an[410]). Der entscheidende Streitpunkt entsteht vielmehr erst mit der Frage, ob der ontologische Handlungsbegriff ohne weiteres auch im Strafrecht angewandt werden muß. Hier allerdings weichen die Vertreter der kausalen von den Thesen der finalen Handlungslehre ab: Der ontologische Handlungsbegriff weise zwar die Ansatzpunkte auf, an die der strafrechtliche anknüpfe; er sei aber davon unabhängig. Bisweilen lasse sich eine Handlung nicht in ihrer ontologischen Kategorie, sondern nur als Gegenstand normativer Bewertung strafrechtlich erfassen. Der juristische Handlungsbegriff sei daher im Ganzen ein anderer als der ontologische, er sei ein „positiv-rechtlicher" Begriff[411]). Zwar müsse er orientiert sein „an dem Sinn, der menschlichem Verhalten im sozialen Leben zugemessen wird". Innerhalb dieser Schranken aber sei er frei[412]).

III. Die Unmöglichkeit der Erfassung der „Zuwiderhandlung" als eine ausschließlich ontologische Kategorie

Beispiele für die Normativierung des Handlungsbegriffs sind die „Handlungen" bei den — insbesondere unbewußten — Fahrlässigkeits-[413]) und den

[409]) Welzel, Strafrecht § 8; Maurach, § 17 I 3; Busch, Moderne Wandlungen der Verbrechenslehre, Tübingen 1949 S. 8; Niese, Finalität, Vorsatz und Fahrlässigkeit, Tübingen 1951, S. 9; JZ 56, 457 f; Armin Kaufmann aaO VIII ff.

[410]) Vor allem Mezger, LK Einl., 7 f; Studienbuch § 18 II; Moderne Wege der Strafrechtsdogmatik, Berlin/München 1949 S. 12; Rittler- Festschr., 119 ff. Aber auch Bockelmann, Über das Verhältnis von Täterschaft und Teilnahme, Göttingen 1949 S. 25, 30 ff; R. Lange, ZStW 68, 606; Kohlrausch-Lange, Vorbem. II B; Eb. Schmidt, JZ 56, 190; Nowakowski, JZ 58, 391.

[411]) Bockelmann aaO 30 ff; Lang-Hinrichsen, JR 52, 189 f; Mezger, JZ 52, 675; Rittler-Festschr., 119; Moderne Wege, 12 ff; Nowakowski, ZStW 63, 297; Würtenberger aaO; vgl. auch Gallas, ZStW 67, 32 f.

[412]) So wörtlich Bockelmann aaO; im gleichen Sinne schon Eb. Schmidt, Der Arzt im Strafrecht, Leipzig 1939 S. 75. Gegen eine rein normativistische „Verfälschung" des Handlungsbegriffs auch Engisch, Vom Weltbild des Juristen, Heidelberg 1950 S. 13 ff, 37. Hierzu R. Lange, JZ 56, 76.

[413]) Statt vieler vgl. Nowakowski, JZ 58, 388 ff; Maihofer, Der Handlungsbegriff im Verbrechenssystem, Tübingen 1953 S. 48; Mezger, Rittler-Festschrift,

echten wie den unechten Unterlassungsdelikten[414]). Aber auch die Gebots- oder Verbotszuwiderhandlungen des Ordnungsstrafrechts vermag man von einem ausschließlich ontisch gedeuteten Handlungsbegriff in ihrer strafrechtlichen Relevanz nicht zu erfassen. Zwar bedeutet die subjektiv-finale Erfassung auch der klassischen Delikthandlungen noch nicht, daß der Täter damit gleichzeitig immer auch vorsätzlich gehandelt hat; denn Finalität ist nicht identisch mit Vorsatz: bei diesem muß zum ontologischen immer noch ein normatives Element hinzutreten[415]). Was die Finalität im klassischen Bereich aber dennoch meist gewährt, das ist die Möglichkeit der Erkenntnis einer Wertbeziehung, nämlich die Möglichkeit, ein Verhalten als ein sinnhaftes, als ein auf Werte bezogenes zu verstehen. Bei den Zuwiderhandlungen im an sich wertneutralen Bereich hingegen bietet die subjektiv-finale Erfassung des Verhaltens noch nicht einmal diese Möglichkeit. Die Feststellung einer Sinnhaftigkeit setzt hier vielmehr eine wertende Instanz voraus. Ohne die Existenz einer solchen Instanz, die das Verhalten von außen her einer bestimmten Bewertung unterwirft, läßt sich ein der rechtlichen Wertung vorgegebenes sinnhaftes Substrat nicht ausklammern. *R. Lange* hat das klar formuliert: „Das zugrunde liegende Substrat ist hier überall nicht mehr die ontologisch vorgegebene und in bestimmter Weise strukturierte Handlung, sondern ein Verhalten irgendwelcher Art, das durch den Gesetzgeber einen Stempel erhält, ‚gewertetes Verhalten'. Die Stigmatisierung durch die Norm sagt alles, die ‚sachlogische Struktur' nichts. Sie ist lediglich passiver Gegenstand, nicht mitgestaltender Faktor des Verbrechensaufbaus in diesem Bereich[416]).“ Freilich, ontologisch beurteilt, ist die Handlung auch hier final. Aber die Finalität bezieht sich auf nichts, was rechtserheblich wäre. Sie wird vielmehr infolge der Wertneutralität der natürlichen Verhaltensweise bezogen auf einen strafrechtlich völlig irrelevanten Erfolg, der als solcher ein Unwerturteil nicht begründet. Eine Handlungslehre jedoch, die ihren Begriff auf einen derart sozialadäquaten Bezug abstellt, ist keine s t r a f r e c h t l i c h e Handlungslehre mehr. Sie kann die Funktion, als „oberste Einheit für alle Phänomene des Strafrechts“ die absolut unterste Grenze für jede strafrechtliche Betrachtung abzustecken und alles auszuschließen, was von

---

123. Indem hier die finale Handlungslehre zunächst von „potentieller“, nunmehr von „gebotener“ Finalität spricht (vgl. Welzel, Strafrecht § 8 III 2 b), wandelt sie allerdings das ontologische Moment in ein normatives um. Mit Recht ist daher der Vorwurf erhoben worden, daß die finale Handlungslehre in Wirklichkeit eine finale Unrechtslehre sei und systematisch in die Lehre von der Rechtswidrigkeit gehöre; so Mezger, Studienbuch § 19 V; LK Einl. aaO; R. Lange, ZStW 68, 606, 608, 612; vgl. auch Gallas, ZStW 67, 31 f.

[414]) Überzeugend Gallas, ZStW 67, 8 ff; Dreher-Maaßen, Vorbem.; R. Lange, ZStW 68, 606, 608; JZ 56, 76; Mezger, Moderne Wege, 16; gegen Gallas: Welzel, Strafrecht § 25 I; Boldt, ZStW 68, 346 ff.

[415]) Vgl. Kohlrausch-Lange aaO mit weiteren Nachweisen; auch Oehler, Das objektive Zweckmoment in der rechtswidrigen Handlung, Berlin 1959 S. 162 f.

[416]) ZStW 65, 61; ebenso JZ 56, 76; ZStW 73, 112; auch Würtenberger, 16.

vornherein nicht in den strafrechtlichen Bereich fällt, nicht erfüllen[417]). Allerdings will erklärtermaßen auch die finale Handlungslehre Handlungen mit sozialadäquater Finalität nicht erfassen. *Welzel* hat dies deutlich zum Ausdruck gebracht[418]):

„Das Recht befaßt sich natürlich nicht mit dem Aufhängen von Bildern, sondern mit solchen Handlungen, deren Folgen sozial unerwünscht sind: Tötung, Körperverletzung, Freiheitsberaubung, widernatürliche Unzucht usf. Es verbietet Handlungen mit sozial mißbilligter Finalität, d. h. bei denen die vom Willen antizipierten Folgen sozial unerwünscht sind, gleichgültig ob sie gerade das Ziel oder die Mittel oder die Nebenfolgen betreffen. Solche Handlungen werden in den Tatbeständen der vorsätzlichen Delikte umschrieben. Vorsatz ist also eine besondere Art des finalen Verwirklichungswillens: der auf die Verwirklichung sozial unerwünschter Folgen gerichtete Handlungswille (bei einem auf Kaffeetrinken gerichteten finalen Willen spricht man nicht von Vorsatz)."

Ist somit „Vorsatz" der auf die Verwirklichung sozial unerwünschter Folgen gerichtete Handlungswille, so ist jedenfalls der natürliche Handlungswille bei den Zuwiderhandlungen, weil durch und durch sozialadäquat, nicht schon gleich Vorsatz. Strafrechtlich relevant und damit Vorsatz ist der finale Verwirklichungswille hier nicht schon im vorjuristischen, ontologischen Bereich, sondern erst im Bereich rechtlicher Normierung. Damit aber ist jedenfalls für den Bereich der Zuwiderhandlungen die Richtigkeit der der finalen Handlungslehre zugrunde liegenden Auffassung der Handlung als einer ausschließlich ontologischen Kategorie widerlegt und als weitere Konsequenz daraus die Stellung des Vorsatzes im System nicht als eine ontologische Vorgegebenheit, sondern vorwiegend als ein Wertungsproblem anzusehen[419]).

Von diesem Ergebnis her wird ersichtlich, mit welchem Recht *Mezger*[420]) es als „reine Willkür" bezeichnet, „unter Hinweis auf angebliche ontologische Sachverhalte bestimmten Wertungen und Stellungnahmen des Gesetzgebers widersprechen und sie unbeachtet lassen zu wollen". Seine Mahnung, daß es vor allem stets unser Bemühen sein müsse, „die ontologische und die positivrechtliche Natur einer Frage scharf zu scheiden", sollte endlich zu Herzen genommen werden.

---

[417]) Vgl. Mezger, Studienbuch § 17; Rittler-Festschr., 120.

[418]) Aktuelle Strafrechtsprobleme, 5 f; vgl. auch Strafrecht, § 8 III 2.

[419]) So im Ergebnis, aber von anderem Ausgangspunkt her, Gallas, ZStW 67, 15, 32; wie im Text Maihofer, ZStW 70, 195.

[420]) LK Einl., 4; zustimmend R. Lange, ZStW 68, 612; JZ 59, 564.

FSC
www.fsc.org
MIX
Papier | Fördert
gute Waldnutzung
FSC® C083411

Kolibri 360 GmbH
Ferdinand-Jühlke-Straße 7
99095 Erfurt, Deutschland
produktsicherheit@kolibri360.de